기초회계원리

기초회계원리

발행일	2016년 4월 18일

지은이	고 영 수		
펴낸이	손 형 국		
펴낸곳	(주)북랩		
편집인	선일영	편집	김향인, 서대종, 권유선, 김예지
디자인	이현수, 신혜림, 윤미리내, 임혜수	제작	박기성, 황동현, 구성우
마케팅	김회란, 박진관, 김아름		
출판등록	2004. 12. 1(제2012-000051호)		
주소	서울시 금천구 가산디지털 1로 168, 우림라이온스밸리 B동 B113, 114호		
홈페이지	www.book.co.kr		
전화번호	(02)2026-5777	팩스	(02)2026-5747
ISBN	979-11-5585-871-4 93320(종이책)		979-11-5585-872-1 95320(전자책)

이 도서의 국립중앙도서관 출판예정도서목록(CIP)은 서지정보유통지원시스템 홈페이지(http://seoji.nl.go.kr)와
국가자료공동목록시스템(http://www.nl.go.kr/kolisnet)에서 이용하실 수 있습니다.
(CIP제어번호 : CIP2016007240)

성공한 사람들은 예외없이 기개가 남다르다고 합니다.
어려움에도 꺾이지 않았던 당신의 의기를 책에 담아보지 않으시렵니까?
책으로 펴내고 싶은 원고를 메일(book@book.co.kr)로 보내주세요.
성공출판의 파트너 북랩이 함께하겠습니다.

기초회계원리

누구나 쉽게 익힐 수 있는 알짜 개념 26가지

고 영 수 지음

BASIC ACCOUNTING PRINCIPLES

북랩 book Lab

목차

Part 1

회계의 의의 및
이해관계자

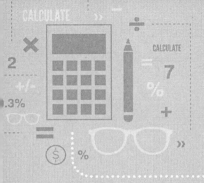

회계의 기본 개념

회계의 의의

기업이 경제활동을 계속하는 동안 기업의 재산은 끊임없이 변화한다. 회계란, 이러한 기업의 경제적 활동을 일정한 방법으로 측정·기록·계산·정리하여 얻은 유용한 경제적 정보를 이해관계자(회계정보이용자)에게 제공하는 것이다.

회계의 목적

1) 주주, 투자자, 채권자, 경영자, 정부 기관 등에 의해서 이루어지는 경제적 자원에 관한 의사결정에 필요한 유용한 정보를 제공한다.
2) 기업의 경영자가 경영을 분석, 평가하여 미래 경영 계획 수립과 경영 목표를 달성할 수 있도록 유용한 정보를 제공한다.
3) 기업의 과세, 부정 방지, 노사 관계 등에 필요한 정보를 제공함으로써 사회적 관계가 원활하고 합리적으로 운영되도록 유용한 정보를 제공한다.
4) 경영자 또는 수탁자의 수탁 책임의 이해 정도를 평가하는 데 유용한 정보를 제공한다.

부기와 회계의 차이점

부기와 회계는 같은 의미로 사용되어 왔지만, 오늘날의 회계는 부기로부터 회계로 발전하였다.

부기는 단순히 거래를 기계적으로 장부에 기입하는 것이므로 쉽게 숙달할 수 있지만, 회계는 거래의 장부 기입뿐만 아니라 경영 의사결정에 필요한 회계 정보의 측정, 보고는 물론 회계 정보의 분석과 해석을 하는 학문이다.

즉, 부기는 거래의 기록이라는 회계의 일부분이며, 회계는 부기보다 훨씬 광범위한 개념이다.

복식부기의 특성과 장점

복식부기는 일정한 원리·원칙에 의하여 기업 재산의 증감 변화를 조직적으로 기록, 계산, 정리하는 방법이다.

복식부기는 일정한 원리·원칙에 의하여 기입함으로써 기록, 계산상의 오류를 발견할 수 있는 자기검증기능이 있다는 장점이 있다.

1. 복식부기는 일정한 원리·원칙에 의하여 기장한다.
2. 현금의 수취, 채권·채무의 증감은 물론 모든 재산의 변동 상태를 기장한다.
3. 기업 부기에 속한다. (상업부기, 공업부기, 은행부기, 보험부기 등)
4. 1회계 기간 동안의 손익계산을 정확히 할 수 있다.
5. 자기검증기능이 있어 기업의 장부가 정확성이 있다.

회계정보의 이용자(이해관계자)와 이용 목적

(1) 회계정보이용자

회계정보이용자(이해관계자)라 함은 기업의 경영에 직접적으로 참여하는 경영자, 주주, 일반투자자, 채권자, 세무관서나 정부기관, 노동자, 소비자 등등의 사람들을 말한다.

(2) 회계정보의 이용자와 이용 목적

이해관계자	회계정보의 이용 목적
경영자	재무 상태와 경영 성과 정보, 미래 경영 계획 수립 정보
종업원	입금 협상 정보, 기타 정보
거래처	신용 정보
은행	신용 정보 또는 투자 정도
세무서	과세 정보
지역사회	환경 정보, 과세 정보

회계 원칙의 의의

회계 원칙이란 회계 처리나 회계 보고를 함에 있어서 회계 담당자 및 이해관계자들이 공통적으로 회계 행위를 할 때 지켜야 할 제반 준수 사항을 말한다.

재무제표의 종류와 이용 목적

재무제표(Financial Statement: F/S)는 회계 기말에 기업의 이해관계자에게 재무 상태와 경영 성과 등 기업의 경영 활동에 대한 회계 정보를 전달하기 위한 회계보고서다.

(1) **재무상태표**: 기업의 일정 시점에 있어서 재무 상태에 관한 정보를 제공하여 준다.
   (자산, 부채, 자본에 관한 정보)
(2) **포괄손익계산서**: 기업의 일정 기간의 경영 성과에 관한 정보를 제공하여 준다. (총수익, 총비용, 순손익에 관한 정보)
(3) **현금흐름표**: 기업의 일정 기간 동안의 현금 흐름을 영업 활동, 투자 활동, 재무 활동으로 구분하여 보여 준다. (현금 흐름에 관한 정보)
(4) **자본변동표**: 기업의 일정 시점 현재 기업 실체의 자본의 크기와 일정 기간 동안 기업 실체의 자본의 변동에 관한 정보를 보여 준다. (자본 변동에 대한 정보)
(5) **주석**: 재무제표에 대한 충분한 정보를 제공한다.

회계 기간

일정 기간마다 재무 상태와 경영 성과를 파악하기 위해 인위적으로 6개월 또는 1년 등으로 구분하는 기간을 회계 기간(accounting period) 또는 보고 기간이라 한다.

한 회계 기간이 시작하는 시점을 기초라 하고 끝나는 시점을 기말이라고 한다. 해당 회계 기간을 당기라 하고 이전 회계 기간을 전기, 다음 회계 기간을 차기라고 한다.

1. 다음 (가)항의 회계 정보의 이용자가 회계 정보를 이용하는 가장 주된 목적을 (나)항에서 찾아 그 기호를 쓰시오.

      (가)   (나)

① 경 영 자   (ㄱ) 신용 정보

② 종 업 원   (ㄴ) 과세 정보

③ 거 래 처   (ㄷ) 미래 경영 계획 수립 정보

④ 세 무 서   (ㄹ) 환경 정보

⑤ 지역사회   (ㅁ) 임금 협상 정보

① (　　) ② (　　) ③ (　　) ④ (　　) ⑤ (　　)

2. 다음 설명에 알맞은 재무제표의 종류를 쓰시오.

(1) 일경 시점에 있어서 기업의 재무 상태를 명확하게 보고하기 위하여, 자산, 부채, 자본의 현재 상태를 적정하게 표시한 보고서다.　　　　　　　　　　(　　　　　)

(2) 기업의 일정 기간의 현금 흐름을 영업 활동, 투자 활동, 재무 활동으로 구분하여 적정하게 표시한 보고서다.　　　　　　　　　　(　　　　　)

(3) 기업의 경영 성과를 명확히 보고하기 위하여 일정 기간에 발생한 모든 수익과 이에 대응하는 모든 비용을 기재하여 순손익을 계산한 보고서다.　　　　　　(　　　　　)

(4) 기업의 일정 시점 현재 기업 실체의 자본의 크기와 일정 기간 기업 실체의 자본의 변동에 관한 정보를 보여 준다.　　　　　　　　　　(　　　　　)

 정답

1. ① ㄷ　② ㅁ　③ ㄱ　④ ㄴ　⑤ ㄹ

2. (1) 재무상태표　(2) 현금흐름표　(3) 포괄손익계산서　(4) 자본변동표

1. 다음 중 회계의 본질을 가장 적절하게 설명한 것은?

① 회계는 정보의 생산 기능이다.

② 회계는 경제적 의사결정에 유용한 정보를 생산하는 기능이다.

③ 회계란 자산, 부채, 자본의 상태를 장부에 기록, 계산, 정리하는 것이다.

④ 회계는 정보 이용자의 합리적인 판단이나 경제적 의사결정에 유용한 정보를 식별하고, 측정하여 전달하는 과정이다.

2. 다음의 정보 이용자 중 관리적 차원의 정보 이용자는?

① 투자자   ② 채권자

③ 경영자   ④ 정부

3. 다음의 회계 대상에 관한 설명 중 가장 적절한 것은?

① 기업의 회계 활동   ② 기업의 경제 활동

③ 모든 경제 주체의 경제 활동   ④ 기업의 재무 활동

4. 다음은 복식 부기의 장점을 열거한 것이다. 복식 부기와 거리가 먼 것은?

① 현금의 수치만 기장한다.   ② 원리 원칙에 의해 기장한다.

③ 일반 기업에서 기장한다.   ④ 자기 검증 기능이 있어 정확성이 있다.

5. 기업 회계의 주체는?

① 경영자   ② 기업

③ 회계 담당자   ④ 주주

6. 경제 활동이 이루어지는 특정한 시기를 회계에서 무엇이라 하는가?

① 기업 실체   ② 계속 기업

③ 회계 관습   ④ 회계 기간

7. 다음에 열거한 재무제표 중 결산일 현재의 재무 상태에 관련된 정보를 제공해 주는 것은?

① 포괄손익계산서   ② 현금흐름표

③ 재무상태표   ④ 자본변동표

8. 다음의 정보 이용자에 관한 설명 중 옳은 것은?

① 경영진은 관리적 자원의 정보 이용자로서 정보의 생산자가 아니다.

② 채권자는 기업의 안전성과 신용도에 관한 정보를 얻는다.

③ 취업을 희망하는 실업자도 정보이용자에 속한다.

④ 거래자도 정보이용자에 속한다.

9. 다음 중 회계의 목적과 거리가 먼 것은?

① 주주, 투자자, 채권자 등에게 의사결정의 정보를 제공한다.

② 상품의 주문이나 유형자산 계약 등의 유용한 정보를 제공한다.

③ 경영자가 미래의 경영 목표를 달성할 수 있도록 유용한 정보를 제공한다.

④ 경영자 또는 수탁자의 수탁 책임의 정보를 평가하는 데 유용한 정보를 제공한다.

10. 기업 활동의 모든 정보의 자료를 회계 정보 이용자들에게 전달하는 과정을 무엇이라 하는가?

① 회계의 목적   ② 회계 정보 이용자

③ 재무제표   ④ 회계 정보 시스템

11. 강남상점, 강북상점 등과 같이 회계의 기록, 계산이 이루어지는 장소의 범위를 무엇이라 하는가?

① 회계 기간   ② 회계 단위

③ 회계 용어   ④ 회계 연도

12. 다음은 회계 시스템에 의해 산출되는 주요 재무 보고서에 관한 설명이다. 괄호 안에 들어가야 할 단어를 순서대로 바르게 나열한 것은?

재무상태표는 (㉠)에 기업의 (㉡)에 관한 정보를 제공해 주는 회계 보고서이며, 포괄손익계산서는 (㉢)에 기업의 (㉣)에 관한 정보를 제공해 주는 회계 보고서이다.

	(ㄱ)	(ㄴ)	(ㄷ)	(ㄹ)
①	일정 시점	재무 상태	일정 기간	경영 성과
②	일정 기간	재무 상태	일정 시점	경영 성과
③	일정 시점	경영 성과	일정 기간	재무 상태
④	일정 기간	경영 성과	일정 시점	재무 상태

13. 다음 설명 중 잘못된 것은?

① '자산 = 부채 + 자본'이라는 관계가 성립되며, 이를 회계 등식 또는 재무상태표 등식이라 한다.

② 경영 관리 활동에 이용할 수 있도록 기업의 내부 정보 이용자를 위한 회계 영역을 관리회계라고 한다.

③ 회계 기간은 1년 기준을 적용하며, 이에 따라 모든 기업의 회계 기간은 01월 01일부터 12월 31일까지이다.

④ 기업 회계 기준에서 정한 계정과목이라도 그 성질이나 금액이 중요하지 않은 것은 유사한 과목에 통합하여 기재할 수 있다.

 정답

1. ④ 2. ③ 3. ③ 4. ① 5. ② 6. ④ 7. ③ 8. ① 9. ② 10. ④ 11. ② 12. ① 13. ③

Part 2

의사결정에
유용한 정보

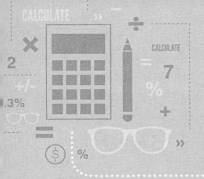

일반적으로 인정된 회계 원칙

회계 원칙의 의의

일반적으로 인정된 회계 원칙(generally accepted accounting principles GAAP)이란 기업 실체에 영향을 미치는 경제적 사건을 재무제표 등에 보고하는 방법을 말한다. 이는 미국을 중심으로 과거부터 회계실무에서 재무제표를 작성하는 데 적용하여 왔던 회계개념과 회계관습, 회계절차 등을 종합한 것으로서 다음과 같은 성격(특징)을 지니고 있다.

회계 원칙은 회계 행위의 지침이며. 회계실무를 이끌어 가는 지도 원리다. 회계 원칙은 다수의 권위 있는 전문가의 합의에 의하여 그 나라의 회계이론과 회계실무를 종합적으로 체계화한 것으로 회계 행위의 지침이 된다.

회계 원칙은 경제적 환경의 변화에 따라 변화하는 특징이 있다. 회계는 하나의 사회적 제도로 존속하고 있기 때문에 경제사회의 변화 또는 시대의 변천에 따라 그 사회가 요청하는 회계 원칙의 내용도 달라지게 된다. 즉, 회계 원칙은 자연과학의 법칙과는 달리 영구불변의 진리가 아니라 사회발전과 시대변천에 따라 변화한다.

재무회계의 개념체계

(1) 재무회계 개념체계의 목적

기업회계기준 제정 기구가 회계 기준을 제·개정함에 있어 기본적 방향과 일관성 있는 지침을 제공하여 회계 기준의 적용 및 재무제표의 작성과 공시에 통일성을 기하기 위함이다.

재무제표의 작성과 표시를 위한 개념체계(이하 재무회계 개념체계라 한다)란 회계에 관한 현상의 기본이 되고 있거나 그 현상들을 지배하고 있는 규칙 또는 원칙을 체계화한 것을 말한다. 이러한 재무회계 개념체계는 외부정보이용자를 위한 재무제표의 작성과 표시에 있어 기초가 되는 개념을 정립한다.

(2) 재무회계 개념체계의 구조

구분	내용		
재무제표의 목적	현재나 잠재적인 재무제표 이용자의 경제적 의사결정에 유용한 기업 실체의 재무 상태, 경영 성과 및 재무 상태의 변동에 관한 정보를 제공		
재무제표의 기본 전제	① 발생주의 ② 계속기업의 가정		
재무제표의 질적 특성	전제 조건	이해가능성(간결성, 표준화)	
	주요 질적 특성	목적적합성	신뢰성
	구성요소	① 예측가치와 피드백가치 ② 중요성	① 충실한 표현 ② 형식보다 실질의 우선 ③ 중립성 ④ 신중성 ⑤ 완전성
	기타 질적 특성	비교가능성(기업간 비교, 기간별 비교)	
	제약 요인	① 적시성 ② 효익과 비용 간의 균형 ③ 질적 특성 간의 균형	
	적정표시(재무상태표)	진실하고 적정한 표시	
재무제표의 구성 요소	재무상태표 요소	자산, 부채, 자본	
	포괄손익계산서 요소	수익, 비용, 이익, 손실	
자본과 자본 유지 개념	① 화폐 자본의 유지: 명목 화폐 단위 또는 불변 구매력 단위 ② 실물 자본의 유지		

재무제표 구성 요소의 인식	인식기준	① 발생주의 ② 미래 경제적 효익의 발생 가능성 ③ 구성 요소의 정의에 부합 ④ 측정의 신뢰성
	구성 요소의 인식	① 자산의 인식 ② 부채의 인식 ③ 수익 및 이익의 인식 ④ 비용 및 손실의 인식
재무제표 구성 요소의 측정	① 취득 원가 ② 현행 원가 ③ 현행 시장 가치 ④ 순실현 가능 가치와 상환가액 ⑤ 현재가치	
재무제표	① 재무상태표 ② 포괄손익계산서 ③ 자본변동표 ④ 현금흐름표 ⑤ 주석(중요한 회계 정책 등) ⑥ 비교기간의 기초 재무상태표(소급 재작성. 재분류의 경우)	

재무제표의 기본가정

재무제표는 기업 실체의 외부정보이용자에게 기업 실체에 관한 재무적 정보를 전달하는 핵심적 보고수단이다. 이러한 재무제표는 일정한 가정하에 작성되는데, 재무제표의 기본가정에는 발생 기준과 계속기업이 있다.

(1) 발생 기준

재무제표는 그 목적에 부합하기 위하여 발생 기준을 적용하여 작성한다. 여기서 발생 기준(accrual basis)이란 거래나 그 밖의 사건의 영향을 현금이나 현금성자산의 수취나 지급 시점이 아니라, 당해 거래 또는 사건이 발생한 기간에 인식하며 해당 기간의 장부에 기록하고 재무제표에 표시하는 것을 말한다. 이러한 발생 기준은 발생과 이연의 개념을 포함한다.

1) 발생

발생이란 미수수익과 같이 미래에 수취할 자산을 관련된 수익과 함께 인식하거나 또는 미지급비용과 같이 미래에 지급할 부채를 관련된 비용과 함께 인식하는 것을 의미한다. 발생의 예는 다음과 같다.

① 재화나 용역을 신용으로 판매하거나 신용으로 구매할 때 자산(매출채권)과 수익(매출)을 인식하거나, 부채(매입채무)와 비용(매입)을 인식하는 경우
② 현금이 수취되지 않은 이자 등에 대한 자산(미수이자)과 수익(이자수익)을 인식하는 경우 또는 현금이 지급되지 않은 급여 등에 대해 부채(미지급급여)와 비용(급여) 인식 하는 경우

2) 이연

이연이란 선수수익과 같이 현재의 현금유입액을 미래에 수익으로 인식하기 위해 부채로 인식하거나, 선급비용과 같이 현재의 현금유출을 미래에 비용으로 인식하기 위해 자산으로 인식하는 회계 과정을 의미한다. 전자의 예로는 임대료의 선수(선수임대료)를 들 수 있고 후자의 예로는 보험료의 선급(선급보험료)을 들 수 있다.

한편, 이연에는 수익과 비용의 기간별 배분이 수반된다. 기간별 배분은 상각이라고도 하며, 이는 매 기간에 일정한 방식에 따라 금액을 감소시켜가는 회계과정을 말한다. 상각의 전형적인 예로는 감가상각과 같은 비용의 인식과 장기선수수익의 기간경과에 따른 수익의 인식을 들 수 있다.

(2) 계속기업

재무제표는 일반적으로 기업이 계속기업이라는 가정하에 작성된다. 여기서 계속기업 (going concern)이란 <u>기업이 예상 가능한 기간 동안 영업을 계속할 것이며</u>, 경영 활동을 청산하거나 중요하게 축소할 의지나 필요성을 갖고 있지 않다는 것을 의미한다. 이러한 계속기업의 가정에 의해서 다음과 같은 후속 개념들이 정당화되거나 도출된다.

① 기업의 자산을 취득원가(취득할 때 지불한 금액을 의미하며 역사적 원가라고도 한다)로 평가하

는 근거를 제공한다. 즉, 기업은 청산을 전제로 하여 기업이 보유하고 있는 자산을 청산가치로 평가하지 않고, 기업이 계속된다는 전제하에 객관적이고 검증가능한 역사적 원가로 평가하는 것이다. 만약, 기업이 곧 청산할 것이라면 역사적 원가에 의한 정보는 아무런 유용성이 없기 때문에 기업이 보유하고 있는 자산은 역사적 원가보다는 청산가치로 평가되는 것이 타당하다.

② 유형자산의 감가상각이라는 회계절차의 근거를 제공한다. 감가상각이란 유형자산의 취득원가를 유형자산이 기업에 효익을 제공하는 기간 동안 배분하여 비용으로 인식하는 절차를 말하는데, 이는 기업의 영업 활동이 계속된다고 전제할 때 타당성이 있다.

재무제표의 질적 특성

앞에서 언급한 바와 같이 재무회계의 목적은 투자자나 채권자 등 기업의 외부 정보 이용자들이 합리적인 의사결정을 할 수 있도록 유용한 정보를 제공하는 것이다. 그렇다면 의사결정에 유용한 정보가 되기 위해서는 "회계정보(재무제표정보 또는 재무 정보)가 어떠한 질적 특성을 갖추어야 하는가?"라는 문제가 제기된다.

재무제표의 질적 특성이란 <u>재무제표를 통해 제공되는 회계정보가 정보이용자의 의사결정에 유용한 정보가 되기 위해서 갖추어야 할 속성</u>을 말한다. 이러한 재무제표의 질적 특성에는 이해가능성, 목적적합성. 신뢰성, 비교가능성이 있는데 이를 도시하면 다음과 같다.

의사결정에의 유용성				
	이해가능성	목적적합성	신뢰성	비교가능성
주요질적특성	간결성 표준화	예측가치 피드백가치 중요성	충실한 표현 형식보다 실질의 우선 중립성 신중성 완전성	기간별 비교 (계속성) 기업간 비교 (통일성)
제약 요인	적시성		효익과 비용 간의 균형	질적특성 간의 균형

(1) 이해가능성

이해가능성(understandability)이란 재무제표정보를 <u>정보이용자들이 쉽게 이해할 수 있어야 한다</u>는 것을 의미하며, 이때 정보이용자는 경영 및 경제활동과 회계에 대한 합리적인 지식을 가지고 있고 관련 정보를 분석하기 위하여 합리적인 노력을 기울일 의지가 있는 것으로 가정한다. 이해가능성은 회계정보가 유용하게 사용되기 위한 필요조건이다. 왜냐하면, 회계정보가 아무리 목적적합성과 신뢰성이 있다 하더라도 정보이용자가 그것을 이해하지 못한다면 그 정보는 유용한 정보라고 할 수 없기 때문이다.

회계정보를 이해가능하도록 제공하기 위해서는 회계정보가 간결성을 가져야 하며, 회계보고서의 양식과 내용이 표준화되어야 하고, 정보이용자들이 이해할 수 있는 용어로 작성되어야 한다. 이러한 의미에서 이해가능성은 측정된 회계정보를 재무제표에 보고하는 방법과 관련된 질적 특성이라고 할 수 있다.

(2) 목적적합성

목적적합성(relevance, 관련성이라고도 한다)이란 회계정보는 <u>정보이용자가 의도하는 의사결정 목적과 관련이 있어야 하며</u>, 회계정보를 이용하여 의사결정을 하는 경우와 이용하지 않고 의사결정을 하는 경우를 비교해서 의사결정에 차이를 발생하게 하는 정보의 능력을 말한다.

회계정보가 목적적합성 있는 정보가 되기 위해서는 예측가치와 피드백가치를 가지고 있어야 하며, 중요성이 고려되어야 한다.

1) 예측가치와 피드백가치

예측가치(Predictive value)란 정보이용자가 과거, 현재 또는 <u>미래의 사건을 평가할 수 있도록</u> 도와주어 경제적 의사결정에 영향을 미치는 정보의 능력(예측 역할의 수행)을 말하며, 피드백 가치(feedback value)란 정보이용자가 <u>과거의 평가를 확인 또는 수정</u>하도록 도와주어 경제적 의사결정에 영향을 미치는 정보의 능력(확인 역할의 수행)을 말한다. 일반적으로 회계정보의 예측가치와 피드백가치는 상호 관련이 있다. 왜냐하면 회계정보는 과거의 예측을 확인 또는 수정하게 해줌으로써 이와 유사한 미래에 대한 의사결정에 도움을 주기 때문이다.

2) 중요성

중요성(materiality)이란 회계정보가 정보이용자의 의사결정에 영향을 미치는가의 여부에 따라 판단되는데, <u>의사결정에 영향을 미치면 중요한 것</u>이다. 즉, 어떤 정보가 누락되거나 왜곡 표시되어 재무제표에 기초한 정보이용자의 경제적 의사결정에 영향을 미친다면 이는 중요한 정보다.

회계정보의 목적적합성은 중요성에 따라 영향을 받는다. 즉. 정보이용자의 경제적 의사결정에 영향을 미치는 중요한 정보는 목적적합한 정보라고 할 수 있다.

(3) 신뢰성

신뢰성(reliability)이란 그 정보에 중요한 <u>오류나 편의(bias)가 없고</u>, 그 정보가 나타내고자 하거나 나타낼 것이 합리적으로 기대되는 대상을 충실하게 표현하고 있다고 <u>정보이용자가 믿을 수 있는 정보여야 한다는 것</u>을 의미한다. 여기서 <u>오류란 진실 또는 정확한 값으로부터 벗어나는 것</u>이라고 정의되며, <u>편의란 회계정보가 모든 정보이용자에게 중립적이지 않고 어느 한쪽으로 치우치는 경향</u>을 말한다.

회계정보가 신뢰성을 갖기 위해서는 충실한 표현, 형식보다 실질의 우선. 중립성, 신중성, 완전성을 갖추어야 한다.

1) 충실한 표현

충실한 표현(faithful representation)이란 그 <u>정보가 나타내고자 하거나 나타낼 것이 합리적이라고 기대되는 거래 혹은 그 밖의 사건을 충실하게 표현</u>하여야 한다는 것을 의미한다. 예를 들면 재무상태표는 보고 기간 말 현재 인식기준을 충족하여 기업의 자산, 부채 및 자본으로 귀결되는 거래나 사건을 충실하게 표현해야 한다.

2) 형식보다 실질의 우선

형식보다 실질의 우선(substance over form)이란 회계정보가 특정 거래나 그 밖의 사건에 대해 나타내고자 하는 바를 충실하게 표현하기 위해서는 <u>법률적인 형식만이 아니라 그</u> <u>실질과 경제적 현실에 따라 회계처리하고 표시하여야</u> 한다는 것을 의미한다. 즉, 거래나 사건의 실질은 법률적 형식이나 외관상의 형식과 항상 일치하는 것은 아닌데, 이러한 경우 신뢰성 있는 회계정보를 제공하기 위해서는 형식보다는 경제적 실질에 따라 회계처리하고 보고하여야 한다는 것이다.

3) 중립성

중립성(neutrality, 객관성)이란 <u>회계정보가 의도적으로 미리 정해 놓은 특정한 결과를 가져</u> <u>오게 하거나, 정보이용자에게 특정한 행동 양식을 유발하는 편의를 가져서는 안된다는</u> <u>속성</u>으로 회계기준의 제정 및 적용에 있어서 정보이용자에게 중립적이어야 한다는 것을 말한다. 이는 회계정보가 특정 이용자에게는 유리하고 다른 이용자에게는 불리한 편의가 없어야 하며, 정보이용자의 공통적인 욕구를 충족시켜야 한다는 의미다.

4) 신중성

신중성(Prudence, 보수주의)이란 불확실한 상황에서 요구되는 추정에 필요한 판단을 하는 경우 <u>자산이나 수익이 과대평가 또는 부채나 비용이 과소평가 되어 이익이 과대평가되지</u> <u>않도록 상당한 주의를 기울이는 것</u>을 말한다.

그러나 신중을 기하더라도 고의적인 자산이나 수익의 과소평가 또는 부채나 비용의 과대평가, 즉 고의적인 이익의 과소평가는 재무제표의 중립성이 상실되고 신뢰성을 훼손시키므로 허용되지 않음에 주의해야 한다.

5) 완전성

완전성(completeness)이란 정보이용자의 <u>의사결정에 영향을 미칠 수 있는 중요한 경제적</u> <u>정보는 모두 공시</u>되어야 한다는 것을 의미한다. 즉, 정보가 누락되므로 오해를 유발하여 신뢰성이 상실되고 목적적합성을 충족하지 못하는 그릇된 정보가 제공될 수 있다. 따라서 재무제표정보가 신뢰성을 갖기 위해서는 중요성과 원가를 고려한 범위 내에서 완전성을 갖추어야 한다.

(4) 비교가능성

비교가능성(comparability)이란 한 기업의 재무 상태와 재무 성과의 추세를 식별하기 위해 재무제표를 기간별로 비교할 수 있거나(기간별 비교가능성, 계속성, 일관성), 다른 기업의 상대적인 재무 상태와 재무 성과 및 재무 상태변동을 평가하기 위해 기업간 재무제표를 비교할 수 있어야 (기업간 비교가능성) 한다는 것을 의미한다. 회계 정보가 비교가능성을 갖기 위해서는 유사한 거래나 그 밖의 사건의 재무적 영향을 측정하고 표시할 때 한 기업 내에서 그리고 당해 기업의 기간별로 일관된 방법이 적용되어야 하며, 기업간에도 일관된 방법이 적용되어야 한다.

(5) 목적적합하고 신뢰성 있는 정보에 대한 제약 요인

지금까지 재무제표를 통해 제공되는 회계 정보가 정보이용자에게 유용하기 위해 갖추어야 할 질적 특성에 대해서 살펴보았다. 그러나 목적적합하고 신뢰성 있는 정보를 제공함에 있어 여러 가지 제약 요인들이 존재하는데, 이러한 제약 요인에는 적시성, 효익과 비용 간의 균형, 질적 특성 간의 균형이 있다.

1) 적시성

적시성(timeliness)이란 회계정보가 <u>정보이용자의 의사결정에 반영될 수 있도록 적시에 제공</u>되어야 한다는 것을 의미한다. 적시성 있는 정보라 하여 반드시 목적적합성을 갖는 것은 아니지만, 정당한 사유 없이 정보의 보고가 지체된다면 그 정보는 목적적합성을 상실할 수 있다. 따라서 경영자는 적시성 있는 보고와 신뢰성 있는 정보제공의 장점에 대한 상대적 균형을 고려할 필요가 있다. 왜냐하면, 적시에 정보를 제공하기 위해서는 특정 거래나 그 밖의 사건의 모든 내용이 확인되기 전에 보고할 필요가 있을 수 있고 이로 인해 정보의 신뢰성이 훼손될 수 있기 때문이며, 반면에 모든 내용이 확인될 때까지 보고를 지연할 경우 정보의 신뢰성은 매우 높아질 수 있으나 그 보고 시점 이전에 의사결정을 해야 하는 정보이용자에게는 거의 유용하지 않은 정보가 될 수 있기 때문이다.

2) 효익과 비용 간의 균형

효익과 비용 간의 균형이란 특정 정보에서 기대되는 <u>효익(benefit)은, 그 정보를 제공하기 위하</u><u>여 소요되는 비용(cost)보다 커야 함</u>을 의미하는 것으로, 효율성(efficiency)이라고도 한다.

재무제표의 작성자는 특정 정보에서 기대되는 효익과 그 정보를 제공하기 위하여 소요되는 비용과 비교해 특정 정보의 제공 여부를 판단하여야 하므로 효익과 비용 간의 균형은 질적 특성이라기 보다는 포괄적 제약 요인이다.

3) 질적 특성 간의 균형

거래나 경제적 사건을 측정·보고함에 있어 질적 특성 간에 상충관계가 발생할 수 있다. 예컨대, <u>자산을 공정 가치(fair value)로 평가한 정보는 역사적 원가로 평가한 정보보다 더</u> <u>목적적합성(예측가치) 있는 정보가 되지만, 역사적 원가로 평가한 정보는 공정 가치로 평가</u><u>한 정보보다 더 신뢰성 있는 정보</u>라고 할 수 있다.

이러한 예는 목적적합성과 신뢰성의 상충관계가 일어나는 대표적인 예에 불과하며, 거의 대부분의 회계 정보들은 이용자, 이용 목적, 측정 방법 등에 따라 상충관계가 존재한다. 이와 같이 재무제표의 질적 특성 간에 상충관계가 존재할 경우에는 재무제표의 목적을 달성하기 위해 질적 특성 간에 적절한 균형을 이루도록 해야 한다.

재무제표의 요소

재무제표의 요소란 거래나 그 밖의 사건의 재무적 영향을 경제적 특성에 따라 대분류하여 재무제표에 나타낸 것을 말한다. 즉, 재무상태표에서 재무 상태의 측정과 직접 관련된 요소는 자산, 부채, 자본이다. 그리고 포괄손익계산서에서 재무 성과의 측정과 직접 관련된 요소는 수익과 비용이다. 재무상태변동표(현금흐름표. 자본변동표)는 일반적으로 재무상태표 요소의 변동과 포괄손익계산서요소를 반영하므로 재무상태변동표의 고유한 요소에 대해서는 별도로 식별하지 아니한다. 따라서 재무제표의 요소라 함은 자산, 부채, 자본, 수익, 비용을 의미하는 것으로 이해하면 된다. 본 절에서는 재무제표요소의 정의와 인식 및 측정에 관해서 개략적으로 살펴보기로 한다.

(1) 정의

재무제표요소의 정의를 재무상태표요소와 포괄손익계산서요소로 구분하여 살펴보면 다음과 같다.

1) 재무상태표 요소

자산: <u>과거 사건의 결과로 기업이 통제하고 있고 미래 경제적 효익이 기업에 유입될 것으로 기대되는 자원</u>이다.

부채: <u>과거 사건에 의하여 발생하였으며 경제적 효익이 내재된 자원이 기업으로부터 유출됨으로써 이행될 것으로 기대되는 현재의무</u>다.

자본: 기업의 자산에서 모든 부채를 차감한 후의 잔여지분이다.

2) 포괄손익계산서 요소

수익: 자산의 유입이나 증가 또는 부채의 감소에 따라 자본의 증가를 초래하는 특정 회계 기간 동안에 발생한 경제적 효익의 증가로서, 지분 참여자에 의한 출연과 관련된 것은 제외한다.

비용: 자산의 유출이나 소멸 또는 부채의 증가에 따라 자본의 감소를 초래하는 특정 회계 기간 동안에 발생한 경제적 효익의 감소로서, 지분 참여자에 대한 분배와 관련된 것은 제외한다.

(2) 인식

인식(recognition)이란 특정 항목을 재무상태표나 포괄손익계산서에 반영하는 과정을 말한다. 이 과정은 해당 항목을 서술하는 <u>계정 명칭과 화폐 금액을 기술하고 그 금액을 재무상태표 또는 포괄손익계산서 총계에 산입</u>하는 것을 포함한다.

(3) 측정

측정(measurement)이란 재무상태표와 포괄손익계산서에 인식되고 평가되어야 할 재무제표요소의 <u>화폐 금액을 결정하는 과정</u>을 말한다.

재무제표를 작성하기 위해서는 다수의 측정 기준이 다양한 방법으로 결합되어 사용된다.

---

1. 재무상태표의 작성 원칙

　　① 구분 표시의 원칙

　　② 총액주의의 원칙

　　③ 1년 구분의 원칙(유동과 비유동으로 분류 기준)

　　④ 유동성 배열의 원칙

　　⑤ 잉여금 구분의 원칙

　　⑥ 미결산계정, 비망계정 사용금지의 원칙

2. 포괄손익계산서의 작성 원칙

　　① 발생주의 및 실현주의의 원칙

　　② 수익·비용 대응의 원칙

　　③ 총액주의의 원칙

　　④ 구분 계산의 원칙

---

1. ( ) 안에 들어갈 알맞은 회계 원칙을 쓰시오.

(1) ( )의 원칙 회계 처리 및 보고는 신뢰할 수 있도록 객관적인 자료와 증거에 의하여 공정하게 처리해야 한다.

(2) ( )의 원칙 재무제표의 양식 및 과목과 회계 용어는 이해하기 쉽도록 간단, 명료하게 표시하여야 한다.

(3) ( )의 원칙 중요한 회계 방침과 회계 처리기준, 과목 및 금액에 관하여는 그 내용을 재무제표상에 충분히 표시해야 한다.

(4) ( )의 원칙 회계 처리에 관한 기준 및 추정은 기간별 비교가 가능하도록 매기 계속하여 적용하고 정당한 사유 없이 이를 변경해서는 안 된다.

(5) ( )의 원칙 회계 처리와 재무제표 작성에 있어서 과목과 금액은 그 중요성에 따라 실용적인 방법에 의해서 결정되어야 한다.

(6) ( )의 원칙 회계 처리 과정에서 2가지 이상의 선택 가능한 방법이 있는 경우에는 재무적 기초를 견고히 하는 관점에서 처리하여야 한다.

(7) ( )의 원칙 회계 처리는 거래의 실질과 경제적 사실을 반영할 수 있어야 한다.

2. 다음 설명에 알맞은 기업회계기준상의 재무상태표 작성 기준을 ( ) 안에 쓰시오.

(1) ( ) 재무상태표는 자산, 부채, 자본으로 구분하고, 자산은 유동자산, 비유동자산으로, 부채는 유동부채, 비유동부채로, 자본은 자본금 자본잉여금, 자본조정, 이익잉여금, 기타포괄손익으로 각각 구분한다.

(2) ( ) 자산, 부채, 자본은 총액에 의하여 기재함을 원칙으로 하고, 자산 항목과 부채 또는 자본 항목을 상계함으로써, 그 전부 또는 일부를 재무상태표에서 제외하여서는 안된다.

(3) ( ) 자산과 부채는 1년을 기준으로 하며 유동자산 또는 비유동자산, 유동부채 또는 비유동부채로 구분하는 것을 원칙으로 한다.

(4) ( ) 자본거래에서 발생한 자본잉여금과 손익거래에서 발생한 이익잉여금을 혼동하여 표시하여서는 안된다.

정답

1. (1) 신뢰성의 원칙　　(2) 명료성의 원칙　　(3) 충분성의 원칙　　(4) 계속성의 원칙
(5) 중요성의 원칙　　(6) 안전성의 원칙　　(7) 실질우선의 원칙

2. (1) 구분 표시　　　　(2) 총액주의　　　(3) 1년기준　　　　(4) 잉여금 구분

1. 다음 중 회계 공준으로 볼 수 없는 것은?

① 기업 실체의 공준   ② 계속 기업의 공준

③ 회계 관습의 공준   ④ 화폐성 측정의 공준

2. 한 회사가 영구히 존속한다는 가정하에 회계 처리하는 공준은?

① 기업 실체의 공준   ② 계속 기업의 공준

③ 화폐적 측정의 공준   ④ 회계 기간의 공준

3. 자산과 부채를 취득하면 취득원가로 기록하여야 한다는 원칙은?

① 수익 인식의 원칙   ② 수익·비용대응의 원칙

③ 완전 공시의 원칙   ④ 역사적 원가의 원칙

4. 회계 정보의 질적 특징 중 정보이용자의 특성에 속하는 것은?

① 적시성   ② 목적적합성

③ 이해가능성   ④ 비교가능성

5. 특정인의 정보 독점으로 인한 피해를 막기 위한 회계 원칙은?

① 신뢰성의 원칙   ② 완전 공시의 원칙

③ 계속성의 원칙   ④ 목적적합성의 원칙

6. 감가상각비의 계상과 관계되는 회계 공준은 어느 것인가?

① 회계 기간의 공준   ② 회계 실체의 공준

③ 계속성의 원칙   ④ 목적적합성의 원칙

7. "회계 처리 및 보고는 회계이용자가 신뢰할 수 있도록 공정하게 처리해야 한다."는 다음 중 어디에 속하는가?

① 명료성의 원칙   ② 중요성의 원칙

③ 신뢰성의 원칙   ④ 충분성의 원칙

8. 전기와 당기에 감가상각비를 정액법과 정률법을 혼동하거나 기말상품재고액을 선입선출법과 후입선출법을 혼동하였다면 회계 원칙 중 위배된 원칙은?

① 계속성의 원칙　　　　　　　　② 중요성의 원칙

③ 신뢰성의 원칙　　　　　　　　④ 충분성의 원칙

9. 다음의 설명에 타당한 회계 원칙은?

> 재무제표상 중요한 내용을 표시하기 위하여 주기 또는 주석으로 기재하며, 각 명세서를 작성할 것을 요구하는 원칙이다.

① 안전성의 원칙　　　　　　　　② 계속성의 원칙

③ 충분성의 원칙　　　　　　　　④ 실질우선의 원칙

10. 다음 중 재무상태표 작성 원칙이 아닌 것은?

① 구분 표시　　　　　　　　　　② 발생주의

③ 유동성 배열　　　　　　　　　④ 1년 기준

11. 모든 자산과 부채는 유동과 비유동으로 분류하여야 하는데, 각 원칙은 다음 중 어느 원칙에 속하는가?

① 구분 표시의 원칙　　　　　　② 총액주의의 원칙

③ 발생주의의 원칙　　　　　　　④ 1년 기준의 원칙

12. 다음 중 포괄손익계산서 작성 원칙이 아닌 것은?

① 유동성 배열의 원칙　　　　　② 발생주의의 원칙

③ 구분 계산의 원칙　　　　　　④ 수익·비용 대응의 원칙

13. "가급적이면 순이익이 적게 보이도록 회계 처리하여야 한다."는 다음 중 어디에 속하는가?

① 중요성　　　　　　　　　　　② 계속성

③ 대응성　　　　　　　　　　　④ 보수주의

14. "회계보고는 일정 기간 단위로 한다."는 공준은?

    ① 기업 실체의 공준   ② 회계 기간의 공준

    ③ 화폐 측정의 공준   ④ 계속 기업의 공준

15. 다음의 회계 원칙 중 수익 인식의 원칙에 대한 설명은?

    ① 수익이 실현 가능하고 수익이 실현 또는 획득되었을 때 인식한다는 원칙이다.

    ② 비용은 수익과 대응관계에 인식된다는 원칙이다.

    ③ 수익의 인식 시점이 비용의 인식 시점이라는 원칙이다.

    ④ 자산과 부채를 취득원가에 의하여 기록한다는 원칙이다.

16. 회계 정보의 유용성을 증대시키는 가장 기본이 되는 정보의 속성은?

    ① 이해가능성의 충분성   ② 목적적합성의 신뢰성

    ③ 신뢰성과 명료성   ④ 비교가능성과 충분성

17. 기업회계기준의 필요성을 가장 잘 설명한 것은?

    ① 회계 처리를 신속하게 처리한다.

    ② 기업의 회계추정을 예방한다.

    ③ 회계담당자의 비밀을 모두 공개한다.

    ④ 회계 정보의 신뢰성, 공정성, 명확성을 기한다.

18. 보수주의와 가장 관련이 많은 회계 처리 방법은?

    ① 완성 기준 대신 진행 기준의 적용

    ② 인도 기준 대신에 회수 기준의 적용

    ③ 정률법 대신 정액법의 적용

    ④ 재고자산평가손실의 측정 시 분류별 기준 대신 총계 기준의 적용

19. 다음 중 회계 처리 기준과 추정은 기간별 비교가 가능하도록 매기에 계속하여 적용하여야 한다는 원칙은?

    ① 신뢰성의 원칙   ② 계속성의 원칙

    ③ 중요성의 원칙   ④ 실질 우선의 원칙

20. 금액이 작은 사무용 또는 청소용 소모품은 자산으로 계상하거나 구입된 기간의 비용으로 기입할 수 있다. 소모품을 구입한 기간에 소모품이라는 비품으로 기록하는 회계 처리의 근거는 무엇인가?

① 발생주의 ② 보수주의
③ 수익·비용 대응 ④ 중요성

21. 상공상사는 재고자산 평가방법을 후입선출법(LIFO)에서 선입선출법(FIFO)으로 정당한 사유 없이 변경하였다. 다음 중 어떤 원칙을 위반한 것인가?

① 계속성의 원칙 ② 명료성의 원칙
③ 신뢰성의 원칙 ④ 중요성의 원칙

22. 다음 설명 중 잘못된 것은?

① 동일한 금액이라도 총자산에 미치는 영향력, 즉 중요성의 정도는 기업 규모에 따라 달라질 수 있다.
② 자산의 실재가치는 재무상태표에 보고된 취득원가보다 더 클 수 있다.
③ 수익은 재화 및 용역에 대한 대가를 현금으로 수령하였을 때만 인식된다.
④ 부채는 미래에 제3자에게 현금, 기타 재화 또는 용역을 제공하여야 할 의무를 말하며, 기업자산에 대한 채권자 지분이다.

 정답

1. ③ 2. ② 3. ④ 4. ③ 5. ② 6. ① 7. ③ 8. ① 9. ③ 10. ② 11. ④ 12. ① 13. ④
14. ② 15. ① 16. ② 17. ④ 18. ② 19. ② 20. ④ 21. ① 22. ③

Part 3

식별 및 측정

회계의 순화과정과 결산

계정

자산, 부채, 자본, 수익 및 비용에 대하여 구체적인 항목을 세워 기록·계산하는 단위를 계정(account: AC)이라 한다. 현금 계정, 상품 계정 등과 같이 계정에 붙이는 이름을 계정과 목이라고 한다.

계정 과목과 차변과 대변

계정은 크게 재무상태표계정과 포괄손익계산서계정으로 나누며, 재무상태표계정은 다 시 자산 계정, 부채 계정, 자본 계정으로 나누고, 포괄손익계산서계정은 수익 계정과 비 용 계정으로 나눈다. 자산과 비용은 차변에 소속되며, 부채, 자본, 그리고 수익은 대변에 소속된다.

재무상태표

분류	계정과목	코드	내용
자산			
당좌자산	현금	101	통화, 자기앞수표, 타인발행당좌수표, 가계수표
	당좌예금	102	당좌거래와 관련한 예금
	보통예금	103	보통예금 입·출금
	제예금	104	기타 달리 분류되지 않는 예금
	정기예금	105	각종 정기예금 입·출금
	정기적금	106	각종 정기적금 입·출금
	단기매매증권	107	국·공·지방채 등의 매입 및 처분
	외상매출금	108	상품 또는 제품을 매출하고 대금을 외상으로 한 경우
	받을어음	110	받을 어음 입·출금
	공사미수금	112	건설업의 공사 관련 미수금
	단기대여금	114	타인에게 대여한 대여금(대여 기간 1년 이내)
	미수수익	116	아직 받지 못한 수익
	분양미수금	118	
	미수금	120	고정자산을 매각하고 대금을 외상으로 한 경우
	소모품	122	
	매도가능증권	123	단기매매증권·만기보유증권으로 분류되지 않는 1년 이하 국·공·지방체매입 및 처분
	만기보유증권	124	만기까지 보유할 목적의 1년 이하의 국·공·지방채 매입 및 처분
	선급금	131	물품을 인도받기 전 대금을 미리 지급한 경우
	선급미용	133	각종 비용을 미리 지급한 것(미경과 비용)
	가지급금	134	회사 구성원에게 돈을 주었지만 원인을 알 수 없는 것
	부가세대급금	135	물품 등의 구입 시에 부담한 부가가치세
	선납세금	136	예금이자에 대한 이자 소득세 등
	임직원등단기채권	137	업무와 관련 없이 종업원에게 대여하여 준 것
	전도금	138	
	선급공사비	139	
	이연법인세자산	140	
	현금과부족	141	현금 부족·초과 시 결산 전까지 일시적으로 사용하는 계정
	미결산	142	보험료 확정 후 실제 수령 전에 사용하는 임시 계정
	본지점	143	

분류	계정과목	코드	내 용
재고 자산	상품	146	상품(도·소매업)
	매입 환출및에누리	147	
	매입 할인	148	
	관세환급금	149	
	제품	150	제조업의 완성 제품
	관세환급금	151	
	완성건물	152	건설업의 완성 건물
	원재료	153	제조업의 원재료
	매입 환출및에누리	154	
	매입 할인	155	
	부재료	162	
	건설용지	165	건설업의 건설용지
	가설재	166	가설재(건설업)
	저장품	167	
	미착품	168	운송 중에 있으며 아직 도착하지 않은 제품
	재공품	169	일정 시점에 생산 과정에 있는 미완성된 제품의 평가액
투자 자산	장기성예금	176	예금 중 예치 기간이 1년을 초과하는 장기성 예금
	특정현금과예금	177	사용이 제한된 예금
	매도가능증권	178	투자를 목적으로 취득한 주식 등
	장기대여금	179	대여 기간이 1년을 초과하여 기업의 자금을 대여한 것
	만기보유증권	181	만기까지 보유할 목적의 1년 초과의 국·공·지방채 매입 및 처분
	지분법적용투자주식	182	피투자회사의 지배목적으로 구입한 주식 등
	투자부동산	183	투자 목적으로 구매한 비업무용 부동산
	단체퇴직보험예치금	184	
	투자일임계약자산	185	
	퇴직연금운용자산	186	
	퇴직보험예치금	187	
	국민연금전환금	188	
유형 자산	토지	201	토지
	건물	202	사무실, 공장, 창고 등 회사 소유 건물
	구축물	204	용수 설비, 폐수처리장치 등
	기계장치	206	각종 기계장치
	차량운반구	208	화물자동차, 승용자동차, 지게차, 중기 등
	공구와기구	210	공구·기구로서 100만 원을 초과하는 것(이하: 소모품)
	비품	212	책상, 의자, 에어컨, 캐비닛, 컴퓨터, 팩시밀리, 복사기 등
	건설중인자산	214	건설중인자산의 가액
	미착기계	215	
무형 자산	영업권	218	영업상의 권리
	특허권	219	특허와 관련한 권리를 금전적 가치로 계상한 것
	상표권	220	특정 상호가 상표법에 의하여 등록된 경우 그 가치
	실용신안권	221	제품 등을 현재 상태보다 사용하기 편하게 만든 것
	의장권	222	의장관 관련한 권리
	면허권	223	면허권 취득과 관련한 비용(건설업 면허 등)
	광업권	224	
	개발비	226	개발과 관련하여 지출한 고액비용
	소프트웨어	227	고가의 소프트웨어 구입비, 개발비
	웹사이트원가	228	
기타 비유동 자산	이연법인세자산	231	
	임차보증금	232	
	전세금	233	
	기타보증금	234	

분류	계정과목	코드	내　　　용
기타 비유동 자산	장기외상매출금	235	
	현재가치할인차금	236	
	장기받을어음	238	
	현재가치할인차금	239	
	장기미수금	241	
	현재가치할인차금	242	
	장기선급비용	244	
	장기선급금	245	
	부도어음과수표	246	
	전신전화가입권	248	
부채			
유동 부채	외상매입금	251	물품 등을 구매하고 그 대금을 나중에 지급하기로 한 것
	지급어음	252	대금 결제를 어음을 발행하여 지급한 것
	미지급금	253	고정자산 등을 구입하고 그 대금을 나중에 지급하기로 한 것
	예수금	254	갑근세, 국민연금, 건강보험 등을 근로자로부터 미리 받아 둔 것
	부가세예수금	255	매출 시 매입자로부터 받아 둔 부가가치세
	당좌차월	256	당좌예금 잔액을 초과하여 발행한 수표 금액(사전 약정 체결)
	가수금	257	원인을 알지 못하지만 회사 구성원으로부터 입금 받은 금액
	예수보증금	258	임대보증금
	선수금	259	제품을 인도하기 전 그 대금을 미리 받은 것
	단기차입금	260	1년 이하에 상환하여야 하는 차입금
	미지급세금	261	법인세 등의 미지급액
	미지급비용	262	비용과 관련하여 그 대금을 나중에 지급하기로 한 것
	선수수익	263	수입금 중에서 당기의 것이 아니고 차기 이후의 것
	유동성장기부채	264	
	미지급배당금	265	
	지급보증채무	266	
	수출금융	267	
	수입금융	268	
	공사손실충당금	269	
	하자보증충당금	270	
	공사선수금	271	
	분양선수금	272	
	이연법인세부채	273	
비유동 부채	사채(社債)	291	1년 이후에 상환 예정인 회사채(개인사채가 아님)
	사채할인발행차금	292	
	장기차입금	293	상환 기간이 1년을 초과하는 차입금
	임대보증금	294	
	퇴직급여충당부채	295	
	퇴직보험충당부채	296	
	장기미지급금	297	
	중소기업투자준비금	298	
	연구인력개발준비금	299	
	해외시장개척준비금	300	
	지방이전준비금	301	
	수출손실준비금	302	
	임직원등장기차입금	303	
	관계회사장기차입금	304	
	외화장기차입금	305	외화로 1년 초과하여 빌린 차입금
	장기공사선수금	306	

분류	계정과목	코드	내 용
비유동 부채	장기임대보증금	307	
	장기성지급어음	308	
	환율조정대	309	
	이연법인세부채	310	
	신주인수권부사채	311	
	전환사채	312	
	사채할증발행차금	313	
	장기제품보증부채	314	
	퇴직연금충당부채	329	
	퇴직연금미지급금	330	
자본			
자본금	자본금	331	법인의 경우 납입자본금
	우선주자본금	332	
	출자금	337	
	인출금	338	개인기업의 대표자 회사의 자금을 가져간 것
자본 잉여금	주식발행초과금	341	
	감자차익	342	
	자기주식처분이익	343	
	전환권대가	344	
	신주인수권대가	345	
	기타자본잉여금	349	
	재평가적립금	350	
이익 잉여금	이익준비금	351	상법상 현금 배당의 1/10을 사내에 유보한 금액
	기업합리화적립금	352	
	법정적립금임의설정	353	
	재무구조개선적립금	354	
	임의적립금	355	이익잉여금의 처분으로 주주총회에서 임의로 사내에 유보한 금액
	사업확장적립금	356	사업 확장 시 사용을 위해 유보한 금액
	감채적립금	357	
	배당평균적립금	358	순손실시 배당을 주기 위해 유보한 금액
	주식할인발행차금상각	359	
	배당건설이자상각	360	
	상환주식의상환액	361	
	자기주식처분손잔액	362	
	중소기업투자준비금	363	
	연구인력개발준비금	364	
	해외시장개척준비금	365	
	지방이전준비금	366	
	수출손실준비금	367	
	기타임의적립금	368	
	회계변경의누적효과	369	
	전기오류수정이익	370	
	전기오류수정손실	371	
	중간배당금	372	
	기타이익잉여금	374	
	이월이익잉여금	375	다음 사업 연도로 이월하는 이익잉여금
	이월결손금	376	전기 순손실액
	미처분이익잉여금	377	
	미처리결손금	378	
	당기순이익	379	
	당기순손실	380	

분류	계정과목	코드	내 용
자본 조정	주식할인발행차금	381	
	배당건설이자	382	
	자기주식	383	
	신주발행비	386	
	미교부주식배당금	387	
	신주청약증거금	388	
	감자차손	389	
	자기주식처분손실	390	
	주식매입선택권	391	
기타 포괄 손익 누계액	재평가차익	392	
	매도가능증권평가이익	394	
	매도가능증권평가손실	395	
	해외사업환산이익	396	
	해외사업환산손실	397	
	파생상품평가이익	398	
	파생상품평가손실	399	

포괄손익계산서

분류	계정과목	코드	내용
매출			
매출	상품매출	401	도·소매업 매출
	매출환입및에누리	402	
	매출 할인	403	
	제품매출	404	제조업 매출
	매출환입및에누리	405	
	매출 할인	406	
	공사수입금	407	건설업 매출
	완성건물매출	409	
	임대료수입	411	임대업 매출
	보관료수입	414	
	운송료수입	417	
매출원가			
매출원가	상품매출원가	451	기초 상품 + 당기상품매입액 - 기말상품 재고액
	도급공사매출원가	452	
	분양공사매출원가	453	
	제품매출원가	455	기초 제품 + 당기제품매입액 - 기말제품 재고액
	보관매출원가	457	
	운송매출원가	458	
판매비와일반관리비			
판매비와일반관리비	급여	801	
	상여금	803	사무실 직원 상여금
	제수당	804	기본급 외 제수당(소기업은 구분할 필요 없이 급여에 포함)
	잡급	805	임시 직원 및 일용근로자 급료 및 임금
	퇴직급여	806	
	퇴직보험충당금전입	807	
	복리후생비	811	식대, 차대, 4대 보험 중 회사부담금, 직원경조사비, 회식비, 생수 대금, 야유회 경비, 피복비, 구내식당 운영비등
	여비교통비	812	직무와 관련한 각종 출장비 및 여비
	접대비	813	거래처 접대비, 거래처 선물대, 거래처 경조사비 등
	통신비	814	전화 요금, 휴대폰 요금, 정보통신 요금, 각종 우편 요금 등
	수도광열비	815	수도 요금, 가스 요금, 난방 비용 등
	전력비	816	전기료 등
	세금과공과금	817	재산세, 종합토지세, 인지대, 면허세, 주민세(8.31납기)등 사업소세, 환경개선부담금, 수입증지
	감가상각비	818	유형자산(건물, 비품, 차량유지비 등)의 감가상각비
	임차료	819	사무실 임차료
	수선비	820	사무실 수리비, 비품 수리비 등
	보험료	821	건물화재 보험료, 승용자동차 보험료 등
	차량유지비	822	유류대, 주차요금, 통행료, 자동차수리비, 검사비 등
	경상연구개발비	823	신기술의 개발 및 도입과 관련하여 지출하는 경상적인 비용
	운반비	824	택배 요금, 퀵서비스 요금 등
	교육훈련비	825	직원 교육 및 업무 훈련과 관련하여 지급한 금액
	도서인쇄비	826	신문대, 도서 구입비, 서식 인쇄비, 복사 요금, 사진 현상비 등 명함, 고무인 제작비, 명판대
	회의비	827	업무 회의와 관련하여 지출하는 각종 비용
	포장비	828	상품 등의 포장과 관련한 지출 비용

분류	계정과목	코드	내　　　　용
판매비와일반관리비	사무용품비	829	문구류 구입 대금, 서식 구입비 등
	소모품비	830	각종 위생용 소모품, 철물 및 전기용품, 기타 소모품
	수수료비용	831	기장 수수료, 송금, 각종 증명 발급, 추심, 신용보증, 보증보험 수수료, 홈페이지 유지비, 전기가스 점검 및 환경측정 수수료, 신용조회 수수료
	보관료	832	물품 등의 보관과 관련하여 지출하는 비용
	광고선전비	833	TV, 신문, 잡지 광고비, 홈페이지 제작비, 등록비 등 광고 비용
	판매촉진비	834	판매 촉진과 관련하여 지출하는 비용
	대손상각비	835	외상 매출금, 미수금 등의 회수불능대금
	기밀비	836	판공비, 사례비 등
	건물관리비	837	자가 소유 건물의 관리비용
	수출제비용	838	수출과 관련한 제비용
	판매수수료	839	판매와 관련하여 지급한 수수료
	무형고정자산상각	840	이연자산 상각(유형자산 감가상각 무형자산 상각)
	환가료	841	
	견본비	842	견본 물품 등의 구입과 관련한 비용
	해외접대비	843	
	해외시장개척비	844	
	미분양주택관리비	845	
	수주비	846	
	하자보수충당금전입	847	
	잡비	848	오폐수 처리비, 세탁비, 소액교통사고배상금, 방화관리비, 청소용역비 등 기타 달리 분류되지 않는 각종 비용
	명예퇴직금	849	
	퇴직연금충당금전입	850	
영업외수익			
영업외수익	이자수익	901	예금 및 적금이자, 대여금 이자수입 등
	만기보유증권이자	902	국채, 지방채, 공채, 사채(社債) 등의 이자
	배당금수익	903	주식투자와 관련하여 소유주식 회사로부터 지급받는 배당금
	임대료	904	부동산 임대수입
	단기투자자산평가이익	905	
	단기투자자산처분이익	906	단기매매증권 처분 시 발생하는 이익
	외환차익	907	외화자산, 부채의 회수 및 상환 시 환율 변동으로 발생하는 이익
	대손충당금환입	908	
	수수료수익	909	수수료수익
	외화환산이익	910	
	사채상환이익	911	
	전기오류수정이익	912	
	하자보수충당금환입	913	
	유형자산처분이익	914	유형자산 처분 시 발생하는 이익
	매도가능증권처분이익	915	매도가능증권 처분 시 발생하는 이익
	상각채권추심이익	916	
	자산수증이익	917	
	채무면제이익	918	
	보험금수익	919	보험차익
	투자증권손상차환입	920	
	지분법이익	921	
	만기보유증권처분이익	922	
	중소투자준비금환입	924	
	연구개발준비금환입	925	
	해외개척준비금환입	926	

분류	계정과목	코드	내 용
	지방이전준비금환입	927	
	수출손실준비금환입	928	
	재평가이익	929	
	잡이익	930	기타 달리 분류되지 않는 이익
영업외비용			
영업외 비용	이자비용	951	지급이자, 어음할인료 등
	외환차손	952	환율 변동으로 인하여 발생하는 손실금액
	기부금	953	교회 및 사찰 헌금, 학교 기부금, 불우이웃돕기 성금 등
	기타의대손상각비	954	
	외화환산손실	955	
	매출채권처분손실	956	
	단기투자자산평가손실	957	
	단기투자자산처분손실	958	유가증권의 처분 시 발생하는 손실
	재고자산감모손실	959	재고자산의 손상 및 분실 금액
	재고자산평가손실	960	재고자산의 평가 결과 발생한 손실 금액
	재해손실	961	
	전기오류수정손실	962	
	투자증권손상차손	963	
	지분법손실	964	
	무형자산손상차손	965	
	회사채이자	967	
	사채상환손실	968	
	보상비	969	
	유형자산처분손실	970	유형자산(기계장치, 차량운반구 등)의 처분 시 발생하는 손실
	매도가능증권처분손실	971	매도가능증권의 처분 시 발생하는 손실
	중소투자준비금전입	972	
	연구개발준비금전입	973	
	해외개척준비금전입	974	
	지방이전준비금전입	975	
	수출손실준비금전입	976	
	특별상각	977	
	만기보유증권처분손실	978	
	잡손실	980	분실금, 기타 달리 분류되지 않는 영업외 비용
	재평가손실	983	
	수수료비용	984	
	법인세등	998	법인세, 법인세 주민세, 법인세 중간예납세액
	소득세등	999	종합소득세, 종합소득세 주민세

제조원가

분 류	계정과목	코드	내　　　용
재료비			
재료비	원재료비	501	제조 및 공사 현장에 투입된 재료비
	부재료비	502	부재료비
노무비			
노무비	급여	503	급여
	임금	504	생산 현장 또는 공사 현장 인건비
	상여금	505	설날, 추석, 휴가, 연말상여금 등
	제수당	506	제수당(소기업의 경우 임금에 포함)
	잡금	507	일용 노무자 및 임시 직원의 임금
	퇴직급여	508	퇴직금
	퇴직보험충당금전입	509	
제조경비			
제조경비	복리후생비	511	직원 식대, 차대, 4대 보험 회사부담금, 경조사비, 회식비, 피복비 등
	여비교통비	512	생산 현장 직원의 출장비
	접대비	513	생산과 관련한 접대비
	통신비	514	현장 전화비, 팩스요금 등
	가스수도료	515	생산 현장의 수도요금, 난방비 등
	전력비	516	전기 요금
	세금과공과금	517	공장건물의 재산세, 토지의 종합토지세 등
	감가상각비	518	기계장치, 공장 건물 등의 감가상각비
	임차료	519	공장 임차료, 기계장치 리스료 등
	수선비	520	기계장치 수선, 공장 수선 경비
	보험료	521	화물자동차의 자동차 보험료, 공장의 화재보험료 등
	차량유지비	522	화물차의 유류대, 수리비, 통행료, 계량비, 주차 요금
	경상연구개발비	523	신기술 및 신제품 개발을 위하여 투입하는 비용
	운반비	524	제품의 운반과 관련한 운임
	교육훈련비	525	생산직 근로자의 교육훈련을 위하여 지출하는 비용
	도서인쇄비	526	생산 현장의 신문 대금, 도서 구입비, 복사비 등
	회의비	527	생산 현장 회의와 관련하여 지출하는 비용
	포장비	528	제품포장 비용
	사무용품비	529	생산 현장의 사무용품비
	소모품비	530	생산 현장의 각종 소모품비
	수수료비용	531	생산 현장의 측정수수료 등
	보관료	532	제품 등의 보관과 관련하여 지출하는 비용
	외주가공비	533	하청과 관련한 임가공료
	시험비	534	시험비
	기밀비	535	생산 현장 판공비 등
	잡비	536	기타 달리 분류되지 않는 비용
	명예퇴직금	549	
	퇴직연금충당금전입	550	

회계의 목적은 회계정보를 생산하여 이를 필요로 하는 사람에게 제공하는 데 있다. 이와 같이 기업이 회계정보를 만들어 내는 과정을 회계의 순환 과정이라 하고 그 결과물을 재무제표라 한다. 재무제표에는 재무상태표, 포괄손익계산서, 자본변동표, 현금흐름표, 및 주석이 있다.

회계의 순환 과정

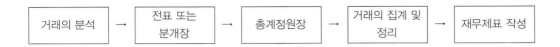

정보의 흐름

거래가 발생하면 분개 절차에 따라 분개장에 분개를 하면 된다.

① 회계상 거래인가? (단, 주문, 담보, 계약, 보관, 채용, 약속은 회계상 거래가 아니다.)

② 어느 계정과목을 사용하는가?
　　예) 현금, 건물, 비품, 단기차입금, 외상매출금, 지급어음, 통신비, 복리후생비 등……

③ 자산, 부채, 자본 수익, 비용 중 어디에 속하는가?

   예) 현금은 자산, 단기차입금은 부채, 통신비는 비용 등……

④ 자산, 부채, 자본이면 증가했는가? 감소했는가?

   예) 자산의 증가·감소, 부채의 증가·감소, 자본의 증가·감소, 수익 발생, 비용 발생.

⑤ 차변인가? 대변인가? 비용은 차변에 수익은 대변에 기입한다.

   예) 자산의 증가는 차변이니까 차변에 현금 기입.

     부채의 증가는 대변이니까 대변에 단기차입금 기입.

차 변		대 변
자산의 증가		자산의 감소
부채의 감소		부채의 증가
자본의 감소		자본의 증가
비용의 발생		수익의 발생

⑥ 금액은 얼마인가?

거래의 의의와 인식

기업의 자산, 부채, 자본에 증감 변화를 일으키는 경제적 활동을 거래라 한다. 그리고 수익, 비용도 자본의 증감에 영향을 미치므로 거래가 된다. 이처럼 거래를 분명히 이해해야 하는 이유는 회계상의 거래만이 장부에 기록하는 대상이 되기 때문이다.

회계상의 거래		회계상의 거래가 아님
화재, 도난, 파손, 분실, 대손, 감가상각 등	상품의 매입과 매출 현금의 수입과 지출 금전의 차용과 대여 비용 지급과 수익 수취 등	주문, 주문서 발송, 계약(임대차계약, 매매계약), 약속, 담보 제공 등
항상 생활에서는 거래라 하지 않음	항상 생활에서 거래라 한다	

　회계상의 거래는 자산, 부채, 자본의 증감과 수익, 비용의 발생이라는 8개의 요소로 구성된다. 이를 거래의 8요소라 하는데, 회계상의 거래는 이를 8요소의 다양한 결합 관계로 나타난다.

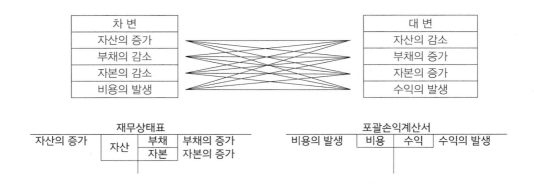

　거래를 각 계정에 기입하기 전에 미리 어느 계정에 기입할 것인가?, 그 계정의 차변 또는 대변 어느 쪽에 기입할 것인가?, 기입할 금액은 얼마인가? 등을 결정하는 절차를 분개(journalizing)라 하고 분개를 기입하는 장부를 분개장이라 한다.

　분개장에 분개한 기록을 각 해당 계정에 옮겨 적어야 하는 것을 전기(posting)라 하고, 이들 계정이 설정된 장부를 원장(ledger) 또는 총계정원장(general ledger G/L)이라고 한다.

　회계장부(accounting books)란 재무 상태와 경영 성과를 파악하기 위하여 기업의 경영 활동에서 발생한 거래를 기록·계산·정리하기 위한 기록부를 말한다.

　주요장부란 경영 활동에서 일어나는 모든 거래를 총괄하여 기록·계산하는 장부로 분개장과 총계정원장이 있다.

　보조장부란 현금의 수입과 지출, 상품의 매입과 매출 등 어떤 특수한 거래 또는 계정에 대해서만 그 내용을 상세히 기장하여 주요 장부에 요약된 내용을 보충하기 위한 장부이다.

결산과 회계정보의 이용

(1) 결산의 뜻

회계 기간에 발생한 모든 거래는 분개장 또는 전표를 거쳐 원장에 기록된다. 그러나 기록만으로는 재무 상태와 경영 성과를 파악할 수 없으므로 기업은 일정한 회계 기간이다. 장부 기록을 집계하고 정리하여 기간에 발생한 순손익을 정확히 계산하는 동시에 기말의 자산, 부채, 자본의 상태를 파악해야 한다. 이처럼 회계 기간 말에 모든 회계 자료를 정리하여 기업의 재무 상태와 경영 성과를 확정하는 절차를 결산이라 한다.

> ① 수정 전 시산표 작성
> ② 기말 수정 분개
> ③ 수정 후 시산표 작성
> ④ 장부 마감
> ⑤ 포괄손익계산서, 재무상태표 작성

(2) 회계 정보의 이용

기업의 회계 정보는 재무상태표와 포괄손익계산서 등 재무제표에 의해 제공된다. 즉 계정을 기입하고, 회계 기말에 이들 계정을 정리하여 재무상태표와 포괄손익계산서를 작성한다. 이렇게 만들어진 회계 정보는 이용자의 의사결정에 유용하게 활용된다.

(1) 재무상태표

 일정 시점에 있어서 기업의 재무 상태에 대한 회계 정보를 나타내는 보고서를 재무상태표라 한다. 즉, 재무상태표는 기업의 자산, 부채, 자본에 대한 회계 정보를 제공한다. 앞서 기본 등식을 이용하여 다음과 같은 재무상태표 등식을 얻을 수 있다.

> 자 본 등 식: 자본 = 자산 - 부채
> 재무상태표등식: 자산 = 부채 + 자본

재무상태표

XX회사	20XX년 12월 31일		(단위: 원)
자 산	금 액	부 채 · 자 본	금 액
현금 및 현금성자산	400,000	매입채무	200,000
단기 금융 상품	200,000	단기차입금	400,000
매 출 채 권	600,000	자 본 금	1,400,000
상 품	200,000		
비 품	100,000		
건 물	500,000		
	2,000,000		2,000,000

(2) 포괄손익계산서

 일정한 회계 기간에 발생한 수익과 비용을 비교하면 기업이 경영 활동으로 얻은 순손익을 계산할 수 있다. 수익과 비용의 관계를 등식으로 나타내면 다음과 같다.

> 총수익 > 총비용 ⇒ 총수익 - 총비용 = 순이익
> 총비용 > 총수익 ⇒ 총비용 - 총수익 = 순손실

 포괄손익계산서는 일정한 회계 기간에 발생한 기업의 경영 성과 즉 수익과 비용에 관한 정보를 한눈에 알 수 있도록 나타낸 일람표를 말한다. 앞서 수익과 비용의 상호 관계를 이용하여 다음과 같은 포괄손익계산서의 등식을 구할 수 있다.

총비용 + 순이익 = 총수익	총수익 - 총비용 = 순이익
총비용 = 총수익 + 순손실	총비용 - 총수익 = 순손실

포괄손익계산서

XX회사 　　　　　20XX년 01월 01일 ~ 20XX년 12월 31일 　　　　　(단위: 원)

비 용	금 액	수 익	금 액
매출원가	300,000	매출액	500,000
급　여	30,000		
이자비용	20,000		
당기순이익	150,000		
	500,000		500,000

1. 다음은 성공상점이 20XX년 12월 31일이 자산, 부채 및 기중 영업 성적에 관한 자료이다. 자료를 이용하여 재무상태표와 포괄손익계산서를 작성하고, 물음에 답하시오.

기말(12월 31일) 재무 상태

> 현금 ₩500,000, 당좌예금 ₩300,000, 매출채권 ₩700,000, 단기대여금 ₩400,000, 상품 ₩700,000
> 비품 ₩100,000, 건물 ₩500,000, 외상매입금 ₩600,000, 기초자본금 ₩2,200,000

기중(1월1일~12월31일) 영업 성적

> 상품매출이익 ₩500,000, 임대료 ₩70,000, 급여 ₩100,000, 여비교통비 ₩20,000
> 보험료 ₩10,000, 운반비 ₩5,000, 수도광열비 ₩20,000, 통신비 ₩10,000, 잡비 ₩5,000

(1) 기말자산은 얼마인가?

(2) 기말부채는 얼마인가?

(3) 기중 당기순이익은 얼마인가?

2. 다음은 성공상점의 20XX년 자산과 부채에 관한 자료이다. 자료를 이용하여 기초 재무상태표와 기말 재무상태표를 작성하고, 물음에 답하시오.

기초(1월 1일) 재무 상태

> 현금 ₩200,000, 당좌예금 ₩300,000, 외상매출금 ₩400,000, 받을어음 ₩200,000
> 상품 ₩500,000, 비품 ₩100,000, 건물 ₩300,000, 외상매입금 ₩400,000, 단기차입금 ₩200,000

기말(12월31일) 재무 상태

> 현금 ₩400,000, 당좌예금 ₩200,000, 외상매출금 ₩500,000, 단기대여금 ₩100,000
> 상품 ₩700,000, 비품 ₩100,000, 건물 ₩200,000, 외상매입금 ₩300,000, 단기차입금 ₩100,000

(1) 기초자산은 얼마인가?   (2) 기초부채는 얼마인가?

(3) 기초자본은 얼마인가?   (4) 기말자산은 얼마인가?

(5) 기말부채는 얼마인가?   (6) 기말자본은 얼마인가?

(7) 기중 당기순이익은 얼마인가?

정답

1. (1) ₩3,200,000　(2) ₩600,000　(3) ₩400,000

2. (1) ₩2,000,000　(2) ₩600,000　(3) ₩1,400,000　(4) ₩2,200,000　(5) ₩400,000
　(6) ₩1,800,000　(7) ₩400,000

1. 다음 거래에 대한 거래 요소의 결합관계를 바르게 나타낸 것은?

> 채무를 면제받았다.

① 자산의 증가와 자본의 증가   ② 부채의 감소와 자산의 감소

③ 자산의 증가와 수익의 발생   ④ 부채의 감소와 수익의 발생

2. 다음 거래에 대한 거래요소의 결합관계를 바르게 나타낸 것은?

> 이달분 급여를 현금으로 지급하다.

① 자산의 증가와 수익의 발생   ② 비용의 발생과 자산의 증가

③ 자산의 감소와 수익의 발생   ④ 비용의 발생과 자산의 감소

3. 다음 중 회계상 거래에 해당하지 않는 것은?

① 보관 중인 상품이 화재로 소실되었다.

② 월 ₩200,000의 임대료로 사무실을 임대하기로 계약을 체결하였다.

③ 당기분 보험료가 발생하였으나 지급하지 못하였다.

④ 약속어음을 발행하여 상품을 매입하였다.

4. 다음 중 "자산 증가와 수익 발생"에 해당하는 거래는?

① 상품을 외상 매입하다.

② 선급 이자비용을 계상하다.

③ 임대료 미수분을 계상하다.

④ 건물을 현금으로 구입하다.

5. 다음 중 거래에 대한 결합관계에서 잘못된 것은?

① (차) 자산의 증가   (대) 수익의 발생

② (차) 자산의 증가   (대) 부채의 감소

③ (차) 부채의 감소   (대) 자산의 감소

④ (차) 자산의 증가   (대) 자본의 증가

6. 다음 거래에 대한 거래 요소의 결합관계를 바르게 나타낸 것은?

> 이번 기와 다음 기의 건물 임대료 ₩200,000을 현금으로 받다.

① (차) 자산의 증가 (대) 수익의 발생   ③ (차) 자산의 증가 (대) 부채의 증가

② (차) 자산의 증가 (대) 수익의 발생   ④ (차) 자산의 증가 (대) 비용의 발생
                       부채의 증가   부채의 증가

7. 다음 중 회계상의 거래가 아닌 것은?

① 상품의 매출과 관련하여 상품을 인도하기 전에 ₩100,000을 미리 받았다.

② 무상으로 ₩1,000,000 상당의 토지를 기증받았다.

③ 다음 달에 ₩3,000,000의 상품을 매입하기로 계약을 체결하였다.

④ 공장의 화재로 장부가액이 ₩5,000,000인 기계가 소실되었다.

8. 다음 중 장부가액 ₩2,000,000의 건물을 ₩3,000,000에 처분한 거래가 미치는 영향을 옳게 나타낸 것은?

① 자산의 증가와 자본의 증가

② 자산의 감소와 부채의 감소

③ 자산의 증가와 부채의 증가

④ 부채의 감소와 자본의 감소

9. 다음 중 자본의 감소 원인이 되는 거래는?

① 외상매출금을 현금으로 회수하다.

② 액면가액이 ₩5,000이고, 장부가액이 ₩8,000인 단기매매증권을 ₩5,500에 처분하다.

③ 원가가 ₩2,000인 상품을 ₩3,500에 판매하다.

④ 건물을 외상으로 획득하다.

10. 다음 ( ) 안에 들어갈 적절한 말을 순서대로 적은 것은?

> 복식회계에서는 한 거래가 발생하면 반드시 차변과 대변에 같은 금액을 기입하는데, 이를
> (   )이라 하고, 그 결과 계정 전체적으로 보면 차변금액의 합계와 대변금액의 합계가
> 반드시 일치하는데, 이를 (   )이라 한다.

① 수익과 비용의 대응, 대차평균의 원리

② 거래의 이중성, 수익과 비용의 대응

③ 대차평균의 원리, 거래의 이중성

④ 거래의 이중성, 대차평균의 원리

11. 다음 ( ) 안에 적당한 말은 어느 것인가?

거래가 발생되면 거래의 8요소에 의하여 차변요소와 대변요소로 분류되는데, 이것을 ( ) 라 하며, 분개장의 내용을 총계정원장에 옮겨 적는 것을 (   )라 하고, 계정에서 계정으로 옮기는 것을 (   )라 한다.

① 전기, 분개, 대체

② 분개, 전기, 대체

③ 전기, 대체, 분개

④ 분개, 대체, 전기

12. 다음 중 "비용의 발생과 부채의 증가"에 해당하는 것은?

① 집세 미수분을 계상하다.

② 집세 미지급분을 계상하다.

③ 보험료 미경과액을 계상하다.

④ 이자 선수분을 계상하다

13. 다음 내용은 무엇에 대한 설명인가?

복식부기에 의해 거래를 분개하여 총계정원장에 전기하면, 아무리 많은 거래가 기입되더라도 전체 계정의 차변금액 합계와 대변금액 합계는 반드시 일치하게 된다. 따라서 기록의 자기검증을 능력을 갖게 된다.

① 대차평균의 원리

② 거래의 이중성

③ 장부의 기장법

④ 거래의 결합관계

14. 다음 계정을 보고 거래를 추정하면?

현금		상품		자본금	
300,000		200,000			500,000

① 현금 ₩300,000을 출자하여 영업을 시작하다.

② 상품 ₩200,000을 출자하여 영업을 시작하다.

③ 현금 ₩300,000, 상품 ₩200,000을 출자하여 영업을 시작하다.

④ 상품 ₩200,000을 현금으로 매입하다.

15. 다음 중 거래의 결합관계를 바르게 나타낸 것은?

> 결산 기말에 임대료 ₩200,000의 선수분을 계상하다.

① (차) 자산의 증가   (대) 부채의 증가

② (차) 자본의 감소   (대) 부채의 증가

③ (차) 자산의 증가   (대) 수익의 발생

④ (차) 비용의 발생   (대) 부채의 증가

16. 다음 중 "자산의 증가와 수익의 발생"에 속하는 거래는?

① 상품을 외상매입하다.

② 선급 이자비용을 계상하다.

③ 임대료 미수분을 계상하다.

④ 건물을 현금으로 구입하다.

17. 다음 등식의 산식이 옳지 않은 것은?

① 재무상태표 등식: 자산 = 부채 +자본

② 자본 등식: 자산 총액 - 부채 총액 = 자본 총액

③ 시산표 등식: 기말자산 + 총비용 = 기말부채 + 기말자본 + 총수익

④ 포괄손익계산서 등식: 비용총액 + 순이익 = 수익총액 또는 비용총액 = 수익총액 + 순손실

18. 05월 01일에 단기매매증권을 ₩1,200,000을 주고 취득하였다. 12월 31일(결산일)에 ₩1,150,000이 되었다. 다음 중 이 거래를 반영하여 기업회계기준에 따라 재무제표를 작성할 때 재무 상태에 미치는 영향으로 옳은 것은?

① 자산이 감소한다.

② 자산이 증가한다.

③ 자본이 증가한다.

④ 자산은 변하지 않는다.

19. 다음 중 회계상 거래가 아닌 것은?

① 은행에서 현금으로 차입하다.

② 창고에 화재가 발생하여 상품 일부가 소실되다.

③ 주식을 발행하고 현금으로 납입 받다.

④ 건물 이외 계약을 맺고, 다음달 5일에 임차료를 지급하기로 하다.

20. 회계원리는 우리가 통상적으로 아는 거래라고 하는 개념과 반드시 일치하지는 않는다. 회계원리에 대한 다음 설명 중 옳은 것은?

① 물품의 주문 행위는 기업의 재무 상태에 영향을 주기 때문에 회계거래다.

② 계약 체결은 회계거래다.

③ 경영자의 교체는 기업의 재무 상태에 영향을 줄 수가 있기 때문에 회계거래다.

④ 경쟁 기업의 출현은 기업의 재무 상태와 경영 성과에 미치는 영향을 화폐단위로 객관적으로 측정하기가 어렵기 때문에 회계거래가 아니다.

 정답

1. ④ 2. ④ 3. ② 4. ③ 5. ② 6. ② 7. ③ 8. ① 9. ② 10. ④ 11. ② 12. ② 13. ① 14. ③
15. ① 16. ③ 17. ③ 18. ① 19. ④ 20. ④

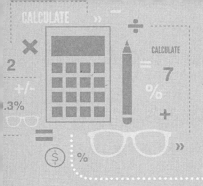

현금 및 현금성자산

현금 및 현금성자산

(1) 현금 및 현금성자산의 뜻

현금 및 현금성자산은 자산 분류 중 유동자산에 속한다.

자산의 분류

유동자산: 당좌자산, 재고자산

비유동자산: 투자자산, 유형자산, 무형자산, 기타비유동자산

(2) 현금 및 현금성자산의 종류

현금 및 현금성자산은 종류에 따라 현금계정, 당좌예금계정, 보통예금계정, 현금성자산 등을 설정하여 기입한다. 그러나 재무상태표에는 이들을 모두 합계하여 현금 및 현금성자산이라는 하나의 과목으로 표시한다.

종류	내용	기입할 계정
현금	한국은행권 지폐 및 주화	현금
통화대용증권	타인(동점)발행수표, 송금수표, 가게수표, 여행자수표, 송금환, 자기앞수표, 국고송금통지서, 배당금영수증, 대체저금환급증서, 일람출급어음, 공·사채만기이자표, 우편상환증	현금
요구불예금	당좌예금, 보통예금, 저축예금 등과 같이 만기가 정해져 있지 않고 수시로 입금과 출금이 자유로운 예금	당좌예금, 보통예금, 저축예금
현금성자산	일정한 조건을 갖춘 단기매매증권(국·공·사채), 상환우선주, 환매채, 단기금융상품	현금성자산

현금성자산의 조건

① 취득 당시 만기일이 <u>3개월 이내</u>여야 한다.

② 큰 거래 비용 없이 현금으로 전환이 용이해야 한다.

③ 이자율 변동에 따른 가치 변동이 위험이 중요하지 않아야 한다.

④ 만일 위의 조건에 맞지 않는 유가증권을 취득한 경우에는 취득한 목적에 따라
　 단기매매증권, 매도가능증권, 만기보유증권계정에 기입한다.

	3개월 이하		3개월 초과~1년 이하		1년 초과	
	취득일~만기일	결산일~만기일	취득일~만기일	결산일~만기일	취득일~만기일	결산일~만기일
현금성자산	현금성자산	단기금융상품	단기금융상품		장기금융상품	
사용 제한된 예금	단기금융상품					
담보제공						

(3) 현금계정

통화 및 통화대용증권의 수입과 지출을 기입하는 자산이다.

① 상품을 매출하고 현금 또는 현금성자산을 받은 경우

차변	현금 XXX	대변	매출 XXX

② 상품을 매입하고 현금 또는 현금성자산을 지급한 경우

차변	매입 XXX	대변	현금 XXX

현금계정

기초잔액(전기 이월액)	통화의 지출액
통화 및 통화대용증권의 수입액	통화대용증권의 양도액
	기말잔액(차기 이월액)

(4) 요구불예금

요구불예금은 보통예금계정, 저축예금계정 등 예금의 종류별로 계정을 두어 기록하고, 재무상태표에는 현금 및 현금성자산의 과목으로 기입한다.

① 현금을 거래 은행에 보통예금으로 매입한 경우

차변	보통예금 XXX	대변	현금 XXX

② 보통예금을 현금으로 인출한 경우

차변	현금 XXX	대변	보통예금 XXX

보통예금계정	
기초잔액(전기 이월액)	보통예금의 지출액
보통예금의 예입액	기말잔액(차기 이월액)

(5) 현금성자산계정

현금성자산은 통화로 바꾸기 쉽고 비용이 들지 않으며, 시중의 이자가 변하여도 가치 변동의 위험이 작은 <u>취득일부터 만기일이 3개월</u> 이내인 단기매매증권(국·공·사채) 및 상환우선주, 3개월 이내에 다시 파는 조건의 환매채, 단기금융상품 등을 말한다.

① 2개월 만기의 공채를 현금으로 취득한 경우

차변	현금성자산 XXX	대변	현금 XXX

② 만기가 되어 위의 공채금액을 현금으로 취득한 경우

차변	현금 XXX	대변	현금성자산 XXX

	현금성자산계정	
기초잔액(전기 이월액)		현금성자산의 양도 및 지출액
현금성자산의 취득액		기말잔액(차기 이월액)

(6) 현금과부족계정

(가) 기장의 누락, 잘못된 기장, 보관 부주의 등으로 현금과부족이 발생하면, 현금과부족계정에 임시로 기입하고, 후일에 원인이 밝혀지면 해당 계정에 대체한다.

(나) 결산 시 까지 원인이 밝혀지지 않은 현금과부족계정 잔액은 부족액은 잡손실, 과잉액은 잡이익 계정에 대체하고, 재무상태표에는 표시하지 않는다.

(다) 결산일에 발견된 현금과부족은 잡이익 또는 잡손실 계정에 직접 대체한다.

① 현금이 장부잔액보다 실제 잔액이 부족한 경우

차변	현금과부족 XXX	대변	현금 XXX

ㄱ) 부족액이 교통비 지급의 기장 누락으로 밝혀진 경우

차변	여비교통비 XXX	대변	현금과부족 XXX

ㄴ) 결산일까지 부족액이 원인이 밝혀지지 않은 경우

차변	잡손실 XXX	대변	현금과부족 XXX

② 현금의 장부잔액보다 실제 잔액이 많은 경우

차변	현금 XXX	대변	현금과부족 XXX

ㄱ) 과잉액이 이자수익의 기장 누락으로 밝혀진 경우

차변	현금과부족 XXX	대변	이자수익 XXX

ㄴ) 결산일까지 과잉액의 원인이 밝혀지지 않은 경우

차변	현금과부족 XXX	대변	잡이익 XXX

③ 결산일에 현금의 장부잔액보다 실제 잔액이 부족함을 발견한 경우

차변	잡손실 XXX	대변	현금 XXX

④ 결산일에 현금이 장부잔액보다 실제 잔액이 많음을 발견한 경우

차변	현금 XXX	대변	잡이익 XXX

현금과부족계정

① 부족액(실제액<장부잔액)	① 과잉액(실제액>장부잔액)
② 과잉액의 원인이 밝혀진 경우	② 부족액의 원인이 밝혀진 경우
③ 결산 시 잡이익에 대체한 경우	③ 결산 시 잡손실에 대체한 경우

은행계정조정표

회사의 당좌예금 잔액과 은행의 당좌예금 잔액은 항상 일치하여야 하지만, 여러 가지의 이유로 특정 시점에 있어서 일치하지 않는 경우가 있다. 이러면 불일치의 원인을 찾아서 당좌예금 잔액을 일치시켜야 하는데, 이때 작성하는 표를 은행계정조정표라 한다.

(1) 불일치의 원인
　1) 은행에서는 처리하였으나 당점에 미통지
　　① 은행에 입금되었으나 당점에서 기입하지 않은 경우: <u>당점에 가산</u>

② 은행에서는 차감하였으나 당점에서 기입하지 않은 경우: <u>당점에 차감</u>

2) 당점에서의 기장 오류: <u>당점의 오류를 차감하거나 가산</u>

3) 당점이 발행한 수표를 은행에서 미지급: 은행에서 차감

4) 당점이 입금액을 은행에서 미기입: 은행에 가산

5) 은행에서의 기장 오류: 은행의 오류를 차감하거나 가산

<u>※ 당점에서 가산되거나 차감되는 부분은 분개처리를 해야 한다.</u>

(2) 은행계정조정표의 작성 방법

1) 회사의 당좌예금 잔액을 은행의 당좌예금 잔액에 일치시키는 방법

2) 은행의 당좌예금 잔액을 회사의 당좌예금 잔액에 일치시키는 방법

3) 회사의 당좌예금 잔액과 은행의 당좌예금 잔액을 동시에 수정하여 양쪽의 잔액을 일치시키는 방법(일반적인 방법)

은행계정조정표

은행잔액증명서 잔액	XXX	당점 당좌예금계정 잔액	XXX
가산: 당좌예입 미기입	XXX	가산: 당좌예금 미통지	XXX
차감: 발행수표 미기입	XXX	차감: 당좌차월이자 차감	XXX
조정 후 잔액	XXX	조정 후 잔액	XXX

소액현금

(1) 소액현금계정

기업에서는 현금이나 수표를 받으면 즉시 거래 은행에 당좌예입하고, 대금 지급은 수표를 발행함으로써 현금 출금의 불편을 덜고 도난과 분실 등의 위험도 방지할 수 있다. 그러나 시내교통비 등과 같은 소액의 경비까지 수표를 발행하게 되면 오히려 불편해지므로, 회계과는 용도계에 필요한 소액자금을 미리주고 필요시 사용하도록 하면 편리하다.

이때 용도계에 주는 현금을 소액현금이라 하고, 소액현금계정에 기입한다.

(2) 소액현금의 선급 방법
(가) 정액 자금 선급법

매월(또는 일정한 기일)금액을 미리 정하여 용도계에 소액현금을 선급해주고, 그 이후에는 용도계가 **사용한 금액만큼 선급**해 주고, 그 이후에는 용도계가 사용한 금액만큼 선급해 주어 언제나 월초(또는 정해진 기일 초)에는 **소액현금 잔액이 동일**하게 하는 방법이다.

① 월초에 정액 자금 선급법으로 소액현금을 용도계에 선급한 경우

차변	소액현금 XXX	대변	당좌예금 XXX

② 월말에 용도계로부터 지출액을 보고 받은 경우

차변	여비교통비 XXX 통 신 비 XXX 잡 비 XXX	대변	소액현금 XXX

③ 다음 달 초에 지출액만큼의 소액현금을 선급한 경우

차변	소액현금 XXX	대변	당좌예금 XXX

④ 월말 지출 보고와 동시에 소액현금을 선급한 경우

차변	여비교통비 XXX 통 신 비 XXX 잡 비 XXX	대변	당좌예금 XXX

소액현금계정	
기초잔액(전기 이월액)	지출 보고액
선급액	기말잔액(차기 이월액)

(나) 수시 자금 선급법(부정액 자금 선급법 또는 단순 자금 선급법)

소액현금의 금액이나 선급 시기를 정하지 않고 필요할 때마다 용도계가 요구하면, 수시로 선급해 주는 방법이다. 따라서 회계처리는 위의 정액 자금 선급법에서 ①, ②의 분개만 하면 된다.

당좌예금과 당좌차월의 거래

(1) 당좌예금계정

당좌예금계정은 당좌예금의 예입과 인출을 기록하는 자산계정이다. 은행과 당좌계약을 맺고 현금이나 수표 등을 예입한 경우에는 당좌예금계정 차변에 기입하고 수표를 발행하여 예금을 인출한 경우에는 당좌예금계정 대변에 기입한다.

① 현금을 거래 은행에 당좌예금으로 예입한 경우

차변	당좌예금 XXX	대변	현금 XXX

② 상품을 매입하고 수표를 발행하여 지급한 경우

차변	매입 XXX	대변	당좌예금 XXX

당좌예금계정	
기초잔액(전기 이월액)	수표 발행액(당좌예금 인출액)
당좌예금의 예입액	기말잔액(차기 이월액)

(2) 당좌차월계정

당좌예금 잔액을 초과하여 수표를 발행하면 부도수표가 된다. 그러나 미리 은행과 당좌차월 계약을 맺어 두면 당좌차월계약 한도까지는 당좌예금 잔액을 초과하여 수표를 발행할 수 있다. 이 때 예금 잔액을 초과하여 수표를 발행한 금액을 당좌차월이라 한다. 이것은 은행에서 자금을 빌린 것이므로 부채로서 단기차입금계정 또는 당좌차월계정 대변에 기입한다. 그러나 당좌차월에 기입한 경우에는 결산 시 단기차입금계정의 잔액과 합계하여 단기차입금의 과목으로 기입한다.

① 당좌예금 잔액을 초과하여 외상매입금을 수표 발행하여 지급한 경우

차변	외상매입금 XXX	대변	당 좌 예 금 XXX **단기차입금 XXX** (당좌차월)

② 외상매출금을 회수하여 당좌예금으로 매입한 경우

차변	단기차입금 XXX (당좌차월) 당 좌 예 금 XXX	대변	외상매출금 XXX

단기차입금(또는 당좌차월)계정

상환액(당좌예금 매입액)	기초잔액(전기 이월액)
기말잔액(차기 이월액)	차월액(수표발행액 – 당좌예금 잔액 = 차월액)

부도수표

기업이 소유하고 있거나 당좌 예입하였던 수표가 지급 거절(부도)시 처리하여 자산계정으로 수표가 부도되면 부도수표계정 차변에 기입하고, 부도수표 대금을 받으면 대변에 기입한다. 또 부도수표를 회수할 가망이 없으면 즉시 대손 처리한다.

부도수표계정은 재무상태표에는 매출채권이나 장기성 매출채권에 포함하여 표시한다.

① 소유하고 있던 수표가 부도한 경우

차변	부도수표 XXX	대변	현금 XXX

② 은행에 당좌예금한 수표가 부도한 경우

차변	부도수표 XXX	대변	당좌예금 XXX

③ 부도수표 대금을 현금으로 회수한 경우

차변	현금 XXX	대변	부도수표 XXX

④ 부도수표를 대금을 회수할 가망이 없어 대손 처리한 경우

차변	대손충당금 XXX 대손상각비 XXX	대변	부도수표 XXX

부도수표계정

기초잔액(전기 이월액) 수표의 부도액	부도수표 회수액(부도수표 대손액) 기말잔액(차기 이월액)

1. 다음 현금 및 현금성자산에 관한 거래를 분개하시오.

(1) 우리상점에 상품 ₩300,000을 매출하고, 대금 중 ₩200,000은 동점발행수표로 받고 잔액은 가게수표로 받다.

(2) 소망상점에 대한 외상매출금 ₩700,000 중 ₩400,000은 송금수표로 받고 잔액은 일람출금어음으로 받다.

(3) 희망상점에서 상품 ₩1,000,000을 매입하고, ₩500,000은 자기앞수표로, ₩300,000은 우편환증서로, 잔액은 받아 두었던 수표로 지급하다.

(4) 소유하고 있는 대우상사 발행 주식에 대한 배당금 영수증 ₩100,000을 받다.

(5) 소유하고 있는 성진 발행 사채에 대한 만기이자표 ₩300,000을 받다.

(6) 앞서 현금과부족으로 처리하였던 ₩200,000 중 ₩150,000은 집세 지급의 기장누락으로 밝혀지고 나머지는 원인을 모른 채 결산일을 맞이하다.

(7) 결산 기말에 현금과부족계정 대변 잔액 ₩100,000의 원인이 밝혀지지 않아 결산 처리하다.

	차변과목	금액	대변과목	금액
(1)				
(2)				
(3)				
(4)				
(5)				
(6)				
(7)				

2. 다음 당좌예금과 당좌차월에 대한 분개를 하시오.

(1) 서울상점에 상품 ₩500,000을 매출하고, 대금은 현금으로 받아 즉시 당좌예금이다.

(2) 영진상점에 상품 ₩600,000을 매출하고, 대금 중 ₩400,000은 당점이 전에 발행한 수표로 받고, 잔액은 동점발행 당좌수표로 받다.

(3) 소망상점에서 상품 ₩1,000,000을 매입하고 대금은 수표로 발행하여 지급하다. 단, 거래 은행과 당좌차월 계약이 맺어져 있으며, 당좌예금 잔액은 ₩700,000이다.

(4) 매출처 정진상점에 대한 외상매출금 ₩800,000을 동점발행수표로 받아 즉시 거래 은행에 당좌 예입하다. 단, 당좌차월 잔액 ₩300,000이 있다.

	차변과목	금액	대변과목	금액
(1)				
(2)				
(3)				
(4)				

3. 다음 부도수표에 대한 거래를 분개하시오.

(1) 춘천상점에서 받아 두었던 수표 ₩100,000을 거래 은행에 제시한바 부도되었다.

(2) 위의 부도수표 대금을 춘천상점에 청구하여 현금으로 받다.

(3) 신촌상점에 상품을 매출하고 대금으로 받은 수표 ₩500,000을 거래 은행에 당좌예입 하였으나, 오늘 부도되어 당점 당좌예금에서 차감하였다는 통지를 은행으로부터 받다.

(4) 위 부도수표 대금 ₩500,000을 신촌상점에 청구하였으나 거절당하여 전액을 대손 처리하다. 단, 대손충당금 잔액 ₩300,000 있음

(5) 부도로 처리하였던 소망상점 발행 수표 ₩600,000 중 ₩200,000은 현금으로 받고, 잔액은 대손처리하다. 단, 대손충당금 잔액은 없다.

	차변과목	금액	대변과목	금액
(1)				
(2)				
(3)				
(4)				
(5)				

4. 다음 자료에 의하여 20XX년 01월 31일의 은행계정조정표를 작성하고 필요한 분개를 하시오. 은행잔액증명서 잔액은 ₩570,000이고, 당점 당좌예금 잔액은 ₩542,000이다.

(1) 매입처 도봉상점에 대한 외상대금 ₩50,000을 수표 발행하여 지급하였으나, 은행에서 지급되지 않았다.

(2) 당좌 예입한 수표 ₩55,000이 장부상에는 ₩40,000으로 기장되어 있다.

(3) 현금 ₩30,000을 당좌예입 하였으나 은행에서는 다음날에 기입하였다.

(4) 당좌차월에 대한 이자 ₩7,000을 당좌예금에서 차감하였으나 당점에는 통지하지 않았다.

은행계정조정표

은행잔액증명서 잔액	₩ 570,000	당점 당좌예금계정 잔액	₩ 542,000
가산		가산	
차감		차감	
조정 후 잔액	₩	조정 후 잔액	₩

	차변과목	금액	대변과목	금액
(2)				
(4)				

Answer 1

	차변과목	금액	대변과목	금액
(1)	현금	300,000	매출	300,000
(2)	현금	700,000	외상매출금	700,000
(3)	매입	1,000,000	현금	1,000,000
(4)	현금	100,000	배당금수익	100,000
(5)	현금	300,000	이자수익	300,000
(6)	임차료	150,000	현금과부족	200,000
	잡손실	50,000		
(7)	현금과부족	100,000	잡이익	100,000

Answer 2

	차변과목	금액	대변과목	금액
(1)	당좌예금	500,000	매출	500,000
(2)	당좌예금	400,000	매출	600,000
	현금	200,000		
(3)	매입	1,000,000	당좌예금	700,000
			단기차입금	300,000
(4)	단기차입금	300,000	외상매출금	800,000
	당좌예금	500,000		

Answer 3

	차변과목	금액	대변과목	금액
(1)	부도수표	100,000	현금	100,000
(2)	현금	100,000	부도수표	100,000
(3)	부도수표	500,000	당좌예금	500,000
(4)	대손충당금	300,000	부도수표	500,000
	대손상각비	200,000		
(5)	현금	200,000	부도수표	600,000
	대손상각비	400,000		

Answer 4

은행계정조정표

은행잔액증명서 잔액	₩ 570,000	당점 당좌예금계정 잔액	₩ 542,000
가산	30,000	가산	15,000
차감	50,000	차감	7,000
조정 후 잔액	₩ 550,000	조정 후 잔액	₩ 550,000

	차변과목	금액	대변과목	금액
(2)	당좌예금	15,000	현금	15,000
(4)	이자비용	7,000	당좌예금	7,000

1. 다음 중 현금성자산의 회계 처리되는 것은?

① 취득일로부터 만기가 1년 이내인 것

② 취득일로부터 만기가 6개월 이내인 것

③ 취득일로부터 만기가 3개월 이내인 것

④ 취득일로부터 만기가 100일 이내인 것

2. 다음 중 현금성자산 회계 처리할 수 없는 것은?

① 3개월 만기의 약속어음

② 제일은행에 매입한 보통예금

③ 대금 결제수단의 우편대체예금

④ 거래처에서 받은 당점발행수표

3. 다음 중 현금으로 회계 처리할 수 없는 것이 포함된 것은?

① 동점발행수표와 자기앞수표   ② 당점발행수표와 송금수표

③ 가게수표와 일람출금어음   ④ 우편환증서와 전신환증서

4. 다음 중 현금성자산으로 회계 처리 할 수 없는 것은?

① 취득 당시의 만기가 3개월 이내의 도래하는 채권

② 취득 당시의 환매조건이 3개월 이내인 환매채

③ 결산일로부터 만기가 3개월 이내에 도래하는 정기예금

④ 취득 당시의 만기가 3개월 이내의 도래하는 정기예금 및 단기금융상품

5. 현대상사에 상품 매출 대금으로 받은 당좌수표가 지급 거절되어 오늘 부도 처리하였다. 회계 처리시 차변에 나타나는 계정과목은?

① 당좌예금   ② 현금

③ 부도수표   ④ 매출

6. 거래처에서 받은 당좌수표 ₩300,000을 거래 은행에 당좌예입 하였으나 부도되었다고 통지가 왔다. 대변에 분개될 계정과목은?

① 현금   ② 당좌예금

③ 부도수표   ④ 단기차입금

7. 동점으로부터 받은 당좌수표가 부도 처리되었을 때 부도수표를 재무상태표에 기입할 때 회계 처리 방법 중 맞는 것은?

① 비용계정으로 포괄손익계산서의 차변에 기입한다.

② 유동자산계정이며, 재무상태표에 기입한다.

③ 현금 및 현금성자산에 포함하며 재무상태표에 기입한다.

④ 투자자산계정으로 장기성매출채권계정에 포함되어 재무상태표에 기입한다.

8. 다음 중 현금 및 현금성자산으로 재무상태표에 표시하여야 할 금액으로 맞는 것은?

> 자기앞수표 ₩200,000, 보통예금 ₩150,000, 수입인지 ₩250,000, 3년 만기 정기적금 ₩300,000, 공사채 만기이자표 ₩100,000, 우편환증서 ₩80,000, 양도성예금증서 ₩350,000, 환어음 ₩120,000

① ₩530,000　　② ₩780,000　　③ ₩900,000　　④ ₩1,200,000

9. 다음 자료에 의할 때 재무상태표에 현금 및 현금성자산으로 기록할 금액은 얼마인가?

> 지폐와 주화 ₩200,000, 동점발행수표 ₩300,000, 자기앞수표 ₩150,000, 당좌예금 ₩500,000, 부도수표 ₩250,000, 정기예금(만기가 5개월 상품) ₩450,000, 단기매매차익 목적 주식 ₩700,000

① ₩650,000　　② ₩900,000　　③ ₩1,150,000　　④ ₩1,850,000

10. 다음 7월 중의 자료에 의하여 7월말 현재 당좌예금 잔액을 계산하면 얼마인가? 단, 06월 30일 당좌예금계정 잔액은 ₩120,000이다.

> 07월 01일 대신상점에 상품 ₩500,000을 매출하고, 서울은행 발행의 당좌수표로 받아 거래 은행에 당좌예금하였다.
> 06일 매입처 중림상점이 외상대금 ₩650,000을 수표 발행하여 지급하다.
> 12일 매출처 소림상점의 외상대금 ₩480,000 중 ₩300,000은 당점이 전에 발행했던 당좌수표로 받고, 잔액은 대신상점 발행 수표로 받다.
> 20일 앞서 대신상점에서 받은 당좌수표가 부도 처리되었다고 통지가 오다.

① ₩270,000　　② ₩290,000　　③ ₩590,000　　④ ₩770,000

11. 다음의 설명 중 틀린 것은?

① 현금의 장부잔액이 실제잔액보다 부족하면 현금과부족계정의 대변에 기입한다.

② 현금의 장부잔액이 실제잔액보다 많으면 현금과부족계정의 차변에 기입한다.

③ 현금과부족계정은 현금 및 현금성자산에 포함하여 재무상태표에 기입한다.

④ 결산 기말에 현금의 장부잔액이 실제잔액보다 부족하면 잡이익계정 대변에 기입한다.

12. 05월 31일 현재 은행잔액증명서의 당좌예금은 ₩370,000이었고, 회사의 당좌예금출납장 전액은 ₩338,000이었다. 어음대금 추산액 ₩32,000(이자 ₩2,000 포함)을 회사에서 기입하지 않았다. 양측의 정확한 은행 예금 잔액을 구하기 위한 회사측의 분개로 맞는 것은?

① (차) 받을어음   32,000   (대) 당좌예금   32,000

② (차) 받을어음   30,000   (대) 당좌예금   32,000
    이자비용   2,000

③ (차) 당좌예금   32,000   (대) 받을어음   32,000

④ (차) 당좌예금   32,000   (대) 받을어음   30,000
                     이자수익   2,000

13. 미리상점은 목표상점에 상품 ₩800,000을 매출하고, 대금 중 ₩500,000은 목포상점 발행의 당좌수표로 받고, 잔액은 서울은행 발행의 자기앞수표로 받았다. 맞는 분개는?

① (차) 현   금   300,000   (대) 매출 800,000
    당좌예금   500,000

② (차) 현   금   500,000   (대) 매출 800,000
    당좌예금   300,000

③ (차) 현   금   800,000   (대) 매출 800,000

④ (차) 당좌예금   800,000   (대) 매출 800,000

14. 파주상점에 대한 외상매입금 ₩500,000을 당점발행수표로 지급하다. 단, 거래 은행과 당좌차월 계약이 체결되어 있으며, 당좌예금 잔액은 ₩300,000 있다. 맞는 분개는?

① (차) 외상매입금 500,000   (대) 당좌예금 300,000
                        당좌차월 200,000

② (차) 외상매입금 500,000   (대) 당좌예금 200,000
                        당좌차월 300,000

③ (차) 외상매입금 500,000   (대) 당좌예금   500,000

④ (차) 외상매입금 300,000   (대) 당좌예금   300,000

15. 거래처 평일상점으로부터 받은 수표 ₩3,500,000을 거래 은행에 당좌예입 하였으나 평일상점의 지급 거절로 인해 부도 처리하였으나 거래 은행으로부터 통지가 왔다. 맞는 분개는?

① (차) 부도수표 3,500,000   (대) 현   금 3,500,000

② (차) 현   금 3,500,000   (대) 부도수표 3,500,000

③ (차) 부도수표 3,500,000   (대) 당좌예금 3,500,000

④ (차) 당좌예금 3,500,000   (대) 부도수표 3,500,000

16. 앞서 부도 처리한 수표 ₩500,000이 거래처의 자금사항으로 회수 불능 되어 대손 처리하였다. 단, 대손충당금 잔액 ₩300,000 있다.

① (차) 대손상각비 200,000   (대) 부도수표   200,000

② (차) 대손상각비 500,000   (대) 부도수표   500,000

③ (차) 대손상각비 300,000   (대) 부도수표   300,000

④ (차) 대손충당금 300,000   (대) 부도수표   500,000
     대손상각비 200,000

17. 둘리상사의 현금계정 잔액은 ₩650,000이었으나, 12월 31일 결산을 하고 보니 현금의 실제 잔액은 ₩680,000이었다. 결산 회계 처리 분개로 맞는 것은?

① (차) 현금과부족 30,000   (대) 현   금   30,000

② (차) 현   금 30,000   (대) 현금과부족   30,000

③ (차) 잡 손 실 30,000   (대) 현   금   30,000

④ (차) 현   금 30,000   (대) 잡 이 익   30,000

18. 다음 자료에 의하여 은행계정조정표를 작성하면 09월 30일 현재 재무상태표에 보고될 당좌예금 잔액은 얼마인가?

은행의 잔액증명서: ₩45,000,   회사의 당좌예금계정 잔액: ₩43,000
09월 30일 현재 발행은 되었으나 은행에서 결제되지 않은 수표: ₩15,000
은행에서 수수료를 차감하였으나 회사에 통보하지 않은 금액: ₩13,000

① ₩28,000   ② ₩30,000   ③ ₩32,000   ④ ₩56,000

19. 다음 자료에 의하여 은행계정조정표를 작성하면 수정 후의 당좌예금 잔액은 얼마인가?

은행 계산서 잔액: ₩345,000,   당점 당좌예금계정 잔액: ₩290,000
발행한 수표 ₩25,000 은행에서 인출되지 않았다.
당좌차월 이자 ₩20,000 차감액이 회사에 통지되지 않았다.
거래처의 외상매출금 ₩50,000이 은행에 입금하였으나, 회사에 통지가 되지 않았다.

① ₩240,000   ② ₩270,000   ③ ₩300,000   ④ ₩320,000

20. 다음 자료는 나주상사의 12월 31일 현재의 은행 예금에 관한 정이다. 회사가 정확한 은행 예금 잔액을 구하기 위하여 12월 31일에 해야 할 분개가 아닌 것은?

은행 계산서 잔액(12월 31일) ₩352,000,   회사측 원장 잔액 ₩335,000,
가맹점 미인출수표 ₩10,000, 은행 미기입예금 ₩10,000, 은행수수료(회사측 미기입액) ₩1,000,
어음추심액으로 회사측 미기입액(이자수익 ₩1,000 포함) ₩20,000
외상매입금의 지급을 위하여 발행한 수표의 금액은 ₩33,000이었는데, 회사에서 ₩31,000으로 잘못 기입하였다.

① (차) 당 좌 예 금 13,000 (대) 외상매출금 13,000
② (차) 외상매입금   2,000 (대) 당 좌 예 금   2,000
③ (차) 당 좌 예 금 21,000 (대) 받 을 어 음 20,000
                          이 자 수 익   1,000
④ (차) 수수료비용   1,000 (대) 당 좌 예 금   1,000

21. 신촌상사는 월말에 거래 은행으로부터 은행예금 잔액이 ₩56,000이라는 통지를 받았다. 은행계정조정표상에서 조정해야 할 항목이 다음과 같을 경우 신촌상사의 월말 재무상태표에 표시되어야 할 당좌예금 잔액은 얼마인가?

기입한 미인출 수표 ₩25,800,   은행수수료(회사측 미기입액) ₩5,400
은행 미기록 예금 ₩21,200,   거래처로부터 은행에 입금된 미통지 예금 ₩8,800

① ₩23,200   ② ₩51,400   ③ ₩59,400   ④ ₩70,200

22. 다음 중 연결이 잘못된 것은?

    ① 우편대체예금 - 현금 및 현금성자산

    ② 동점발행수표 - 현금 및 현금성자산

    ③ 통화와 통화대용증권 - 현금 및 현금성자산

    ④ 1년 만기의 정기예금 - 현금 및 현금성자산

23. 현금에 대한 내부통제제도로서 올바르지 않은 것은?

    ① 정기적으로 은행계정조정표를 작성해 본다.

    ② 전문성을 높이기 위하여 현금의 관련된 지출과 이에 대한 기록업무는 한 사람이
       담당하도록 한다.

    ③ 대금의 지급은 반드시 회사가 정하는 적합한 승인절차를 거쳐서 지출되도록 한다.

    ④ 가능한 현금보유액을 최소화시키고 소액현금제도를 채택하여 처리하도록 한다.

24. 다음 자료에 의할 때 재무상태표의 현금 및 현금성자산으로 기록할 금액은 얼마인가?

> 지폐 ₩400,000,   타인발행수표 ₩300,000,   자기앞수표 ₩100,000,   당좌예금 ₩500,000,
> 정기예금(만기 6개월) ₩200,000,   단기매매증권 ₩600,000

    ① ₩2,100,000   ② ₩1,500,000   ③ ₩1,300,000   ④ ₩800,000

25. 다음 중 현금 및 현금성자산에 포함시킬 수 없는 것은?

    ① 공사채 만기 이자표   ② 양도성예금증서

    ③ 국고 지급 통지서   ④ 배당금 영수증

26. 서울회사는 월말에 거래 은행으로부터 은행예금 잔액이 ₩45,000이라는 통지를
받았다. 은행계정조정표상에서 조정해야 할 항목이 다음과 같을 경우, 서울회사의 월말
재무상태표에 표시되어야 할 정확한 예금 잔액은 얼마인가?

> 기발행 미인출 수표 ₩12,600,   은행 수수료(회사측 미기입액) ₩2,400,
> 은행 미기록 예금 ₩9,000,   거래처로부터 은행에 직접 입금한 미통지예금 ₩5,800

    ① ₩39,000   ② ₩41,400   ③ ₩44,800   ④ ₩47,200

27. 다음 중 은행계정조정표를 작성하는 목적으로 가장 옳은 것은?

① 은행측의 장부잔액과 회사의 장부잔액이 일치하지 않는 원인을 구명하기 위하여

② 당좌예금출납장을 특수 분개장으로 사용할 때 매입과 매출을 일괄 전기하기 위하여

③ 당좌차월한도액까지 수표를 발행하였을 때 그 내용을 설명하기 위하여

④ 당좌예금 인출시 발행되는 당좌수표에 일련번호를 붙어 발행을 통제하기 위하여

 정답

1. ③ 2. ① 3. ② 4. ③ 5. ③ 6. ② 7. ④ 8. ① 9. ③ 10. ① 11. ③ 12. ④ 13. ③ 14. ①
15. ③ 16. ④ 17. ④ 18. ② 19. ④ 20. ① 21. ② 22. ④ 23. ② 24. ③ 25. ② 26. ② 27. ①

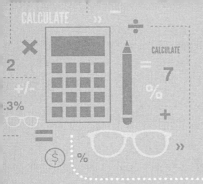

단기금융상품

단기금융상품의 뜻

1년 이내에 찾을 수 있는 각종 예금 등을 단기금융상품이라 한다. 이 때 장기와 단기를 구분하는 기준은 1년이다. 또한 예금은 은행이 고객에게 돈을 받고 판매하는 상품과 같으므로 금융상품이라 한다.

	3개월 이하		3개월 초과~1년 이하		1년 초과	
	취득일~만기일	결산일~만기일	취득일~만기일	결산일~만기일	취득일~만기일	결산일~만기일
현금성자산	현금성자산	단기금융상품				
사용 제한된 예금	단기금융상품		단기금융상품		장기금융상품	
담보제공						

단기금융상품의 종류

단기금융상품의 종류	내 용
① 저축성 예금	정기예금·적금, 자유저축예금
② 사용이 제한되어 있는 예금	감채기금, 당좌개설보증금
③ 기타 정형화된 금융상품	기업어음(CP), 양도성예금증서(CD), 어음관리구좌(CMA), 환매채, 표지어음, MMF

(1) 저축성 예금

① 정기예금: 금융기관에 일정한 기간에 동일 금액으로 예입하고, 만기일에 현금과 이자를 함께 찾는 예금으로, 계약에 따라 이자를 매월 또는 3개월, 6개월 단위로 받을 수 있다.

② 정기적금: 금융기관에 불입금을 예입하고 만기일에 원금과 이자를 함께 찾아 목돈을 마련하는 예금으로 매월 불입금이 일정하게 정해져 있는 경우와 정해져 있지 않은 경우가 있다.

(2) 사용이 제한되어 있는 예금

감채기금과 같이 특정한 목적을 위하여 예금한 것을 말한다.

(3) 기타 정형화된 금융상품

① 기업어음(CP): 유량기업이 발행하는 융통어음을 말하는데, 기업이 단기적인 자금을 조달할 목적으로 어음을 발행하면 종합금융회사는 이를 고객에게 되파는 형태로 운용된다. 예치기간은 30~270일 이내이다.

② 양도성예금증서(CD): 정기예금을 다른 사람에게 양도할 수 있는 30일 이상 270일 미만의 금융상품 단기채권으로 단기간에 높은 금리를 보장받을 수 있다. 양도성예금증서는 은행에서 발행되고 증권사와 종합금융회사를 통해 유통된다.

③ 어음관리구좌(CMA): 종합금융회사에서 고객이 맡긴 예금을 기업어음(CF)이나 단기국·공채 등의 금융상품에 투자하여 운용하고, 실적에 따라 수익을 배당하는 상품이다.

④ 환매체(RP): 증권회사가 일정한 기간이 경과한 후에 이자를 가산하여 다시 매수할 것을 조건으로 고객에게 채권을 판매하는 금융상품이다.

⑤ 표지어음: 종합금융회사가 기업이 발행되는 어음이나 외상매출채권 또는 무역어음을 매입하였다가 이를 근거로 발행하는 어음으로 결국 고객은 종합금융회사의 어음을 매입하는 것이다.

⑥ 단기공사채형펀드(MMF): 종합금융회사가 양도성예금증서, 기업어음 등 수익을 높고

단기인 금융상품에 직접 투자하고, 거기서 나오는 수익을 해당하는 것을 MMF라 하는데 이때 자금 중 50%를 반드시 채권에 투자하는 경우 이를 단기공사채형펀드라 한다.

단기금융상품계정

정기예금, 정기적금 등은 각 예금의 종류별로 계정을 설정하여 기입하거나 기록의 편의를 위해 이러한 예금을 모두 단기금융상품계정 하나에 기입한다. 그러나 결산 시 재무상태표에 표시할 때는 예금의 종류별로 나누어 기입한 경우라도 단기금융상품으로 합산하여 기입하여 예금에 대한 이자를 이자수익계정에 기입한다.

① 현금을 1년 만기의 정기예금으로 매입하거나 정형화된 금융상품을 매입한 경우

차변	단기금융상품 XXX	대변	현금 XXX

② 정기예금 또는 정형화된 금융상품을 이자와 함께 현금으로 회수한 경우

차변	현금 XXX	대변	단기금융상품 XXX 이 자 수 익 XXX

단기금융상품계정

기초잔액(전기 이월액)	단기금융상품의 인출 또는 양도액
단기금융상품의 취득액	기말잔액(차기 이월액)

> 기타 정형화된 금융상품의 특징
> ① 금액이 크다.   ② 기간이 단기간이다.   ③ 이자가 높다.
> ④ 단기금융상품으로 인한 이자 수입액은 이자수익계정으로 처리한다.

기 본 문 제

1. 다음 거래를 단기금융상품계정을 사용하여 분개하시오.

(1) 1년 만기의 정기예금에 가입하고, 현금 ₩1,000,000을 예입하다.

(2) 위 정기예금이 만기가 되어 원금과 이자 ₩50,000과 함께 찾아 즉시 당좌예입하다.

(3) 양도성예금증서(CD) ₩2,000,000을 구입하고, 선이자 ₩100,000을 차감한 잔액은 수표 발행하여 지급하다.

(4) 기업어음(CP) ₩1,000,000을 매입하고, 선이자 ₩50,000을 차감한 잔액은 현금으로 지급하다.

(5) 표지어음 ₩5,000,000을 구입하고, 수표 발행하여 지급하다.

(6) 어음관리구좌(CMA)를 개설하고, 현금 ₩3,000,000을 예치하다.

(7) 위 어음관리구좌(CMA) ₩3,000,000과 이자 ₩100,000을 찾아 거래 은행에 당좌예금하다.

(8) 대우종합금융사에 MMF 구좌를 개설하고, 현금 ₩10,000,000을 예치하다.

	차변과목	금액	대변과목	금액
(1)				
(2)				
(3)				
(4)				
(5)				
(6)				
(7)				
(8)				

Answer 1

	차변과목	금액	대변과목	금액
(1)	단기금융상품	1,000,000	현금	1,000,000
(2)	당좌예금	1,050,000	단기금융상품 이자수익	1,000,000 50,000
(3)	단기금융상품	2,000,000	이자수익 당좌예금	100,000 1,900,000
(4)	단기금융상품	1,000,000	이자수익 현금	50,000 950,000
(5)	단기금융상품	5,000,000	당좌예금	5,000,000
(6)	단기금융상품	3,000,000	현금	3,000,000
(7)	당좌예금	3,100,000	단기금융상품 이자수익	3,000,000 100,000
(8)	단기금융상품	10,000,000	현금	10,000,000

1. 다음 설명 중 단기금융상품으로 맞는 것은?

① 취득일로부터 만기가 3개월 이내 도래하는 정기예금

② 정형화된 상품으로 결산일로부터 만기가 1년 이내의 도래하는 것

③ 결산일로부터 만기일이 18개월 이내인 것

④ 취득일로부터 만기가 2년 이상 도래하는 것

2. 다음 중 단기금융상품으로 처리되는 것이 아닌 것은?

① 기업어음(CP)

② 양도성예금증서(CD)

③ 어음관리구자(CMA)

④ 만기 3개월인 정기예금증서

3. 단기금융상품의 거래에서 생기는 이자는 다음 중 어느 계정으로 처리해야 하는가?

① 이자비용

② 이자수익

③ 단기금융상품에 가산

④ 단기금융상품에서 차감

4. 다음 중 재무상태표에 단기금융상품으로 처리할 수 있는 것은?

① 18개월 만기의 채권

② 3년 만기의 정기적금

③ 6개월 만기의 정기예금

④ 취득 시 만기가 3개월인 상환우선주

5. 여유 자금의 활동을 위해 현대금융사의 양도성예금증서(CD)를 구입하였다. 다음 중 처리해야 할 계정과목은?

① 받을어음

② 지급어음

③ 현금성자산

④ 단기금융상품

6. 다음 중 단기금융상품으로만 나열된 것은?

가) 보통예금	나) 만기가 1년 이내의 정기적금
다) 양도성예금증서(1년 만기)	라) 기업어음(6개월 만기)
마) 배당금영수증	바) 환매채(6개월 만기)
사) 어음관리구좌(1년 만기)	아) 공사채 만기 이자표

① 가, 나, 마, 바, 사

② 다, 라, 마, 사, 아

③ 다, 라, 마, 사, 아

④ 나, 다, 라, 바, 사

7. 동부금융사에 어음관리구좌(CMA)를 개설하고, 현금 ₩5,000,000을 예치하였다. 맞는 분개 처리는?

① (차) 단기금융상품 5,000,000 (대) 현   금 5,000,000
② (차) 단 기 대 여 금 5,000,000 (대) 현   금 5,000,000
③ (차) 현 금 성 상 품 5,000,000 (대) 현   금 5,000,000
④ (차) 현   금 5,000,000 (대) 단기금융상품 5,000,000

8. 국민은행에서 6개월 만기의 기업어음(CP) ₩4,000,000을 매입하고 현금 지급하였다. 맞는 분개는?

① (차) 현 금 성 상 품 4,000,000 (대) 현   금 4,000,000
② (차) 양 도 성 예 금 4,000,000 (대) 현   금 4,000,000
③ (차) 단기금융상품 4,000,000 (대) 현   금 4,000,000
④ (차) 장기금융상품 4,000,000 (대) 현   금 4,000,000

9. 1년 만기의 정기예금 ₩4,000,000이 오늘 만기가 되어 이자 ₩400,000과 함께 현금으로 받았다. 맞는 분개는?

① (차) 현   금 4,400,000 (대) 정 기 예 금 4,400,000
② (차) 현   금 4,400,000 (대) 정 기 예 금 4,000,000
                                    이 자 수 익   400,000
③ (차) 현   금 4,400,000 (대) 현 금 성 자 산 4,400,000
④ (차) 현   금 4,400,000 (대) 단기금융상품 4,000,000
                                    이 자 수 익   400,000

10. 다음 중 단기금융상품으로 회계 처리 할 수 없는 것은?

① 예입기간이 1년 이내다.
② 언제든지 예입과 인출이 가능해야 한다.
③ 금융기관이 취득하는 금융상품이다.
④ 정기예금은 단기금융상품에 속한다.

11. 다음 중 단기금융상품에 대한 설명으로 옳은 것은?

    ① 결산일로부터 만기일이 1년 6개월 후에 도래하는 정기적금

    ② 취득일로부터 만기가 2년 이후에 도래하는 채권

    ③ 취득일로부터 만기가 3개월 이내에 도래하는 상환우선주

    ④ 결산일로부터 만기일이 6개월 후에 도래하는 금전신탁

 정답

  1. ② 2. ④ 3. ② 4. ③ 5. ④ 6. ④ 7. ① 8. ③ 9. ④ 10. ② 11. ④

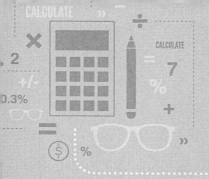

단기매매증권

유가증권의 뜻과 분류

유가증권은 재산권을 나타내는 증권으로 취득 목적에 따라 다음과 같이 분류한다.

종 류			내 용
채권	단기매매증권	유동자산(당좌자산)	단기간 이내에 매매할 목적으로 구입한 채권
	만기보유증권	비유동자산(투자자산)	만기까지 갖고 있을 목적의 채권
	매도가능증권	비유동자산(투자자산)	단기매매증권이나 만기보유증권이 아닌 채권
주식	단기매매증권	유동자산(당좌자산)	단기간 이내에 매매할 목적으로 구입한 주식
	지분법적용투자주식	비유동자산(투자자산)	다른 기업의 지배목적으로 구입한 주식
	매도가능증권	비유동자산(투자자산)	단기매매증권이나 지분법적용투자주식이 아닌 주식

(1) 단기매매증권계정

기업이 <u>단기간 내에 매매차익을 목적으로 취득하는</u> 시장성 있는 주식과 채권 등을 취득하거나 처분한 경우에 기입하는 계정이다.

① 단기간 - 1년 이내에 처분할 목적으로 취득하는 경우

② 시장성 - 유가증권을 매매하는 시장인 증권거래소에서 매매되거나 시세가 공포되고 있는

유가증권을 의미

(2) 만기보유증권계정

주식은 만기일이 없으나 채권은 만기일(상환기일)이 있다. 따라서 **만기까지 보유할 목적**으로 만기가 1년 이상인 채권을 취득하거나 처분한 경우에 기입하는 계정이다.

(3) 매도가능증권계정

단기매매증권과 만기보유증권계정으로 회계 처리할 수 없는 유가증권을 취득하거나 처분한 경우에 기입하는 계정이다.

단기매매증권의 취득

단기매매증권의 취득한 경우에는 취득원가로 단기매매증권계정 차변에 기입한다. 취득 시 발생하는 수수료는 비용처리한다.

① 단기 매매차익을 목적으로 상당한 주식 또는 채권을 취득한 경우

차변	단기매매증권 XXX 지급수수료 XXX	대변	당좌예금 XXX

단기매매증권의 평가

결산 시 단기매매증권의 취득원가(장부가액)의 공정가액(시가)이 다른 경우 공정가액으로 재무상태표에 표시해야 한다. 이때 시가를 공정가액으로 보는 경우에는 재무상태표일 현재의 종가에 의한다.

① 장부가액 < 공정가액인 경우

차변	단기매매증권 XXX	대변	단기매매증권평가이익 XXX

② 장부가액 > 공정가액인 경우

차변	단기매매증권평가손실 XXX	대변	단기매매증권 XXX

끝수이자(단수이자 경과이자)

채권의 매매가 이자 지급일이 아닌 날에 이루어지는 경우 최근에 이자 지급일부터 매매일까지 경과한 기간에 대한 이자를 끝수이자라 하며 단기매매증권을 구입하여 끝수이자를 지급하면 미수이자계정으로 처리하고 끝수이자를 받으면 이자수익계정으로 처리한다.

① 단기매매증권을 매입하고 끝수이자를 함께 현금 지급한 경우

차변	단기매매증권 XXX 미 수 이 자 XXX	대변	현금 XXX

② 단기매매증권을 원가 이상으로 처분하고 끝수이자와 함께 현금으로 받은 경우

차변	현금 XXX	대변	단 기 매 매 증 권 XXX 이 자 수 익 XXX 단기매매증권처분이익 XXX

단기매매증권의 소유에 따른 이자와 배당금의 수취

채권은 자금을 빌려준 것이므로 이자를 받고 주식은 자금을 출자한 것이므로 배당금을 받는다. 따라서 이자를 받은 때에는 이자수익계정 대변에 배당금을 받은 때에는 배당금수익계정 대변에 각각에 기입한다.

① 채권에 대한 이자를 현금으로 받은 경우

차변	현금 XXX	대변	이자수익 XXX

② 주식에 대한 배당금을 현금으로 받은 경우

차변	현금 XXX	대변	배당금수익 XXX

단기매매증권의 처분

단기매매증권을 처분한 경우에는 단기매매증권계정 대변에 장부가액으로 기입한다. 그리고 처분가액과 장부가액과의 차액은 단기매매증권처분이익계정 또는 단기매매증권처분손실계정에 기입한다.

① 장부가액 < 처분가액으로 처분한 경우

차변	현금 XXX	대변	단 기 매 매 증 권 XXX 단기매매증권처분이익 XXX

② 장부가액 > 처분가액으로 처분한 경우

차변	현　　　　　　　금 XXX 단기매매증권처분손실 XXX	대변	단기매매증권 XXX

단기매매증권계정	
기초잔액(전기 이월액)	단기매매증권의 지출액(장부가액)
단기매매증권의 취득액(취득원가)	기말잔액(차기 이월액)

장부가액 < 처분가액

단기매매증권처분이익계정	
	처분이익

장부가액 > 처분가액

단기매매증권처분손실계정	
처분손실	

1. 다음 단기매매증권의 구입과 처분에 관한 거래를 분개하시오.

  (1) (주)대우의 주식 200주를 액면 @₩10,000에 대하여 @₩9,600에 구입하고, 대금은 수수료 ₩50,000과 함께 수표 발행하여 지급하다.

  (2) (주)삼성의 사채 액면 ₩4,000,000 @₩10,000에 대하여 @₩9,500에 매입하고, 끝수이자 ₩50,000과 함께 현금으로 지급하다.

  (3) (주)영진의 사채 액면 ₩5,000,000을 @₩5,000에 대하여 @₩4,800에 매입하고, 매입 수수료 ₩30,000, 끝수이자 ₩40,000과 함께 월말에 지급하기로 하다.

  (4) (주)대구의 사채 액면 ₩5,000,000(액면 @₩10,000), 장부가액 @₩9,000을 @₩9,500에 매각 처분하고, 대금은 수수료 ₩30,000을 차감하고, 끝수이자 ₩50,000과 함께 현금으로 받다.

  (5) (주)부산상사의 사채 액면 ₩4,000,000을 액면 @₩10,000에 대하여 @₩9,400에 매각 처분하고, 끝수이자 ₩30,000과 함께 월말에 받기로 하다. (단, 장부가액은 @₩9,800이다.)

  (6) 단기차입금 ₩1,000,000과 이자 ₩50,000을 지급하기 위하여 사채 액면 ₩1,000,000(액면@ ₩10,000, 장부가액 @₩9,000)을 @₩9,800에 인도하고, 부족분은 현금으로 지급하다.

	차변과목	금액	대변과목	금액
(1)				
(2)				
(3)				
(4)				
(5)				
(6)				

2. 단기매매증권의 평가와 이자 및 배당금 수취에 관한 거래를 분개하시오.

  (1) 기말 결산에 소유 주식 액면금액 ₩4,000,000(장부가액 ₩3,000,000)을 공정가액 ₩2,700,000 으로 평가하다.

  (2) 기말 결산에 소유 사채 액면금액 ₩5,000,000(취득원가 ₩4,300,000)을 공정가액 ₩4,500,000 으로 평가하다.

  (3) 기말 결산에 소유 주식 500주(액면 @₩1,000 장부가액@₩950)을 공정가액 @₩930으로 평가하다

  (4) 기말 결산에 소유 주식 1,000주를 액면 @₩5,000에 대하여 @₩4,700으로 평가하다. (단, 이 주식의 매입원가는 @₩4,600이다.)

  (5) 소유하고 있는 사채 액면금액 ₩10,000,000에 대한 이자 ₩800,000을 동점발행수표로 받다.

(6) 소유하고 있는 주식 5,000주에 대한 배당금 ₩700,000을 현금으로 받다.

	차변과목	금액	대변과목	금액
(1)				
(2)				
(3)				
(4)				
(5)				
(6)				

Answer 1

	차변과목	금액	대변과목	금액
(1)	단기매매증권 지급수수료	1,920,000 50,000	당좌예금	1,970,000
(2)	단기매매증권 미수이자	3,800,000 50,000	현금	3,850,000
(3)	단기매매증권 지급수수료 미수이자	4,800,000 30,000 40,000	미지급금	4,870,000
(4)	현금	4,770,000	단기매매증권 단기매매증권처분이익 이자수익	4,500,000 220,000 50,000
(5)	미수금 단기매매증권처분손실	3,790,000 160,000	단기매매증권 이자수익	3,920,000 30,000
(6)	단기차입금 이자비용	1,000,000 50,000	단기매매증권 단기매매증권처분이익 현금	900,000 80,000 70,000

Answer 2

	차변과목	금액	대변과목	금액
(1)	단기매매증권평가손실	300,000	단기매매증권	300,000
(2)	단기매매증권	200,000	단기매매증권평가이익	200,000
(3)	단기매매증권평가손실	10,000	단기매매증권	10,000
(4)	단기매매증권	100,000	단기매매증권평가이익	100,000
(5)	현금	800,000	이자수익	800,000
(6)	현금	700,000	배당금수익	700,000

1. 다음 중 회계상 단기매매증권계정에서 처리하는 것으로 나열된 것은?

   ① 국채, 사채, 주식

   ② 선화증권, 국채, 환어음

   ③ 수표, 약속어음, 환어음

   ④ 사채, 화물대표증권, 창고증권

2. 증권회사로부터 주식을 매입하면서 다음과 같은 거래가 발생하였다. 단기매매증권계정에 포함할 수 없는 것은?

   ① 구입대금 지급

   ② 끝수이자 지급

   ③ 증권거래세 지급

   ④ 매입 시 부대비용 지급

3. 다음의 단기매매증권에 관한 설명 중 틀린 것은?

   ① 단기적 매매 차익을 얻기 위하여 취득한 것이어야 한다.

   ② 장기간 보유할 주식, 사채, 공채는 단기매매증권계정으로 처리한다.

   ③ 증권회사에서 언제든지 취득할 수 있거나, 처분이 가능한 것으로 한다.

   ④ 단기매매증권을 구입시 제비용은 원가에 산입하여, 결산일에 공정가액으로 평가한다.

4. 단기매매증권 구입 시 부대비용은 매입가액에 가산하여 취득원가를 산정한다. 다음 중 단기매매증권 단가를 산정하는 방법으로 맞는 것은?

   ① 선입선출법

   ② 후입선출법

   ③ 선입선출법 또는 후입선출법

   ④ 총평균법 또는 이동평균법

5. 단기매매증권을 공정가액으로 평가할 경우 재무상태표에 표시할 금액으로 맞는 것은?

   ① 결산 1개월 전의 종가

   ② 재무상태표일 현재의 종가

   ③ 결산 1개월 후의 종가

   ④ 취득일의 종가(부대비용 포함)

6. 다음의 단기매매증권에 관한 거래 내용과 차변에 발생하는 계정에 대한 연결이 잘못된 것은?

거래 내용	차변계정
① 단기매매증권의 대여	대여단기매매증권
② 단기매매증권의 차입	차입단기매매증권
③ 단기매매증권의 담보 제공	예치단기매매증권
④ 단기매매증권을 담보로 받음	보관단기매매증권

7. 05월 01일 증권회사에서 주식 액면 ₩2,500,000을 ₩2,000,000에 구입하고, 다음과 같은 부대비용이 발생하였다. 단기매매증권계정으로 회계 처리 하여야 할 금액은 얼마인가?

> 끝수이자 ₩150,000,   구입 제수수료 ₩50,000,   증권거래세 ₩20,000

① ₩2,020,000   ② ₩2,000,000

③ ₩2,220,000   ④ ₩2,620,000

8. 서남주식회사의 주식 50주(액면 @₩5,000)를 1주당 @₩4,700에 매각 처분하고, 대금은 현금으로 받았다. 이 주식의 처분으로 포괄손익계산서에 미치는 영향은?(단, 취득원가는 @₩4,500이다.)

① 순이익 ₩25,000   ② 순손실 ₩25,000

③ 순이익 ₩10,000   ④ 순손실 ₩10,000

9. 아래의 자료는 (주)영진의 12월 31일의 계정내용이다. 12월 31일에 단기매매증권을 ₩4,500,000으로 평가하였다면, 기업회계기준에 따라 재무제표를 작성할 때 재무 상태에 미치는 영향으로 옳은 것은?

단기매매증권		단기매매증권평가손실	
5/1 5,000,000	12/31 400,000	12/31　400,000	

① 자산이 감소한다.   ② 자산이 증가한다.

③ 자산은 불변한다.   ④ 자본이 증가한다.

10. 다음 단기매매증권을 결산기일에 공정가액으로 평가할 경우 포괄손익계산서에 미치는 영향으로 옳은 것은?

종류	장부가액	공정가액(시가)
A주식	100주 × @₩4,500	100주 × @₩4,300
B주식	150주 × @₩4,800	150주 × @₩5,000

① 당기순이익이 ₩50,000 증가한다.   ② 당기순손실이 ₩50,000 증가한다.

③ 당기순이익이 ₩10,000 증가한다.   ④ 당기순손실이 ₩10,000 증가한다.

11. 전기말 액면금액 ₩1,000,000(취득원가 ₩1,500,000)의 갑주식을 당기말 현재의 공정가액 ₩1,400,000으로 평가할 때 당기말 현재 갑주식의 재무상태표에 기입할 장부가액은 얼마인가?

① ₩1,100,000　　② ₩1,400,000　　③ ₩1,500,000　　④ ₩2,950,000

12. 다음의 거래가 회계 기말의 포괄손익계산서에 미치는 영향으로 옳음 것은?(단, 시장성이 있는 주식이다.)

> 03월 08일 A회사 주식 800주를 1주당 ₩4,800에 구입하고, 수수료 ₩160,000을 현금 지급하였다.
> 09월 23일 A회사 주식 300주를 1주당 ₩5,500에 매각하다.
> 12월 31일 회계 기말에 A회사 주식을 공정가액 1주당 ₩4,500으로 평가하다.

① 당기순이익 ₩40,000　　　　　　② 당기순이익 ₩60,000
③ 당기순손실 ₩40,000　　　　　　④ 당기순손실 ₩60,000

13. 다음은 (주)삼성의 단기매매증권에 대한 자료이다. 12월 31일 이 회사가 기업회계기준에 따라 행하여야 할 결산 정리 분개의 결과 계상하여야 할 단기매매증권평가이익은 얼마인가?

> 단기매매증권 A주식 취득원가 ₩2,500,000 공정가액 ₩3,500,000
> 단기매매증권 B주식 취득원가 ₩2,000,000 공정가액 ₩1,500,000
> 단기매매증권 C주식 취득원가 ₩3,000,000 공정가액 ₩2,800,000
> 단기매매증권 D주식 취득원가 ₩2,500,000 공정가액 ₩3,000,000

① ₩1,500,000　　② ₩1,000,000　　③ ₩800,000　　④ ₩300,000

14. 단기매매차익을 위해 사채 액면 ₩2,000,000(@₩5,000)을 @₩4,500씩에 구입하고, 대금과 끝수이자 ₩30,000, 구입수수료 ₩20,000을 현금으로 지급하다. 맞는 분개는?

① (차) 단기매매증권　1,800,000　　(대) 현　금 1,850,000
　　　　이 자 비 용　　 50,000
② (차) 단기매매증권　1,820,000　　(대) 현　금 1,850,000
　　　　이 자 비 용　　 30,000
③ (차) 단기매매증권　1,800,000　　(대) 현　금 1,850,000
　　　　지 급 수 수 료　 20,000
　　　　미 수 이 자　　 30,000
④ (차) 단기매매증권　1,850,000　　 (대) 현　금 1,850,000

15. 소유주식 ₩3,000,000에 대한 배당금 ₩15,000을 현금으로 받았다. 맞는 분개는?

① (차) 이 자 비 용 15,000   (대) 현   금 15,000
② (차) 배당금수익 15,000   (대) 현   금 15,000
③ (차) 현   금 15,000   (대) 배당금수익 15,000
④ (차) 현   금 15,000   (대) 이 자 수 익 15,000

16. 단기매매차익을 위해 소유하고 있던 영일주식회사 발행 사채 50주를 @₩6,300(액면 @ ₩5,000)에 매각하고, 끝수이자 ₩5,000과 함께 수표로 받다.(단, 매입원가는 @₩6,000이다) 맞는 분개는?

① (차) 현   금 320,000 (대) 단 기 매 매 증 권   300,000
                              단기매매증권처분이익   5,000
                              이 자 수 익   15,000
② (차) 당좌예금 320,000 (대) 단 기 매 매 증 권   300,000
                              단기매매증권처분이익   20,000
③ (차) 현   금 320,000 (대) 단 기 매 매 증 권   300,000
                              단기매매증권처분이익   15,000
                              이 자 수 익   5,000
④ (차) 현   금 320,000 (대) 단 기 매 매 증 권   300,000
                              단기매매증권처분이익   20,000

17. 당점이 소유하고 있는 사채 ₩3,000,000에 대한 이자 ₩50,000을 현금으로 받았다. 맞는 분개는?

① (차) 현   금 50,000 (대) 사채이자 50,000   ② (차) 사채이자 50,000 (대) 현   금 50,000
③ (차) 이자비용 50,000 (대) 현   금 50,000   ④ (차) 현   금 50,000 (대) 이자수익 50,000

18. 대한은행에 근저당을 설정하기 위해 당점이 소유하고 있던 사채 액면 ₩510,000(장부가액 ₩500,000)을 담보로 제공하였다. 맞는 분개는?

① (차) 예치단기매매증권 500,000   (대) 단 기 매 매 증 권 500,000
② (차) 예치단기매매증권 510,000   (대) 차입단기매매증권 510,000
③ (차) 예치단기매매증권 510,000   (대) 단 기 매 매 증 권 510,000
④ (차) 예치단기매매증권 510,000   (대) 보관단기매매증권 510,000

19. 단기매매차익을 위해 소유하고 있는 주식 500주(액면@₩500, 장부가액@₩530, 시가@₩540)를 강원상점에 대여하였다. 맞는 분개는?

① (차) 대여단기매매증권 270,000 (대) 단 기 매 매 증 권 270,000
② (차) 대여단기매매증권 265,000 (대) 단 기 매 매 증 권 265,000
③ (차) 단 기 매 매 증 권 270,000 (대) 대여단기매매증권 270,000
④ (차) 단 기 매 매 증 권 265,000 (대) 대여단기매매증권 265,000

20. 다음 거래를 바르게 추정한 것은?

(차) 보관단기매매증권 200,000　　　　(대) 매수단기매매증권 200,000

① 단기매매증권을 담보로 제공하다.
② 단기매매증권을 차입하다.
③ 단기매매증권을 담보로 받다.
④ 단기매매증권을 빌려주다.

21. 타인으로부터 현금을 차입하고 단기매매증권을 담보로 제공하였을 때 분개로 맞는 것은?

① (차) 예치단기매매증권 000　(대) 단 기 매 매 증 권 000
② (차) 단 기 매 매 증 권 000　(대) 예치단기매매증권 000
③ (차) 보관단기매매증권 000　(대) 차입단기매매증권 000
④ (차) 단 기 매 매 증 권 000　(대) 차입단기매매증권 000

22. 다음의 설명 중 옳은 것은?

① 다른 회사의 주식이나 사채를 취득한 경우에는 보유 목적에 관계없이 단기매매증권계정에 기록한다.
② 투자자는 사채의 매입 시점에 관계없이 최종 이자 지급일 직후 시점부터 해당 이자를 다음의 정기 이자 지급일에 발행회사로부터 수령 받는다.
③ 주식을 취득한 경우는 매입 가격으로 기록하고, 매입 수수료는 당기 비용으로 처리한다.
④ 주식에 대한 금전 배당을 받으면 이자수익계정에 기입한다.

23. 성공상사는 금화상사가 발행한 사채를 단기적 자금운용 목적으로 20XX년 04월 01일 발생이자를 포함하여 ₩95,000에 취득하였다. 사채의 액면가액은 ₩100,000이며, 액면이자율은 연 12%로 매년 말 지급한다. 성공상사는 사채를 20XX년 10월 01일 처분하여 발생이자를 포함하여 ₩110,000에 처분하였다. 이때 성공상사의 단기매매증권처분손익은 얼마인가?

① ₩9,000 이익   ② ₩10,000 이익

③ ₩11,000 이익   ④ ₩12,000 이익

24. 우리상사는 01월 01일 단기매매차익 목적으로 상장법인의 (주)토성의 주식 120주 @₩10,000에 구입하고, 매입 수수료 ₩6,000을 지급하였다. (주)토성의 12월 31일 현재 종가는 @₩9,500이었다. 우리상사는 05월 10일 (주)토성의 주식 60주를 주당 ₩9,800에 매각하였다면 이에 따른 이익 또는 손실로 옳은 것은?

① 단기매매증권처분이익 ₩18,000

② 단기매매증권처분손실 ₩15,000

③ 단기매매증권처분손실 ₩12,000

④ 단기매매증권처분이익 ₩9,000

25. (주)대구는 2XX2년 12월 01일 단기적인 자금운용을 목적으로 상장기업인 (주)청주의 주식 10주(@₩5,000)를 주당 @₩5,000에 취득하였다. (주)대구는 2XX3년 12월 31일 현재 (주)청주의 주식을 계속 소유하고 있으며, 2XX4년 중에 처분할 예정이다. 2XX2년과 2XX3년 12월 31일(결산일) (주)청주 주식의 주당 공정가액은 각각 @₩8,000, @₩6,500이다. (주)대구가 2XX2년 12월 31일에 기업회계기준에 따라 단기매매증권과 관련된 적절한 결산 정리 분개를 한 경우 2XX3년 12월 31일 결산 정리 분개로 알맞은 것은?

① (차) 단 기 매 매 증 권   30,000   (대) 단기매매증권평가이익   30,000

② (차) 단 기 매 매 증 권   20,000   (대) 단기매매증권평가이익   20,000

③ (차) 단기매매증권평가손실   15,000   (대) 단 기 매 매 증 권   15,000

④ (차) 단 기 매 매 증 권   5,000   (대) 단기매매증권평가이익   5,000

26. (주)강원이 보유하고 있는 단기매매증권과 관련된 자료는 아래와 같다. 이와 같은 거래를 기업회계기준에 따라 회계 처리할 경우 2XX2년의 당기순손익에 미치는 영향은 얼마인가?

> 2XX1년 10월 01일 갑회사 주식 10주를 @₩200에 취득.
> 2XX1년 12월 31일 갑회사 주식은 @₩300이 되었다.
> 2XX2년 05월 18일 을회사 주식 20주를 @₩150에 취득.
> 2XX2년 12월 01일 갑회사 주식 5주를 @₩250에 처분.
> 2XX2년 12월 31일 갑회사 주식은 @₩500이고, 을회사 주식은 @₩250이 되었다.
> 위 주식은 모두 단기매매증권으로 분류되며, (주)강원의 결산일은 12월 31일이다.

① ₩1,250 이익   ② ₩2,750 이익

③ ₩3,500 이익   ④ ₩3,250 이익

27. 20XX년 07월 01일에 ₩500,000을 주고 취득한 단기매매증권이 20XX년 12월 31일(결산일) ₩450,000이 되었다. 다음 중 이 거래를 반영하여 기업회계기준에 따라 재무제표를 작성할 때 재무 상태에 미치는 영향으로 옳은 것은?

① 자산이 감소한다.   ② 자산은 불변한다.

③ 자산이 증가한다.   ④ 자본이 증가한다.

 정답

1. ① 2. ② 3. ② 4. ④ 5. ② 6. ② 7. ④ 8. ③ 9. ① 10. ③ 11. ② 12. ② 13. ③ 14. ③ 15. ③ 16. ③ 17. ④ 18. ③ 19. ② 20. ③ 21. ① 22. ② 23. ① 24. ① 25. ③ 26. ② 27. ①

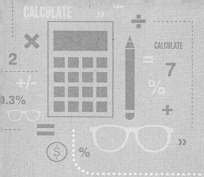

Part 3
식별 및 측정

매출채권과 매입채무

채권·채무의 뜻과 종류

기업이 거래처로부터 돈을 받을 수 있는 권리를 채권이라 하고, 일정한 기일 후에 돈을 갚아야 할 의무를 채무라 한다. 채권과 채무는 여러 원인에 따라 다양하게 발생하므로 이를 기입할 계정의 종류도 다양하다.

		채권		채무	
		외상	어음	외상	어음
상품거래 (주된 거래)	단기	외상매출금	받을어음	외상매입금	지급어음
	장기	장기외상매출금	장기받을어음	장기외상매입금	장기지급어음
물품거래	단기	미수금		미지급금	
	장기	장기미수금		장기미지급금	
금전거래	단기	대여금		차입금	
	장기	장기대여금		장기차입금	
계약금		선급금		선수금	
원인 불명 지급		가지급금		가수금	
유형자산 대여		임대료		임차료	
종업원		주,임,종 단기채권		예수금	
부가가치세		부가가치세 대급금		부가가치세 예수금	
기타		미결산			

Part 3. 식별 및 측정   99

상품 매매로 인하여 발생하는 외상 채권이나 어음상의 채권을 매출채권이라 하고, 외상 채무나 어음상의 채무를 매입채무라 한다.

기업은 매출채권의 증감을 외상매출금계정과 받을어음계정을 설정하여 기입하고 기말결산 시 재무상태표에 표시할 때에는 외상매출금과 받을어음계정의 기말잔액을 합계하여 매출채권의 과목으로 표시하고 유동자산으로 분류한다.

반면에 매입채무의 증감은 외상매입금계정과 지급어음계정을 설정하여 기입하고 기말결산 시 재무상태표에 표시할 때에는 외상매입금과 지급어음계정의 기말잔액을 합계하여 매입채무의 과목으로 표시하고 유동부채로 분류한다.

상품의 외상거래

(1) 외상매출금과 외상매입금계정

상품을 외상으로 판매한 경우에 발생하는 채권의 증감은 외상매출금계정에 상품을 외상으로 매입한 경우에 발생하는 채무의 증감은 외상매입금계정에 기입한다.

① 상품을 외상으로 판매한 경우

차변	외상매출금 XXX	대변	매출 XXX

② 외상매출금은 현금으로 회수한 경우

차변	현금 XXX	대변	외상매출금 XXX

③ 상품을 외상으로 매입한 경우

차변	매입 XXX	대변	외상매입금 XXX

④ 외상매입금을 현금으로 지급한 경우

차변	외상매입금 XXX	대변	현금 XXX

외상매출금		외상매입금	
(외상 채권 발생)	(외상 채권 소멸)	(외상 채무 소멸)	(외상 채무 발생)
전기 이월액	외상매출액 회수	외상매입액 지급	전기 이월액
외상매출액	매출 환입액	매입 환출액	외상매입액
	매출 에누리액	매입 에누리액	
	매출 할인액	매입 할인액	
	차기 이월액	차기 이월액	

신용카드와 직불카드에 의한 상품 거래

신용카드와 직불카드는 은행, 카드전문회사, 백화점 등에서 발행하여, 카드로 상품 또는 서비스를 구입하고 대금을 결제하면 즉시 또는 일정한 기입에 고객의 예금계좌에서 대금이 자동으로 인출된다.

(1) 신용카드

결제 대금이 일정한 기일에 고객의 예금계좌에서 자동으로 인출된다. 따라서 신용카드로 상품을 매출하거나 매입한 때에는 외상매출금 또는 외상매입금으로 기장하였다가 후일 대금이 당점 예금계좌에 입금되거나 예금계좌에서 출금되면 예금의 증감으로 기장한다. 그리고 카드회사의 취급 수수료는 수수료 비용으로 기장한다.

① 상품을 매출하고 대금을 신용카드로 받은 경우

차변	외상매출금 XXX	대변	매출 XXX

② 신용카드 대금이 보통예금에 입금된 경우

차변	보 통 예 금 XXX 수수료비용 XXX	대변	외상매출금 XXX

③ 상품을 매입하고 대금을 신용카드로 결제한 경우

차변	매입 XXX	대변	외상매입금 XXX

④ 신용카드 대금이 보통예금 계좌에서 인출된 경우

차변	외상매입금 XXX	대변	보통예금 XXX

(2) 직불카드

기능은 신용카드와 같지만 결제와 동시에 대금이 고객의 예금계좌에서 인출되는 특성을 가진 카드다.

① 상품을 매출하고 대금을 직불카드로 받은 경우

차변	보 통 예 금 XXX 수수료비용 XXX	대변	매출 XXX

② 상품을 매입하고 대금을 직불카드로 결제한 경우

차변	매입 XXX	대변	보통예금 XXX

어음에 의한 상품 거래

어음에는 약속어음과 환어음이 있다. 약속어음은 <u>어음의 발행인이 수취인에게 일정한 금액을 일정한 기일에 지급할 것을 약속한 증서</u>이다. 환어음은 <u>발행인이 지명인에게 일정한 금액을 일정한 기일에 수취인에게 지급하도록 위탁한 증서</u>이다.

(1) 받을어음계정과 지급어음계정

어음의 회계 처리는 어음의 종류와 관계없이 그것이 어음상의 채권이면 받을어음계정에 채무이면 지급어음계정에 기입한다.

① 상품을 매출하고 약속어음 또는 환어음을 받은 경우

차변	받을어음 XXX	대변	매출 XXX

② 만기일에 약속어음 또는 환어음 대금을 현금으로 회수한 경우

차변	현금 XXX	대변	받을어음 XXX

③ 상품을 매입하고 약속어음을 발행한 경우

차변	매입 XXX	대변	지급어음 XXX

④ 상품을 매입하고 지명인의 인수를 받아 환어음을 발행한 경우

차변	매입 XXX	대변	받을어음 XXX

⑤ 외상매입금이 있는 거래처가 발행한 환어음을 인수한 경우

차변	외상매입금 XXX	대변	지급어음 XXX

받을어음계정

기초잔액(전기 이월액)	어음대금의 회수
약속어음의 수취	
환어음의 수취	기말잔액(차기 이월액)

지급어음계정

어음대금의 지급	기초잔액(전기 이월액)
기말잔액(차기 이월액)	약속어음의 발행
	환어음의 인수

(2) 어음의 배서양도

어음의 배서양도란 어음소지인이 만기일 전에 어음상의 권리를 타인에게 양도하기 위하여 어음의 뒷면에 양도 의사를 표시하고 기명날인하여 양도하는 것을 말한다.

1) 추심 의뢰를 위한 배서양도
① 어음을 거래 은행에 추심을 의뢰하고 수수료를 현금으로 지급한 경우

차변	수수료비용 XXX	대변	현금 XXX

② 거래 은행에 추심의뢰하였던 어음 대금이 입금되었다는 통지를 받은 경우

차변	당좌예금 XXX	대변	받을어음 XXX

2) 대금 지급을 위한 배서양도

대금 지급을 위한 배서양도란 <u>상품 매입대금이나 외상매입금을 지급하기 위하여 어음상의 채권을 타인에게 양도하는 것</u>을 말하며 양도 시 어음 채권에 대한 권리와 의무가 양도인과 분리되어 포괄적으로 이전되는 경우에는 매각거래로 보아 받을어음계정 대변에 분개하고 그 이외의 경우에는 차입거래로 보아 단기차입금으로 회계 처리한다. 기업회계기준에는 매각거래로 처리해야 한다.

① 권리와 의무가 양도인과 분리되어 포괄적으로 이전되는 경우(매각거래로 보는 경우)

ㄱ) 상품을 매입하고 대금은 소유 약속어음을 배서양도한 경우

차변	매입 XXX	대변	받을어음 XXX

ㄴ) 배서양도 하였던 약속어음이 만기에 무사히 결제된 경우

분개 없음

② 실질적으로 매각이 이루어지지 않은 경우(차입거래로 보는 경우)

ㄱ) 상품을 매입하고 대금은 소유 약속어음을 배서양도한 경우

차변	매입 XXX	대변	단기차입금 XXX

ㄴ) 배서양도 하였던 약속어음이 만기에 무사히 결제된 경우

차변	단기차입금 XXX	대변	받을어음 XXX

3) 할인을 위한 배서양도

할인을 위한 배서양도란 자금을 조달한 목적으로 만기일 이전에 거래 은행 등에 어음상의 채권을 양도하는 것을 말하며 이것도 매각거래로 처리하는 방법과 차입거래로 처리

하는 방법이 있으나 기업회계기준에는 매각거래로 처리해야 한다.

① 권리와 의무가 양도인과 분리되어 포괄적으로 이전되는 경우(매각거래로 보는 경우)

ㄱ) 소유 약속어음을 은행에서 할인하고 할인료를 차감한 잔액은 당좌예금한 경우

차변	당 좌 예 금 XXX 매출채권처분손실 XXX	대변	받을어음 XXX

ㄴ) 할인한 어음이 만기에 무사히 결제된 경우

분개 없음

② 실질적으로 매각이 이루어지지 않은 경우(차입거래로 보는 경우)

ㄱ) 소유 약속어음을 은행에서 할인하고 할인료를 차감한 잔액은 당좌예금한 경우

차변	당좌예금 XXX 이자비용 XXX	대변	단기차입금 XXX

ㄴ) 할인한 어음이 만기에 무사히 결제된 경우

차변	단기차입금 XXX	대변	받을어음 XXX

(3) 어음의 부도

어음 소지인이 어음 만기일에 어음 대금을 청구하였으나 지급이 거절되는 것을 어음의 부도라 하며 부도 시 지급거절증서 작성비 등 제비용을 포함하여 부도어음계정의 차변에 분개한다.

① 소유하고 있는 어음의 부도가 나서 청구비용을 현금지급하고 상환 청구한 경우

차변	부도어음 XXX	대변	받을어음 XXX 현 금 XXX

② 배서양도한 어음의 부도가 나서 제비용과 함께 수요 발행하여 지급한 경우(매각거래로 처리한 경우)

차변	부도어음 XXX	대변	당좌예금 XXX

③ 배서양도한 어음이 부도가 나서 제비용과 함께 수표 발행하여 지급한 경우(차입거래로 처리한 경우)

차변	단기차입금 XXX 부도어음 XXX	대변	당좌예금 XXX 받을어음 XXX

④ 부도로 처리한 어음금액과 법정이자를 현금으로 회수한 경우

차변	현금 XXX	대변	부도어음 XXX 이자수익 XXX

☞ 부도어음은 재무상태표에 표기 시 매출채권 또는 장기성매출채권에 포함한다.

(4) 어음의 개서

어음의 지급인이 만기일에 어음대금을 결제할 수 있을 때 어음의 수취인과 합의하여 지급 기간을 연장한 새로운 어음을 발행하는 것을 어음의 개서라 한다. 이때 구어음은 효력이 상실되며 새로 개서한 어음이 효력을 발생한다.

① 당점이 발행하였던 어음을 개서하여 준 경우

차변	지급어음(구어음) XXX 이 자 비 용 XXX	대변	지급어음(신어음) XXX 현 금 XXX

② 소유하고 있던 어음을 개서하여 받은 경우

차변	받을어음(신어음) XXX 현 금 XXX	대변	받을어음(구어음) XXX 이 자 수 익 XXX

(5) 화환어음

먼 지방에 상품을 발송하고 운송업자로부터 받은 화물대표증권을 담보로 하여 자기를 수취인 매입자를 지급인으로 하는 환어음을 발행하여 거래 은행에서 할인받는 것을 화환의 취결이라 하며 이때 발행하는 어음을 화환어음이라 한다.

① 상품을 매출하고 화물상환증을 담보로 거래 은행에서 화환을 취결하고 할인료를 차감한 잔액은 당좌예금한 경우

차변	당 좌 예 금 XXX 이 자 비 용 XXX 외상매출금 XXX	대변	매출 XXX

② 화물상환증과 상환으로 위 상품을 찾고 화환어음을 인수해 준 경우(인수운임 현금지급)

차변	매입 XXX	대변	지 급 어 음 XXX 외상매입금 XXX 현 금 XXX

대손의 회계처리

(1) 대손의 뜻과 대손상각비

외상매출금, 받을어음 등 매출채권과 대여금, 미수금 등 기타의 채권은 거래처의 파산, 재해, 사망 등으로 그 대금을 회수하지 못하는 경우가 있다. 이러한 손실을 대손이라 한

다. 대손이 발생하면 대손상각비계정에 기입하여 비용으로 처리하고 해당 채권계정에서 차감한다.

(2) 실제로 대손 ₩15,000이 발생한 경우

당기에 실제로 대손이 발생하면 우선 대손충당금과 상계하고 부족액이 있을 경우에는 부족액을 대손상각비로 처리한다.

① 대손충당금 잔액이 없는 경우

차변	대손상각비 15,000	대변	외상매출금 15,000

② 대손충당금 잔액이 ₩10,000으로 부족한 경우

차변	대손충당금 10,000 대손상각비　5,000	대변	외상매출금 15,000

③ 대손충당금 잔액이 ₩20,000 이상인 경우

차변	대손충당금 15,000	대변	외상매출금 15,000

(3) 대손 처리한 매출채권을 현금으로 회수한 경우

이미 대손으로 회계처리한 채권을 다시 회수한 경우에는 대손처리한 분개를 취소하는 분개를 한다.

1) 전년도 대손 회수액

차변	현금 15,000	대변	대손충당금 15,000

2) 당해 연도 대손 회수액
① 위 (2) ① 회수 시

차변	현금 15,000	대변	대손상각비 15,000

② 위 (2) ② 회수 시

차변	현금 15,000	대변	대손상각비 5,000 대손충당금 10,000

③ 위 (2) ③ 회수 시

차변	현금 15,000	대변	대손충당금 15,000

(4) 결산 시 대손의 예상과 대손충당금

만일 결산 시에 외상매출금 ₩20,000이 회수 가능성이 없다면 재무상태표에 외상매출금을 ₩40,000으로 기입해야 정확하다. 그러나 ₩20,000이 아직 대손된 것도 아니고 또 어느 거래처에서 발생할지도 모르므로 이때에는 외상매출금에서 직접 차감하지 않고 대손충당금계정에 기입해 두었다가 실제로 대손이 발생하면 외상매출금에서 차감한다.

① 당기분 대손 예상액은 ₩20,000이고 대손충당금 기말잔액이 없는 경우

차변	대손상각비 20,000	대변	대손충당금 20,000

② 당기분 대손 예상액은 ₩20,000이고 대손충당금 기말잔액이 ₩5,000 경우

차변	대손상각비 15,000	대변	대손충당금 15,000

③ 당기분 대손 예상액은 ₩20,000이고 대손충당금 기말잔액이 ₩20,000 경우

분개 없음

④ 당기분 대손 예상액은 ₩20,000이고 대손충당금 기말잔액이 ₩30,000 경우

차변	대손충당금 10,000	대변	대손충당금환입 10,000

대손상각비와 대손충당금계정의 성격

계정의 종류	계정의 성격
① 대손상각비	비용 → 판매비와관리비
② 대손충당금	매출채권에 대한 차감적 평가계정 측 매출채권에서 차감하여 매출채권의 실제액을 알 수 있게 하는 계정
③ 대손충당금환입	수익 → 영업외수익

1. 다음 대손의 예상에 관한 분개를 하시오.

(1) 기말 결산에 외상매출금 ₩2,000,000에 대하여 2% 대손을 예상하다.

(2) 기말 결산에 외상매출금 ₩2,000,000에 대하여 2% 대손을 예상하다. (단, 대손충당금 잔액 ₩30,000 있다.)

(3) 기말 결산에 매출채권 ₩2,000,000에 대하여 2% 대손충당금을 설정하다. (단, 대손충당금 잔액 ₩60,000 있다.)

	차변과목	금액	대변과목	금액
(1)				
(2)				
(3)				

2. 다음 대손의 발생에 관한 분개를 하시오.

(1) 매출처 일산상점의 외상매출금 ₩300,000이 회수 불능하다.

(2) 매출처 일산상점의 외상매출금 ₩300,000이 회수 불능하다. (단, 대손충당금 잔액 ₩200,000 있다.)

(3) 매출처 일산상점의 외상매출금 ₩300,000이 회수 불능하다. (단, 대손충당금 잔액 ₩500,000 있다.)

	차변과목	금액	대변과목	금액
(1)				
(2)				
(3)				

3. 다음 대손 처리한 채권의 회수에 관한 분개를 하시오.

(1) 전기에 대손 처리한 부산상점의 외상매출금 ₩50,000을 현금으로 회수하다.

(2) 당기에 대손 처리한 부산상점의 외상매출금 ₩100,000을 현금으로 회수하다. (단, 대손시 대손충당금 잔액은 없었다.)

(3) 당기에 대손 처리한 부산상점의 외상매출금 ₩100,000을 현금으로 회수하다. (단, 대손시 대손충당금 잔액은 ₩60,000 있었다.)

	차변과목	금액	대변과목	금액
(1)				
(2)				
(3)				

4. 다음 어음의 추심과 배서양도에 관한 분개를 하시오.

(1) 포천상점에서 받은 약속어음 ₩500,000을 만기일이 되어 거래 은행에 추심위임하고 배서양도하다. 그리고 추심수수료 ₩30,000을 현금으로 지급하다.

(2) 위 어음이 무사히 추심되어 당점의 당좌예금 계좌에 입금되었다는 통지를 거래 은행으로부터 받다.

(3) 대성상점에서 상품 ₩300,000을 매입하고, 대금은 문산상점에서 받은 약속어음을 배서양도하다. (매각 거래로 처리한다.)

(4) 위 배서양도한 약속어음이 무사히 지급되었다고 대성상점에서 통지가 오다.

(5) 도봉상점에서 상품 매출대금으로 받은 약속어음 ₩500,000을 거래 은행에서 할인하고, 할인료 ₩10,000을 차감한 잔액은 당좌예금하다. (매각거래로 처리한다.)

(6) 위 할인한 약속어음이 무사히 지급되었다고 거래 은행에서 통지가 오다.

	차변과목	금액	대변과목	금액
(1)				
(2)				
(3)				
(4)				
(5)				
(6)				

5. 다음 어음의 부도에 관한 분개를 하시오.

(1) 대구상점에서 받은 약속어음 ₩500,000이 만기가 되어 발행인에게 제시하였으나, 부도나서 상환을 청구하다. 상환 청구에 필요한 지급거절증서 작성비용 ₩30,000을 현금으로 지급하다.

(2) 위 어음금액 및 제비용 ₩530,000과 만기일 이후의 법정이자 ₩20,000을 현금으로 회수하다.

(3) 앞서 대전상점에 배서양도한 약속어음 ₩700,000이 부도되어 상환을 청구받고, 제비용 ₩20,000과 함께 수표 발행하여 지급하고, 즉시 발행인에게 상환을 청구하다. (매각거래로 처리하다.)

(4) 앞서 거래 은행인 제일은행에서 할인한 인천상회 발행 약속어음 ₩600,000이 부도되어 상환을 청구받고, 부도된 어음 금액 ₩600,000, 제비용 ₩20,000과 법정이자 ₩10,000을 당점 당좌예금에서 차감 지급하고, 인천상회에 상환을 청구하다. (매각거래로 처리하다.)

	차변과목	금액	대변과목	금액
(1)				
(2)				
(3)				
(4)				

Answer 1

	차변과목	금액	대변과목	금액
(1)	대손상각비	40,000	대손충당금	40,000
(2)	대손상각비	10,000	대손충당금	10,000
(3)	대손충당금	20,000	대손충당금환입	20,000

Answer 2

	차변과목	금액	대변과목	금액
(1)	대손상각비	300,000	외상매출금	300,000
(2)	대손충당금 대손상각비	200,000 100,000	외상매출금	300,000
(3)	대손충당금	300,000	외상매출금	300,000

Answer 3

	차변과목	금액	대변과목	금액
(1)	현금	50,000	대손충당금	50,000
(2)	현금	100,000	대손상각비	100,000
(3)	현금	100,000	대손충당금 대손상각비	60,000 40,000

Answer 4

	차변과목	금액	대변과목	금액
(1)	수수료비용	30,000	현금	30,000
(2)	당좌예금	500,000	받을어음	500,000
(3)	매입	300,000	받을어음	300,000
(4)	분개없음			
(5)	매출채권처분손실 당좌예금	10,000 490,000	받을어음	500,000
(6)	분개없음			

Answer 5

	차변과목	금액	대변과목	금액
(1)	부도어음	530,000	받을어음 현금	500,000 30,000
(2)	현금	550,000	부도어음 이자수익	530,000 20,000
(3)	부도어음	720,000	당좌예금	720,000
(4)	부도어음	630,000	당좌예금	630,000

1. 다음 중 틀린 것은?

   ① 매출채권에 대한 대손상각비는 판매비와관리비계정으로 포괄손익계산서에 기입한다.

   ② 대손충당금환입은 영업외수익계정이며 포괄손익계산서에 기입한다.

   ③ 대손충당금의 설정 대상은 외상매출금, 받을어음, 미수금, 단기대여금 등이 있다.

   ④ 대손충당금은 부채계정으로 해당 자산계정에서 직접 차감하는 형식으로 기입한다.

2. 다음 중 대손충당금의 재무상태표 표시 방법으로 맞는 것은?

   ① 주석으로 표시한다.

   ② 대손상각비와 상계 처리한다.

   ③ 해당 자산계정에 가산하여 표시한다.

   ④ 해당 자산계정에서 차감하는 형식으로 표시한다.

3. 대손충당금에 관한 설명으로 옳지 않은 것은?

   ① 당기에 대손된 금액을 추심하는 경우에는 대손충당금을 설정해야 한다.

   ② 일반적 상거래에서 발생한 대손상각비는 판매비와관리비 항목에 포함시킨다.

   ③ 결산 시의 매출채권 중 회수가 불가능할 것으로 추정되는 금액을 대손충당금으로 설정한다.

   ④ 대손이 발생한(확정된) 경우에는 먼저 대손충당금과 상계하고 부족한 금액은 대손상각비로
   처리한다.

4. 한라상사는 거래처에서 상품 대금으로 받은 약속어음 ₩200,000이 회수 불능되어 대손
   처리하였다. 대손 당시 대손충당금 잔액이 없는 경우 해당 거래의 결합관계를 바르게 나타낸
   것은?

   ① 비용의 발생과 자산의 감소   ② 부채의 감소와 자산의 감소

   ③ 비용의 발생과 부채의 증가   ④ 자산의 증가와 자산의 감소

5. 전기에 대손 처리한 매출채권 ₩550,000을 현금으로 회수하게 되었다면 분개 시 대변에
   기입할 계정과목은?

   ① 대손상각비   ② 매출채권

   ③ 대손충당금환입   ④ 대손충당금

6. 기말에 매출채권 잔액 ₩5,000,000의 2% 대손 예상 시 맞는 분개는? (단, 전기 대손충당금 잔액 ₩130,000 있다.)

① (차) 대손상각비 30,000   (대) 대 손 충 당 금 30,000
② (차) 대손상각비 100,000   (대) 대 손 충 당 금 10,000
③ (차) 대손충당금 30,000   (대) 대손충당금환입 30,000
④ (차) 대손충당금 100,000   (대) 대손충당금환입 100,000

7. (주) 영진은 5월에 외상매출금 ₩300,000이 회수할 가망이 없어 기업회계기준에 따라 대손 처리하였다. 그런데 8월에 대손 처리 했던 외상매출금 전액을 현금으로 회수하였다. 대손충당금 잔액이 ₩180,000일 경우 5월에 바르게 분개 처리된 것은?

① (차) 현 금 300,000 (대) 대손충당금환입 300,000
② (차) 현 금 300,000 (대) 대 손 상 각 비 120,000
                          대 손 충 당 금 180,000
③ (차) 현 금 300,000 (대) 대 손 충 당 금 100,000
                          영 업 외 수 익 200,000
④ (차) 현 금 300,000 (대) 대 손 충 당 금 180,000
                          영 업 외 수 익 120,000

8. 전기에 발생한 매출채권 ₩1,000,000에 대하여 대손이 발생하였다. 대손충당금 잔액은 ₩800,000이다. 올바른 회계 처리는?

① (차) 대손충당금   800,000 (대) 매 출 채 권 1,000,000
        대손상각비   200,000
② (차) 대손충당금 1,000,000 (대) 매 출 채 권 1,000,000
③ (차) 대손상각비 1,000,000 (대) 매 출 채 권 1,000,000
④ (차) 대손상각비 1,200,000 (대) 매 출 채 권 1,000,000
                              대손충당금   200,000

9. 다음 자료에 의하여 2XX2년 12월 31일 포괄손익계산서에 표시되는 대손상각비를 계산하면 얼마인가?

> 2XX1년 12월 31일 대손충당금 잔액 ₩6,000이다.
> 2XX2년 03월 12일 외상매출금 ₩6,000이 대손되었다.
> 2XX2년 07월 06일 전기에 대손 처리한 외상매출금 중 ₩2,000을 현금으로 회수하다.
> 2XX2년 12월 31일 외상매출금 잔액 ₩200,000 중 2% 대손충당금을 설정하다.

① ₩2,000   ② ₩4,000   ③ ₩6,000   ④ ₩8,000

10. (주)영진의 다음 자료에 의하여 2XX2년 12월 31일 대손충당금 잔액을 계산하면 얼마인가?

> 2XX1년 12월 31일 대손충당금 잔액 ₩2,700
> 2XX2년 06월 09일 거래처 남원상사의 외상매출금 ₩900을 대손처리하다.
> 2XX2년 07월 20일 거래처 울산상사의 외상매출금 ₩700을 대손처리하다.
> 2XX2년 09월 06일 거래처 남원상사의 대손 처리한 외상매출금 중 ₩50을 현금으로 회수하였다.
> 2XX2년 12월 31일 외상매출금 잔액 ₩80,000 중 대손추산액은 2%이다.

① ₩0   ② ₩500   ③ ₩1,600   ④ ₩3,200

11. 다음은 대손충당금과 관련된 거래다. 2XX2년 중에 아래에 제시된 거래 이외에 대손충당금과 관련된 다른 거래는 없었으며, 이 회사의 결산일은 12월 31일이다. 2XX2년 12월 31일 기존 거래가 적절하게 회계 처리되었다고 가정할 때, 2XX2년 12월 31일 해야 할 결산 정리 분개로 맞는 것은?

> 2XX1년 12월 31일 외상매출금 잔액 ₩800,000, 대손추산액 외상매출금의 2%,
> 　　　　　　　　　　대손충당금 잔액 ₩ 6,000
> 2XX2년 05월 16일 외상매출금 중 ₩4,000이 회수 불가능한 것으로 판명되었다.
> 2XX2년 08월 14일 외상매출금 중 ₩2,000이 회수 불가능한 것으로 판명되었다.
> 2XX2년 12월 31일 외상매출금 잔액 ₩700,000, 대손추산액 외상매출금의 1%

① (차) 대손상각비 7,000 (대) 대 손 충 당 금 7,000
② (차) 대손상각비 1,000 (대) 대 손 충 당 금 1,000
③ (차) 대손충당금 9,000 (대) 대손충당금환입 9,000
④ (차) 대손충당금 3,000 (대) 대손충당금환입 3,000

12. 다음 거래를 이용하여 매출채권 회수액을 계산하면 얼마인가?

> 매출채권 기초잔액 ₩250,000, 당기 외상매출액 ₩5,800,000
> 매출채권 기말잔액 ₩350,000, 외상매출액 중 환입액 ₩30,000

① ₩5,870,000　　　② ₩5,900,000　　　③ ₩5,670,000　　　④ ₩5,700,000

13. 다음 자료에 의하여 당기 외상매입금 지급액을 계산하면 얼마인가?

> 기초잔액 ₩150,000, 당기 외상매입액 ₩550,000, 외상매입액 중 환출액 ₩20,000,
> 외상매입액 중 에누리액 ₩15,000, 기말잔액 ₩80,000

① ₩515,000　　　② ₩480,000　　　③ ₩640,000　　　④ ₩585,000

14. 다음 자료에 의하여 당기 외상매입액은 얼마인가?

> 매입채무 기초잔액 ₩70,000, 당기 외상매입액 중 환출액 ₩30,000, 매입채무 기말잔액 ₩60,000,
> 당기 외상매입액 중 에누리액 ₩20,000, 당기 외상매입금 지급액 ₩500,000

① ₩520,000　　　② ₩530,000　　　③ ₩540,000　　　④ ₩550,000

15. 다음 중 어음상 채권·채무의 증감변화를 수반하지 않는 것은?
① 환어음 발행　　　② 약속어음 수취　　　③ 약속어음 발행　　　④ 환어음의 수취

16. (주)현대에서 받은 약속어음 ₩2,000,000을 거래 은행인 서울은행에 추심의뢰하고 추심수수료 ₩15,000을 현금으로 지급하였다. 차변에 분개하여야 할 계정과목은?
① 현금　　　② 받을어음　　　③ 지급어음　　　④ 수수료비용

17. 다음 설명 중 틀린 것은?
① 약속어음을 매각거래로 보고, 배서양도하면 받을어음계정의 대변에 기입한다.
② 약속어음이 부도되면 부도제비용을 포함한 금액으로 부도어음계정의 차변에 기입한다.
③ 환어음을 발행하면 어음거래가 수반하지 않지만, 환어음 발행인은 지급어음계정의 대변에 기입한다.
④ 약속어음을 할인 시 할인료는 매각거래로 보는 경우에는 매출채권처분손실계정의 차변에 기입한다.

18. 매출처 삼성에서 받은 약속어음 ₩5,000,000을 거래처의 자금 사정으로 부도 처리하였을 때 대변에 분개해야 할 계정과목으로 맞는 것은?

① 부도어음   ② 받을어음

③ 지급어음   ④ 당좌예금

19. 매출처 (주)일산으로부터 받아 두었던 약속어음 ₩3,000,000이 부도 처리되었을 때 거래의 결합관계를 바르게 나타낸 것은?

① (차) 비용의 발생 (대) 부채의 증가

② (차) 자산의 증가 (대) 부채의 증가

③ (차) 비용의 발생 (대) 자산의 감소

④ (차) 자산의 증가 (대) 자산의 감소

20. 다음은 서울상점의 어음거래에 대한 분개를 표시한 것이다. 거래를 추정한 것으로 맞는 것은?

> (차) 받을어음 70,000   (대) 매출 100,000
>   지급어음 30,000

① 상품 ₩100,000을 매출하고, 대금 중 ₩70,000은 부산상점 발행 약속어음을 받고, ₩30,000은 서울상점 자기발행 약속어음을 받다.

② 상품 ₩100,000을 매출하고, 대금 중 ₩70,000은 부산상점 발행 약속어음을 받고, ₩30,000을 대전상회 발행 약속어음을 받다.

③ 상품 ₩100,000을 매출하고, 대금 중 ₩70,000은 부산상점 발행 약속어음을 받고, 나머지는 외상으로 하다.

④ 상품 ₩100,000을 매출하고, 대금 중 ₩70,000은 자기발행 약속어음을 받고, 나머지는 부산상점 발행어음을 받다.

21. 상품 대금으로 받은 약속어음 ₩300,000이 부도 처리되어 배서인에게 상환을 청구하고, 지급거절증서 작성비용 ₩15,000을 현금으로 지급하다. 맞는 분개는?

① (차) 받 을 어 음   315,000   (대) 받 을 어 음   300,000
                                     현   금   15,000

② (차) 부 도 어 음   315,000   (대) 받 을 어 음   300,000
                                     현   금   15,000

③ (차) 부 도 어 음   300,000   (대) 부 도 어 음   300,000
　　 수수료비용   15,000   　 현 　 금   15,000
④ (차) 받 을 어 음   300,000   (대) 부 도 어 음   300,000
　　 수수료비용   15,000   　 현 　 금   15,000

22. "당점이 소지하고 있던 약속어음 ₩5,000,000을 거래 은행에 추심 의뢰하고, 수수료 ₩50,000을 현금으로 지급하다"의 분개로 올바른 것은?

① (차) 당 좌 예 금 5,000,000   (대) 받 을 어 음 5,000,000
　　 수수료비용   50,000   　 현 　 금   50,000
② (차) 당 좌 예 금 5,000,000   (대) 지 급 어 음 5,000,000
　　 수수료비용   50,000   　 현 　 금   50,000
③ (차) 매 입 채 무 5,000,000   (대) 받 을 어 음 5,000,000
④ (차) 수수료비용   50,000   (대) 현 　 금   50,000

23. 매출처 인천상회에서 받은 경기상회 발행의 약속어음 ₩2,500,000을 거래 은행인 제일은행에 추심 의뢰하고, 추심수수료 ₩25,000을 현금으로 지급하였고, 금일 추심되어 당좌예금에 입금되었다는 통지를 받다. 맞는 분개는?

① (차) 받 을 어 음 2,500,000   (대) 외상매출금 2,500,000
② (차) 수수료비용 2,500,000   (대) 현 　 금   2,500,000
③ (차) 당 좌 예 금 2,500,000   (대) 받 을 어 음 2,500,000
④ (차) 당 좌 예 금 2,500,000   (대) 외상매출금 2,500,000

24. 동해상점의 외상매입금 ₩450,000을 지급하기 위하여 매출처 남해상점앞 환어음을 발행하여 인수받은 후 교부하다. 맞는 분개는?

① (차) 외상매입금   450,000   (대) 지 급 어 음   450,000
② (차) 외상매입금   450,000   (대) 외상매출금   450,000
③ (차) 외상매입금   450,000   (대) 받 을 어 음   450,000
④ (차) 외상매입금   450,000   (대) 단기차입금   450,000

25. 부산상점에서 상품 ₩2,500,000을 매입하고, 대금은 소유하고 있던 대한상점 발행 약속어음 ₩2,000,000을 배서양도하고 잔액은 외상으로 하다. 맞는 분개는? (배서양도시 매각처리로 처리한다.)

① (차) 매입　2,500,000　　(대) 외상매입금　　500,000
　　　　　　　　　　　　　　　　　받 을 어 음　2,000,000

② (차) 매입　2,500,000　　(대) 외상매입금　　500,000
　　　　　　　　　　　　　　　　　지 급 어 음　2,000,000

③ (차) 매입　2,500,000　　(대) 단기차입금　　500,000
　　　　　　　　　　　　　　　　　외상매입금　2,000,000

④ (차) 매입　2,500,000　　(대) 외상매입금　　500,000
　　　　　　　　　　　　　　　　　단기차입금　2,000,000

26. 소유하고 있는 대박상점 발행의 약속어음 ₩500,000이 금일 만기가 되었으나 대박상점의 연기 요청이 있어 이를 승낙하고, 이자 ₩15,000을 가산한 새로운 어음으로 개시하여 받다. 올바른 분개는?

① (차) 받을어음　500,000　　(대) 받을어음　500,000
　　　　현 　금　 15,000　　　　　이자수익　 15,000

② (차) 받을어음　515,000　　(대) 받을어음　500,000
　　　　　　　　　　　　　　　　　이자수익　 15,000

③ (차) 지급어음　500,000　　(대) 지급어음　500,000
　　　　이자비용　 15,000　　　　　현 　금　 15,000

④ (차) 지급어음　500,000　　(대) 지급어음　515,000
　　　　이자비용　 15,000

27. 지난달에 외상매출대금으로 받아 소유하고 있던 약속어음 ₩150,000을 거래 은행인 대한은행에서 할인하고, 할인료 ₩10,000을 제외한 금액을 당좌예금하였다. 이 약속어음의 할인을 매각거래로 볼 때 적절한 분개는?

① (차) 당 좌 예 금　140,000　　(대) 받 을 어 음　150,000
　　　　매출채권처분손실　 10,000

② (차) 당 좌 예 금　140,000　　(대) 단기차입금　150,000
　　　　매출채권처분손실　 10,000

③ (차) 당좌예금 140,000   (대) 받을어음   150,000
　　 이자비용   10,000

④ (차) 당좌예금 140,000   (대) 단기차입금 150,000
　　 이자비용   10,000

28. 갑상점은 을상점에 대한 외상매출금 ₩3,000,000을 대한은행에 양도하고 할인료 ₩150,000을 차감한 잔액을 현금으로 받았다. 동 양도계약은 상환청구가 불가능한 실질적 양도라고 가정할 때, 다음 중 이 거래에 대한 올바른 분개는 어느 것인가?

① (차) 현　　　　　금 2,850,000 (대) 외상매출금 2,850,000

② (차) 현　　　　　금 3,000,000 (대) 외상매출금 3,000,000

③ (차) 현　　　　　금 2,850,000 (대) 차　입　금 3,000,000
　　 이　자　비　용　 150,000

④ (차) 현　　　　　금 2,850,000 (대) 외상매출금 3,000,000
　　 매출채권처분손실　 150,000

29. 상품 ₩200,000을 매출하고, 받은 신용카드 매출전표를 은행에 제출하였더니 수수료 ₩6,000을 차감한 잔액이 결제계좌인 저축예금에 입금되었다. 맞는 분개는?

① (차) 저 축 예 금 200,000   (대) 외상매출금 200,000

② (차) 저 축 예 금 200,000   (대) 미　수　금 200,000

③ (차) 저 축 예 금 194,000   (대) 외상매출금 200,000
　　 수수료비용　 6,000

④ (차) 저 축 예 금 194,000   (대) 미　수　금 200,000
　　 수수료비용　 6,000

30. 제주상사는 과일과 채소를 판매하는 기업이다. 다음 중 제주상사가 작성하는 재무상태표의 매출채권계정에 영향을 주지 않는 거래는?

① 사과 10상자를 판매하고, 대금은 10일 후에 받기로 하다.

② 운반용 자동차를 처분하고, 대금은 약속어음을 받다.

③ 오이 5상자를 판매하고, 대금은 약속어음을 받다.

④ 포도를 판매하고, 대금은 받은 약속어음이 만기가 되어 입금되다.

31. 다음은 (주)나라의 회계자료이다. (주)나라는 상품의 매출원가에 40%의 이익을 가산하여 외상으로 판매한 후 신용 기간이 경과한 후 현금으로 회수하고 있다. 아래 자료를 토대로 외상매출금 기말잔액을 산출하면 얼마인가?

> 기초상품재고액 ₩500,000, 당기 상품매입액 ₩1,700,000, 기말상품재고액 ₩200,000,
> 기초외상매출금 잔액 ₩600,000, 외상매출금 현금회수액 ₩800,000

① ₩2,300,000
② ₩2,800,000
③ ₩2,600,000
④ ₩2,000,000

32. 서울회사의 2XX1년 회계연도의 영업 활동에 관한 정보는 다음과 같으며, 상품 매매는 모두 현금 또는 외상거래로 이루어진다. 서울회사의 2XX1년 12월 31일 외상매출금 잔액은 얼마인가?

> 01월 01일 매출채권 잔액 ₩8,000, 매출채권 회수액 ₩28,000,
> 현금 매출액 ₩3,000, 상품잔액 ₩12,000,
> 12월 31일 상품 잔액 ₩11,000, 당기 상품매입액 ₩20,000, 매출총이익 ₩9,000

① ₩7,000
② ₩12,000
③ ₩17,000
④ ₩13,000

33. 다음은 총계정원장의 자료이다. 기업회계기준에 의해 계산한 외상매출금 회수액은 얼마인가?

> 외상매출금(01/01) ₩30,000, 외상매출금(12/31) ₩32,000, 당기 실제 대손액 ₩13,000,
> 당기 중 매출(전액 외상매출) ₩250,000, 당기 중 매출 할인 ₩4,000, 당기 중 매출 환입 ₩2,000

① ₩229,000
② ₩233,000
③ ₩230,000
④ ₩242,000

34. 보유하고 있는 약속어음을 배서양도할 때 올바른 회계 처리는?
① 받을어음계정의 대변에 기입한다.
② 받을어음계정의 차변에 기입한다.
③ 지급어음계정의 차변에 기입한다.
④ 배서어음계정의 차변에 기입한다.

35. 부도어음은 어느 계정으로 회계 처리하여야 하는가?

① 자산계정   ② 평가계정

③ 부채계정   ④ 비용계정

36. 삼성컨설팅은 03월 01일 투자지분용역을 제공하고 고객으로부터 액면 ₩100,000인 무이자로 어음(08월 31일 만기)을 수령하였다. 그리고 단기신용은행으로부터 04월 30일 연 15%로 할인조건으로 어음을 할인하였다. 이 때 삼성컨설팅이 수령할 현금과 부담할 할인료는 각각 얼마인가?

① ₩96,000, ₩5,000   ② ₩92,000, ₩7,500

③ ₩100,000, ₩5,000   ④ ₩95,000, ₩7,500

37. 당기에 외상매출금 ₩80,000이 회수 불가능한 경우 적절한 분개는? (대손충당금 잔액 ₩100,000)

① (차) 대손충당금 80,000 (대) 외상매출금 80,000

② (차) 대손상각비 80,000 (대) 외상매출금 80,000

③ (차) 대손상각비 80,000 (대) 대손충당금 80,000

④ (차) 대손충당금 80,000 (대) 현   금 80,000

 정답

1. ④   2. ④   3. ①   4. ①   5. ④   6. ③   7. ②   8. ①   9. ①   10. ③   11. ④   12. ③   13. ④   14. ③
15. ①   16. ④   17. ③   18. ②   19. ④   20. ①   21. ②   22. ④   23. ③   24. ③   25. ①   26. ②   27. ①
28. ④   29. ③   30. ②   31. ③   32. ①   33. ①   34. ①   35. ①   36. ①   37. ①

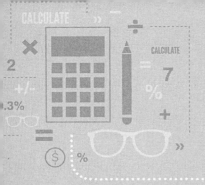

기타 채권·채무

기타 채권·채무의 종류

매출채권 이외의 여러 원인으로 발생하는 채권·채무는 그 원인별로 계정을 설정하여 기입한다.

계정과목	내 용
단기대여금 단기차입금	결산일로부터 1년 이내의 기간으로 차용증서 또는 어음에 의한 자금의 대여나 차입 당좌차월 등 채권, 채무 거래를 기입
장기대여금 장기차입금	결산일로부터 1년 이상의 기간으로 차용증서 또는 어음에 의한 자금의 대여나 차입한 경우의 채권 채무 거래를 기입
미수금 미지급금	상품 이외의 비품, 건물, 단기매매증권 등 본래의 상거래 이외의 거래에서 발생한 채권 채무 거래를 기입
선급금 선수금	상품매매를 확실히 하기 위해 계약금(착수금)으로 상품 대금의 일부를 미리 지급 또는 수취한 경우의 채권 채무를 기입
가지급금 가수금	출장 여비 등 현금의 수입 또는 지출은 있으나 계정과목이나 금액이 미확정인 지급과 수취를 임시로 기입
주·임·종단기채권	주주·임원·종업원에게 자금을 대여한 경우의 채권을 주주·임원·종업원으로 구분하여 기입
예수금	종업원의 소득세, 조합비, 보험료, 신원 보증금 등을 기업이 일시적으로 대신 보관하고 있을 경우의 채무를 기입
상품권선수금	상품과 교환조건으로 대금을 미리 받고 발행하는 증서인 상품권을 발행한 경우의 채무를 기입
사채	주식회사가 거액의 장기 자금을 조달하기 위하여 이사회의 결의에 따라 사채권을 발행하고 자금을 차입함에 따라 발생하는 장기부채를 기입
미결산	보험사고, 소송 등의 사건 등의 미해결 거래를 처리할 계정과목과 금액이 확정될 때까지 일시적으로 처리하는 계정

채권은 그 종류별로 설정된 각 계정의 차변에 발생액을 대변에는 채권의 회수나 다른 사람에게 양도한 금액을 기입한다. 따라서 잔액은 차변에 발생하여 채권의 미회수액을 나타낸다. 채무는 그 종류별로 설정된 각 계정의 대변에 발생액을 차변에는 채무의 상환액을 기입한다. 따라서 잔액은 대변에 발생하여 채무의 미상환액을 나타낸다.

기타 채권계정

기초잔액(전기 이월액)	채권의 회수·양도액
채권 발생액	기말잔액(차기 이월액)

기타 채무계정

채무의 상환액	기초잔액(전기 이월액)
기말잔액(차기 이월액)	채무 발생액

① 차용증서를 받고 현금을 2년간 대여한 경우

차변	장기대여금 XXX	대변	현금 XXX

② 차용증서를 받고 현금을 1년 이내로 대여한 경우

차변	단기대여금 XXX	대변	현금 XXX

③ 위 대여금을 이자와 함께 현금으로 회수한 경우

차변	현금 XXX	대변	단기대여금 XXX 이 자 수 익 XXX

④ 차용증서를 발행에 주고 2년간 현금을 차입한 경우

차변	현금 XXX	대변	장기차입금 XXX

⑤ 차용증서를 발행해 주고 1년 이내로 현금을 차입한 경우

차변	현금 XXX	대변	단기차입금 XXX

⑥ 상품을 매입하기로 하고 계약금을 지급한 경우

차변	선급금 XXX	대변	현금 XXX

⑦ 주문한 상품이 도착하여 인수하고 계약금을 차감한 잔액은 외상으로 한 경우

차변	매입 XXX	대변	선 급 금 XXX 외상매입금 XXX

⑧ 상품을 매출하기로 하고 계약금을 받은 경우

차변	현금 XXX	대변	선수금 XXX

⑨ 상품을 발송하고 계약금을 차감한 잔액은 외상으로 한 경우

차변	선 수 금 XXX 외상매출금 XXX	대변	매출 XXX

⑩ 상품 이외의 자산을 처분하고 대금은 외상·어음을 받은 경우

차변	미수금 XXX	대변	건물 XXX

⑪ 위 외상대금을 현금으로 받은 경우

차변	현금 XXX	대변	미수금 XXX

⑫ 상품 이외의 자산을 구입하고 대금은 외상·어음을 지급한 경우

차변	비품 XXX	대변	미지급금 XXX

⑬ 위 비품 구입대금을 현금으로 지급한 경우

차변	미지급금 XXX	대변	현금 XXX

⑭ 종업원 급여에서 차감하기로 하고 현금을 대여해 준 경우

차변	주·임·종단기채권 XXX	대변	현금 XXX

⑮ 위 대여금과 소득세 차감하고 급여를 현금으로 지급한 경우

차변	급여 XXX	대변	주·임·종단기채권 XXX 예　수　금 XXX 현　　　금 XXX

⑯ 종업원의 급여에서 맡아두었던 소득세를 관할 세무서에 현금으로 납부한 경우

차변	예수금 XXX	대변	현금 XXX

⑰ 출장 가는 사원에게 금액이 확정되지 않은 현금을 지급한 경우

차변	가지급금 XXX	대변	현금 XXX

⑱ 출장 간 사원이 귀사하여 여비를 차감한 잔액은 현금으로 반환한 경우

차변	여비교통비 XXX 현　　금 XXX	대변	가지급금 XXX

⑲ 출장 간 사원에게 원인을 알지 못하는 현금을 받은 경우

차변	현금 XXX	대변	가수금 XXX

⑳ 위 가수금의 내용이 일부는 외상대금의 회수분이고 나머지는 상품주문대금의 계약금으로 판명된 경우

차변	가수금 XXX	대변	외상매출금 XXX 선　수　금 XXX

상품 대금을 먼저 받고 상품권을 발행하면 장차 상품과 교환해 줄 의무가 생기므로 상품권선수금이라는 부채계정 대변에 분개하고 상품권과 교환하여 상품을 인도하면 차변에 분개한다.

① 상품권을 발행하여 판매하고 현금 받은 경우

차변	현금 XXX	대변	상품권선수금 XXX

② 상품을 매출하고 대금은 상품권으로 받은 경우

차변	상품권선수금 XXX	대변	매출 XXX

거래는 발생하였으나 그 결과가 확정되지 않았을 경우 일시적으로 처리하는 가계정으로 내용이 확정되면 해당 계정과목으로 대체한다. 예를 들면 보험금의 청구나 소송 제기 중인 사건, 또는 손해배상 교섭 등은 미결산으로 처리한다.

① 화재로 인하여 건물과 상품이 소실되어 보험금을 청구한 경우

차변	감가상각누계액 XXX 미　결　산 XXX	대변	건물 XXX

② 미결산 금액보다 적은 금액으로 보험금이 확정된 경우(미결산 > 확정금액)

차변	미 수 금 XXX 재해손실 XXX	대변	미결산 XXX

③ 미결산 금액보다 많은 금액으로 보험금이 확정된 경우(미결산 < 확정금액)

차변	미수금 XXX	대변	미 결 산 XXX 보험차익 XXX

④ 사원이 외상매출금을 회수하여 행방불명되어 청구 중인 경우

차변	미결산 XXX	대변	외상매출금 XXX

⑤ 단기대여금을 회수하기 위하여 소송을 제기한 경우

차변	미결산 XXX	대변	단기대여금 XXX

부채성충당금

(1) 부채성충당금

당기의 수익에 대응하는 비용으로서 상태에 지출될 것이 확실하고 당기의 수익에서 차감되는 것이 합리적인 것에 대하여는 그 금액을 추신하여 부채성충당금으로 계상하여야 한다.

(2) 부채성충당금의 종류

부채성충당금은 퇴직급여충당금, 판매보증충당금, 공사보증충당금 등이 있으며 이 중 연차적으로 분할하여 사용하거나 그 전부 또는 일부의 사용 시기를 합리적으로 예측할 수 없는 경우에는 비유동부채에 속하는 것으로 기재할 수 있다.

충당금의 분류

① 평가성충당금: 대손충당금, 감가상각누계액

② 부채성충당금: 퇴직급여충당금, 판매보증충당금, 공사보증충당금

---

(3) 퇴직급여충당부채

회사는 근로기준법 등의 규정에 의하여 임직원의 퇴직 시 퇴직금을 지급하여야 하는데, 퇴직급여충당금은 회계연도 말 현재 임·직원 전체가 일시에 퇴직할 경우 지급하여야 할 퇴직금에 상당하는 금액으로 한다. 결산 시 당기의 퇴직급여충당부채를 설정하면 퇴직급여계정 차변에 퇴직급여충당부채계정 대변에 기입하여 종업원이 퇴직하여 퇴직금을 지급하면 퇴직급여충당금계정 차변에 기입한다.

① 결산일에 퇴직급여충당부채를 설정한 경우

차변	퇴직급여 XXX	대변	퇴직급여충당부채 XXX

② 사원이 퇴직하게 되어 퇴직금을 현금으로 지급한 경우

차변	퇴직급여충당부채 XXX	대변	현금 XXX

(4) 확정급여형과 확정기여형

1) 확정급여형(DB형)

① 결산일에 퇴직급여 설정한 경우

차변	퇴직연금운용자산 XXX	대변	현금 XXX

② 사원이 퇴직하게 되어 퇴직금을 현금으로 지급한 경우

차변	퇴직급여 XXX	대변	퇴직연금운용자산 XXX 현　　　　　금 XXX

2) 확정기여형(DC형)

① 결산일에 퇴직급여 설정한 경우

차변	퇴직급여 XXX	대변	현금 XXX

금전 거래와 관련한 어음의 발행과 수취 시

　자금을 대여하거나 차입하고 그 증서로 차용증서 대신 약속어음을 주고받은 경우에는 단기대여금 또는 단기차입금계정에 기입한다. 이때에도 그 기간이 1년 이상이면 장기대여금 또는 장기차입금계정에 기입한다.

(1) 자금의 대여 또는 차입에 따른 이자 발생액

거래의 종류	기입할 계정
단기대여금 또는 장기대여금	이자수익계정
단기차입금 또는 장기차입금	이자비용계정

(2) 사채의 구입 및 발행

내 용	기입할 계정	성격
다른 기업이 발행한 사채를 취득한 경우	단기매매증권 만기보유증권 매도가능증권	유동자산 비유동자산 비유동자산
주식회사가 이사회의 의결에 따라 장기 차입 자금 조달을 목적으로 발행 시	사채	비유동부채

1. 다음 채권 채무에 대한 거래를 분개하시오.
   (1) 차용증서를 받고, 한강상점에 현금 ₩200,000을 6개월간 대여하다.
   (2) 남한강상점에 상품 ₩500,000을 주문하고, 계약금 ₩50,000을 현금으로 지급하다.
   (3) 남한강상점에 주문한 상품 ₩500,000이 도착하여 인수하고, 계약금 ₩50,000을 차감한 잔액은 외상으로 하다.
   (4) 서울상점에서 주문받은 상품 ₩500,000을 발송하고, 계약금 ₩50,000을 차감한 잔액은 외상으로 하다.
   (5) 영업용 건물을 ₩6,000,000에 구입하고, 대금은 월말에 지급하기로 하다.
   (6) 종업원 급여 ₩900,000 중 가불금 ₩100,000, 소득세 ₩20,000, 건강보험료 ₩10,000을 차감한 잔액을 현금으로 지급하다.
   (7) 사원 이수근에게 출장 여비를 대략 계산하여 ₩100,000을 현금으로 지급하다.
   (8) 사월 이수근이 귀사하여 여비 잔액 ₩10,000을 반환하다.
   (9) 출장 중인 사원 이수근이 ₩400,000을 보통예금 통장에 온라인으로 송금해 오다.
   (10) 출장 갔던 사원 이수근이 귀사하여 앞서 보내온 송금수표 ₩400,000 중 ₩300,000은 매출처 주안상점의 외상매출금 회수분이고, 잔액은 상품 주문 대금으로 판명하다.

	차변과목	금액	대변과목	금액
(1)				
(2)				
(3)				
(4)				
(5)				
(6)				
(7)				
(8)				
(9)				
(10)				

2. 다음 상품권에 관한 분개를 하시오.
   (1) 서울백화점은 ₩100,000권 상품권 5매를 판매하고, 대금은 현금으로 받다.
   (2) 서울백화점은 상품 ₩600,000을 매출하고, 상품권 ₩100,000권 5매를 받고, 잔액은 현금으로 받다.

	차변과목	금액	대변과목	금액
(1)				
(2)				

3. 다음 미결산에 관한 분개를 하시오.

(1) 화재로 건물 ₩5,000,000(감가상각누계액 ₩1,000,000)이 소실되어 보험회사에 보험금 지급의 청구를 하다.

(2) 위의 보험금 청구액에 대해 ₩3,500,000을 지급한다고 통지가 오다.

(3) 위의 보험금 청구액에 대해 ₩4,500,000을 지급한다고 통지가 오다.

(4) 화재로 차량운반구 ₩6,000,000(감가상각누계액 ₩600,000)이 소실되어 보험회사에 보험금 지급의 청구하였던 바 오늘 ₩5,500,000을 지급하겠다는 통지를 받다.

	차변과목	금액	대변과목	금액
(1)				
(2)				
(3)				
(4)				

4. 다음 퇴직급여충당금에 관한 분개를 하시오.

(1) 기말 결산 시 퇴직급여충당금 ₩2,000,000을 설정하다.

(2) 기말 결산 시 퇴직급여충당금을 설정하다. (단 결산일 현재 임·직원 전체가 퇴직한다면, 지급해야 할 퇴직금은 ₩4,000,000이며, 퇴직급여충당금 잔액은 ₩3,000,000이다.)

(3) 사원 김철수가 퇴직하여 퇴직금 ₩2,000,000을 현금으로 지급하다. 단 퇴직급여충당금 ₩5,000,000이 설정되어 있다.

	차변과목	금액	대변과목	금액
(1)				
(2)				
(3)				

	차변과목	금액	대변과목	금액
(1)	단기대여금	300,000	현금	300,000
(2)	선급금	50,000	현금	50,000
(3)	매입	500,000	선급금 외상매입금	50,000 450,000
(4)	선수금 외상매출금	50,000 450,000	매출	500,000
(5)	건물	6,000,000	미지급금	6,000,000
(6)	급여	900,000	단기대여금 소득세예수금 건강보험료예수금 현금	100,000 20,000 10,000 770,000
(7)	가지급금	100,000	현금	100,000
(8)	여비교통비 현금	90,000 10,000	가지급금	100,000
(9)	보통예금	400,000	가수금	400,000
(10)	가수금	400,000	외상매출금 선수금	300,000 100,000

	차변과목	금액	대변과목	금액
(1)	현금	500,000	상품권 선수금	500,000
(2)	상품권 선수금 현금	500,000 100,000	매출	600,000

	차변과목	금액	대변과목	금액
(1)	감가상각누계액 미결산	1,000,000 4,000,000	건물	5,000,000
(2)	미수금 재해손실	3,500,000 500,000	미결산	4,000,000
(3)	미수금	4,500,000	미결산 보험차익	4,000,000 500,000
(4)	미수금	5,500,000	미결산 보험차익	5,400,000 100,000

	차변과목	금액	대변과목	금액
(1)	퇴직급여	2,000,000	퇴직급여충당금	2,000,000
(2)	퇴직급여	1,000,000	퇴직급여충당금	1,000,000
(3)	퇴직급여충당금	2,000,000	현금	2,000,000

1. 다음 중 잔액이 차변에 발생하는 것은?

① 선수금   ② 가수금

③ 예수금   ④ 미수금

2. "상품 ₩3,000,000을 주문하고, 계약금 ₩1,000,000을 현금으로 지급하다."에서 차변에 기입될 계정과목으로 맞는 것은?

① 선급금계정   ② 선수금계정

③ 가수금계정   ④ 예수금계정

3. 다음 설명 중 틀린 것은?

① 상품을 주문받고, 계약금의 일부를 미리 받으면 선수금계정 대변에 기입한다.

② 건물을 구입하고, 대금을 1개월 후 지급의 약속어음으로 발행해 주었다면 미지급금계정 대변에 기장한다.

③ 사원에게 부산 출장을 명하고, 출장여비 ₩800,000을 지급한 경우에는 여비교통비계정의 차변에 기입한다.

④ 거래 은행에서 10개월 후에 갚기로 하고, 현금을 빌려 오면 단기차입금계정의 대변에 기입한다.

4. 서울상점에 주문한 상품 ₩80,000이 도착하여 인수하고, 계약금으로 지급한 ₩15,000을 제외한 잔액은 외상으로 하였다. 인수운임 ₩5,000은 현금으로 지급했다. 맞는 분개는?

① (차) 매 입   85,000   (대) 선 수 금   15,000

　　　　　　　　　　　　　　　　외상매입금   65,000

　　　　　　　　　　　　　　　　현　　금   5,000

② (차) 매 입   80,000   (대) 선 수 금   15,000

　　　운반비   5,000   외상매입금   65,000

　　　　　　　　　　　　　　　　현　　금   5,000

③ (차) 매 입   85,000   (대) 선 급 금   15,000

　　　　　　　　　　　　　　　　외상매입금   70,000

④ (차) 매 입   85,000   (대) 선 급 금   15,000

　　　　　　　　　　　　　　　　외상매입금   65,000

　　　　　　　　　　　　　　　　현　　금   5,000

5. 사원 김종국으로부터 송금수표 ₩500,000이 출장 중에 본사로 송금되었다. 맞는 분개는?

① (차) 당좌예금 500,000 (대) 여비교통비 500,000

② (차) 현　　금 500,000 (대) 가　수　금 500,000

③ (차) 가지급금 500,000 (대) 당좌 예금 500,000

④ (차) 가지급금 500,000 (대) 현　　금 500,000

6. 가구 판매회사가 판매용 가구를 구입하고 대금은 1개월 후에 지급하기로한 거래의 분개에서 대변 계정과목으로 옳은 것은?

① 미지급금　　　② 미수금　　　③ 외상매입금　　　④ 선수금

7. 다음 중 종업원의 급여에서 공제액 두었던 소득세 ₩35,000과 건강보험료 ₩12,000을 해당 기관에 현금으로 납부한 경우의 분개로 맞는 것은?

① (차) 현　　　　　금　47,000　(대) 소 득 세 예 수 금　35,000
　　　　　　　　　　　　　　　　　　　건강보험료예수금　12,000

② (차) 가　　수　　금　47,000　(대) 현　　　　　금　47,000

③ (차) 선　　수　　금　47,000　(대) 현　　　　　금　47,000

④ (차) 소 득 세 예 수 금　35,000　(대) 현　　　　　금　47,000
　　건강보험료예수금　12,000

8. 다음의 연결이 잘못된 것은?

① 사원의 출장비 지급 시 - 여비교통비계정의 차변

② 상품 대금을 미리 받으면 - 선수금계정의 대변

③ 급여 지급 시 소득세 공제 시 - 소득세예수금계정의 대변

④ 단기매매증권 처분 시 외상대금 - 미수금계정의 차변

9. 다음 설명 중 틀린 것은?

① 상품을 주문받고, 계약금의 일부를 미리 받으면 선수금계정 대변에 기입한다.

② 종업원의 급여 지급 시 소득세를 공제하면 세금과공과계정의 대변에 기입한다.

③ 출장 중인 사원으로부터 원인 불명의 현금이 송금되어 오면 가수금계정의 대변에 기입한다.

④ 상품권을 발행하면 상품권선수금계정의 대변에 기입하며, 상품을 매출하고 상품권을 받으면 상품권선수금계정의 차변에 기입한다.

10. (주)미래가 (주)성호의 주문에 의해 상품을 인도하기 전에 현금 ₩5,000,000을 받고 상품권을 발행해 주었다. 분개 시 대변에 나타나는 계정과목은?

① 매출   ② 선수금

③ 상품권   ④ 상품권 선수금

11. 사랑상점에 상품 ₩500,000을 매출하고, 대금은 앞서 발행한 상품권 ₩50,000권 10매를 회수하다. 맞는 분개는?

① (차) 상　품　권　500,000   (대) 매　출 500,000

② (차) 현　　　금　500,000   (대) 상품권 500,000

③ (차) 현　　　금　500,000   (대) 매　출 500,000

④ (차) 상품권 선수금　500,000   (대) 매　출 500,000

12. (주)가을은 종업원에 대한 급여 ₩1,500,000을 지급하면서 갑종근로소득세 ₩200,000을 원천징수하고 잔액을 현금으로 지급하였다. 이 거래에 대한 분개가 재무 상태에 미치는 영향 중 옳은 것은?

① 자산 감소, 부채 감소   ② 자산 감소, 부채 증가

③ 자산 증가, 부채 감소   ④ 자산 증가, 부채 증가

13. 다음은 채권과 채무에 대한 설명이다. 잘못된 것은?

① 현금이 실제로 지출되었으나, 회계 처리할 계정과목이나 금액이 확정되지 않은 경우, 계정과목이나 금액이 확정될 때까지 임시로 처리하기 위하여 가지급금계정을 설정한다.

② 상품의 인도가 이루어지기 전에 매매계약을 확실히 하기 위하여 상품 대금 일부를 미리 받은 경우에 발생하는 채무는 선수금계정으로 기록한다.

③ 종업원의 소득세, 조합비, 보험료 등을 기업이 일시적으로 대신 보관하고 있을 때 발생하는 채무는 예수금계정으로 기록한다.

④ 재산의 변동이 있었으나 아직 사건이 해결되지 않아서 계정과목이나 금액이 확정되지 않은 거래를 일시적으로 처리하기 위하여 가수금계정으로 기록한다.

14. 한국항공은 항공권 예매 신청을 받고, 예약금 ₩15,000이 거래 은행으로 입금됐다면 분개시 대변에 기입할 계정과목은?

① 선급금   ② 예수금

③ 선수금   ④ 미수금

15. 화재로 건물이 소실되었다. 처리할 계정과목이나 금액이 확정되지 않았다면 일시적으로 처리하여야 할 계정과목은?

① 가수금계정의 차변   ② 예수금계정의 대변

③ 미결산계정의 차변   ④ 가지급금계정의 차변

16. 다음 중 미결산계정의 설정과 관계가 없는 것은?

① 재해로 인한 보험회사에 보험금 청구 시

② 소송 중의 채권·채무가 재판계류 중일 때

③ 매출처에 대한 외상매출금이 회수 불능되었을 때

④ 사원의 부정으로 인한 보증인에게 손해 배상 청구 시

17. 다음 중 재무상태표에 표시되는 부채계정이 아닌 것은?

① 선수금   ② 미지급금   ③ 퇴직급여충당금   ④ 대손충당금

18. 화재로 인하여 취득원가 ₩3,000,000(감가상각누계액 ₩600,000)의 건물과 당기에 매입한 상품 ₩500,000이 화재로 소실되어, 보험회사에 보험금 ₩2,500,000을 청구하였다. 보험회사에서 심사 후 보험금을 지급하겠다고 연락이 왔다면, 당사에서 회계 처리할 미결산계정은 얼마인가?

① ₩2,500,000   ② ₩2,900,000

③ ₩3,000,000   ④ ₩3,500,000

19. (주)현대화학은 전기 누전으로 인하여 건물 ₩15,000,000의 피해 손실을 보고 보험가입 회사인 (주)삼성화재를 대상으로 보험금 ₩15,000,000을 청구하였던바, ₩10,000,000을 지급하겠다고 통지가 왔다. 이 회사에서 회계 처리할 재해손실은 얼마인가? (단, 건물 감가상각누계액은 ₩1,500,000이다.)

① ₩1,500,000   ② ₩3,500,000

③ ₩5,000,000   ④ ₩10,000,000

20. 영업용 자동차(취득원가 ₩7,000,000, 감가상각누계액 ₩3,000,000)가 화재로 소실되어 보험회사에 ₩5,000,000의 보험금을 청구하였다. 맞는 분개는?

① (차) 미 결 산 4,000,000 (대) 차량운반구 7,000,000
    감가상각누계액 3,000,000

② (차) 미 수 금 5,000,000 (대) 차량운반구 7,000,000
    감가상각누계액 3,000,000   보 험 차 익 1,000,000

③ (차) 재 해 손 실 4,000,000 (대) 차량운반구 7,000,000
    감가상각누계액 3,000,000

④ (차) 미 수 금 5,000,000 (대) 차량운반구 7,000,000
    감가상각누계액 3,000,000   보 험 차 익 1,000,000

21. 화재로 인하여 건물 ₩3,000,000(감가상각누계액 ₩500,000), 비품 ₩700,000(감가상각누계액 ₩70,000)이 소실되어 보험회사에 보험금 청구하였더니 보험금 중 ₩3,000,000을 지급한다고 통지가 오다. 맞는 분개는?

① (차) 건물감가상각누계액 500,000 (대) 건 물 3,000,000
    비품감가상각누계액 70,000   비 품 700,000
    미 결 산 3,130,000

② (차) 미 수 금 3,000,000 (대) 미결산 3,130,000
    재 해 손 실 130,000

③ (차) 재 해 손 실 3,130,000 (대) 미결산 3,130,000

④ (차) 재 해 손 실 3,700,000 (대) 건 물 3,000,000
                   비 품 700,000

22. 다음 중 우발부채에 대하여 가장 잘 설명한 것은?

① 현재는 채무자만 장래에 없어질 채무

② 거래 은행에 할인한 어음이 부도나 확정된 채무

③ 현재는 채무가 아니지만 장래에 채무가 될 수 있는 것

④ 현재는 채무가 아니지만 장래에 채무가 될 수도 있고, 안될 수도 있는 불확실한 채무

23. 종업원이 퇴직하여 퇴직금 ₩300,000을 현금으로 지급하였다. 단, 퇴직급여충당금 ₩400,000 있다. 차변에 분개할 계정과목과 금액으로 맞는 것은?

① 퇴직금 ₩200,000   ② 퇴직급여 ₩200,000

③ 퇴직급여충당금 ₩300,000   ④ 퇴직급여충당금 ₩400,000

24. 기말 결산에 퇴직급여충당금 ₩300,000을 설정 시 맞는 분개는?(단, 퇴직급여충당금 잔액 ₩2,500,000이다.)

① (차) 퇴직급여충당금　　300,000　　(대) 퇴　직　급　여　　300,000

② (차) 퇴직급여충당금　2,200,000　　(대) 퇴　직　급　여　2,200,000

③ (차) 퇴　직　급　여　　300,000　　(대) 퇴직급여충당금　　300,000

④ (차) 퇴　직　급　여　2,500,000　　(대) 퇴직급여충당금　2,500,000

25. 한강상사의 종업원이 퇴직하게 되어 퇴직급여충당금 중에서 ₩2,000,000을 현금으로 지급하였다. 이 거래가 한강상사의 재무 상태에 미치는 영향으로 옳은 것은?

① 자산의 증가와 부채의 증가　　　　② 자산의 증가와 부채의 감소

③ 자산의 감소와 부채의 증가　　　　④ 부채의 감소와 자산의 감소

26. 다음 중 예수금에 대한 설명으로 맞는 것은?

① 예수금은 예수금과 관련된 자산의 차감계정으로서 재무상태표에 표시한다.

② 회사가 제3 자에게 지급해야 할 금액이지만 장기적으로 회사가 다시 환급되는 성격을 가지고 있다.

③ 종업원의 급여에 관련된 근로소득세를 대표적인 예로 들 수 있다.

④ 구매자가 상품을 구입하겠다고 미리 돈을 주는 경우에 처리하는 계정이다.

27. 한국백화점은 상품권의 발행 시 상품권선수금계정을 이용하여 회계 처리하고 있다. 상품 ₩150,000을 판매하고, 자사가 발행한 상품권 ₩100,000과 현금 ₩50,000을 받았다. 적절한 분개는?

① (차) 외 상 매 출 금 100,000　　(대) 매 출 100,000

② (차) 가　　수　　금 100,000　　(대) 매 출 100,000
　　　　현　　　　금　 50,000　　　　　현금　 50,000

③ (차) 가 지 급 금 100,000　　(대) 매 출 100,000

④ (차) 상품권선수금 100,000　　(대) 매 출 150,000
　　　　현　　　　금　 50,000

28. 다음 중 상품권에 대한 회계 처리에 설명으로 옳지 않은 것은?

① 매출수익은 물품 등을 제공하고 상품권을 회수한 때에 인식한다.

② 상품권의 잔액을 환급하는 경우에는 환급하는 때에 선수금과 상계한다.

③ 상품권의 유효기간이 경과하고 상법상 소멸시효가 완성한 경우에는 소멸시효의 완성 시점에서 잔액 전부를 영업외수익으로 인식한다.

④ 상품권 할인 판매한 경우에는 할인액을 차감한 금액을 선수금으로 계상한다.

29. 청산상회는 영업용 트럭(취득원가 ₩100,000, 감가상각누계액 ₩58,000)에 화재가 발생하여 보험회사에 보험금을 청구하였다. 청산상회가 보험사로부터 보험금 ₩45,000을 현금으로 받은 경우 화재와 관련되어 포괄손익계산서에 보고하는 것으로 적절한 것은?

① 보험차익 ₩3,000   ② 재해손실 ₩42,000

③ 재해손실 ₩13,000   ④ 보험차익 ₩55,000

30. 종업원이 퇴직하여 퇴직금 ₩200,000을 현금으로 지급 시 올바른 분개는? (단, 퇴직급여충당금 ₩400,000 있다)

① (차) 퇴 직 급 여 200,000   (대) 퇴 직 급 여 충 당 금 200,000

② (차) 퇴직급여충당금 200,000   (대) 현   금 200,000

③ (차) 퇴 직 급 여 200,000   (대) 현   금 200,000

        퇴직급여충당금 200,000   별 도 적 립 금 200,000

④ (차) 퇴 직 급 여 200,000   (대) 현   금 200,000

        퇴직급여충당금 200,000   퇴직급여충당금환입액 200,000

31. 충당금에는 평가성충당금과 부채성충당금이 있다. 다음 중 부채성충당금을 모두 고르면?

a. 판매보증충당금,	b. 퇴직급여충당금,
c. 대손충당금,	d. 감가상각누계액

① a, b, c, d   ② a, c

③ a, b, c   ④ a, b

32. 다음 (   ) 안에 알맞은 용어는?

> 당기의 수익에 대응하는 비용으로서 장래에 지출될 것이 확실하고 당기의 수익에서
> 차감되는 것이 합리적인 것에 대하여는 그 금액을 추산하여 (a)으로 계상하여야 한다.
> (a) 중 이를 연차적으로 분할하여 사용하거나 그 전부 또는 일부의 사용시기를
> 합리적으로 예측할 수 없는 경우에는 이를 전부 (b)에 속하는 것으로 기여할 수 있다.

① a 부채성충당금, b 유동부채
② a 유동부채,   b 부채성충당금
③ a 부채성충당금, b 비유동부채
④ a 비유동부채,   b 부채성충당금

33. 기업회계기준에 의한 부채성충당금과 설정 요건으로서 가장 거리가 먼 것은?
① 당기의 수익에서 차감되는 것이 합리적이어야 한다.
② 당기에 수익에 대응하는 비용이어야 한다.
③ 당해 지출의 원인이 전기 이전에 발생하여야 한다.
④ 당해 지출금액을 합리적으로 추정할 수 있어야 한다.

34. 다음 중에서 성격이 다른 것은?
① 퇴직급여충당금　　　　　　　② 공사보증충당금
③ 대손충당금　　　　　　　　　④ 판매보증충당금

35. 다음 중 일반적으로 우발상황으로 분류되지 않는 것은?
① 계류 중이거나 발생 가능한 소송　② 타인에 대한 채무보증
③ 제품의 품질보증　　　　　　　④ 자산의 몰수 가능성

36. 다음의 우발상황에 대한 회계 처리 내용 중 옳지 않은 것은?

① 우발이득이 발생할 가능성이 확실하고 동일 이익의 금액을 합리적으로 추정할 수 있는 경우에는 그 내용을 주석으로 기재한다.

② 재무상태표일 현재 순자산이 감소하였음이 확실하고 동일 손실의 금액을 합리적으로 추정할 수 있는 경우에 그 손실을 재무제표에 계상하고 그 내용을 주석으로 기재한다.

③ 재무상태표일 현재 순자산이 감소하였음이 확실하나 동일 손실의 금액을 합리적으로 추정할 수 없는 경우에는 우발상황의 내용, 확정될 경우의 재무적 영향, 추정금액이 곤란한 사유 등을 주석으로 기재한다.

④ 우발이득이 발생할 가능성이 확실한 경우에는 이를 재무제표에 계상하고 그 내용을 주석으로 기재한다.

 정답

1. ④ 2. ① 3. ③ 4. ④ 5. ② 6. ③ 7. ④ 8. ① 9. ② 10. ④ 11. ④ 12. ② 13. ④ 14. ③
15. ③ 16. ③ 17. ④ 18. ② 19. ② 20. ① 21. ② 22. ④ 23. ③ 24. ③ 25. ④ 26. ③
27. ④ 28. ④ 29. ① 30. ② 31. ④ 32. ③ 33. ③ 34. ③ 35. ③ 36. ④

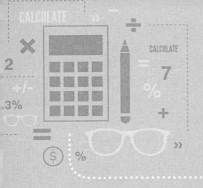

재고자산

재고자산의 성격과 종류

판매를 목적으로 보유하고 있는 상품이나 제품과 생산 중인 판매 목적의 반제품, 재공품, 제품, 원재료 등의 같이 재고로 보유하고 있는 자산을 말한다. 이를 재고자산은 1년 이내에 판매되거나 소비되는 유동자산이다.

재고자산의 소유권 결정

정확한 재무제표를 작성하기 위해서는 재고자산을 평가하여 단위당 가격과 수량을 결정할 필요가 있는데, 일반적으로 재고자산은 매장이나 창고에 보관된 상품의 수량을 파악하며 결정하게 된다.

이때 소유권이 누구에게 귀속되어야 하는가를 잘 판단하여 소유권자의 재고자산에 포함해야 한다.

예컨대 미착상품은 운송 중의 상품이므로 판매자나 매입자 누구에게도 물건이 보관되어 있지 않다. 만일 거래조건이 선적지 인도기준인 경우에는 구매자의 재고자산이 되며 도착지 인도기준인 경우에는 판매자의 재고자산이 된다. 또한 위탁판매는 위탁자가 수탁자에게 상품을 판매해 달라는 부탁을 하는 것이며 수탁자는 상품을 판매해 주고 그 대가로 위탁자로부터 수수료를 받는 행위이다. 그러므로 위탁상품은 위탁자의 재고자산으로 장부에 기록되어야 한다.

구 분		재고자산에 포함	운반비용
선적지 인도기준	구매자	O	매입금액에 포함
	판매자	X	
도착지 인도기준	구매자	X	
	판매자	O	운반비로 비용처리

상품의 뜻과 기장 방법

상품은 판매를 위하여 소유하고 있는 재화나 용역을 말한다. 상품 매매를 회계 처리하는 방법에는 단일상품계정으로 처리하는 방법과 분할상품계정으로 처리하는 방법이 있다.

회계 처리 방법		상품거래를 기입할 계정과목
단일상품계정	순수계정(분기점)	상품계정 상품매출이익계정 상품매출손실계정
	혼합계정(총기법)	상품계정
분할상품계정	3분법	이월상품계정 매입계정 매출계정

순수계정으로 처리하는 방법(분기법)

상품계정을 순수한 자산계정으로 하는 방법이다. 따라서 상품을 매입하면 상품계정 차변에 판매하면 상품계정 대변에 기입한다. 이때 상품 매출 시의 매출이익 또는 손실은 별도로 상품 매출이익 또는 손실계정에 기입하고 결산 시 손익계정에 대체한다.

상품계정

기초잔액(전기 이월액)	판매액(원가)
매입액(매입미용 포함)	기말잔액(차기 이월액)

상품매출이익계정

	발생액(판매단가 - 원가)

상품매출손실계정

발생액(원가 - 판매가격)	

혼합계정으로 처리하는 방법(총액법)

상품 매출 시 원가와 이익을 구분하지 않고 매출가액을 그대로 상품계정 대변에 기입하는 방법이다. 따라서 상품계정은 순수한 자산계정이 아니라 상품매출손익이 함께 기입된 혼합계정이 된다.

(1) 혼합계정에서의 상품매출손익 계산과 마감

① 기말에 상품재고액을 조사하여 상품계정 대변에 기입한다.

② 대변과 차변의 합계액을 비교하여 대변이 많으면 그 차액이 상품매출이익이다.

③ 대변과 차변의 합계액을 비교하여 차변이 많으면 그 차액이 상품매출손실이다.

④ 상품계정에서 계산된 매출손익을 다음과 같이 분개하여 손익계정에 대체한다.

ㄱ) 상품매출이익이 발생한 경우(대변이 많은 경우)

차변	상품 XXX	대변	손익 XXX

ㄴ) 상품매출손실이 발생한 경우(차변이 많은 경우)

차변	손익 XXX	대변	상품 XXX

(2) 등식에 의한 상품매출이익의 계산

① 순매입액 = 총매입액 - 환출액 - 매입 에누리액 - 매입 할인액

② 순매출액 = 총매출액 - 환입액 - 매출 에누리액 - 매출 할인액

③ 판매가능상품액 = 기초재고액 + 순매입액

④ 매출원가 = 판매가능상품액 - 기말재고액

⑤ 매출이익 = 순매출액 - 매출원가(매출원가가 많으면 매출손실)

(3) 혼합상품계정에 의한 상품매출손익의 계산

외상매출금

기기초잔액(전기 이월액)	매출액(매가)
	매입 환출액(원가)
매입액	매입 에누리액(원가)
매입 비용	매입 할인액
매출 환입액(매가)	
매출 에누리액(매가)	
매출 할인액	기말재고액(차기 이월액)

> 차변과 대변을 비교하여 대변이 많으면 상품매출이익 차변이 많으면 상품매출손실이 된다.

3분법에 의한 상품계정의 분할

상품계정을 분할하여 기입하는 방법에는 2분법, 3분법, 5분법 등이 있으나 3분법이 널리 이용된다. 3분법은 상품계정을 이월상품계정, 매입계정, 매출계정으로 분할하여 기입한다.

(1) 이월상품계정: 결산 시에 기초재고액(전기 이월액)을 차변에 기말잔액(차기 이월액)을 대변에 기입하는 자산계정

① 결산 시 기초상품재고액을 매입계정에 대체한 경우

차변	매입 XXX	대변	이월상품 XXX

② 결산 시 기말상품재고액을 매입계정과 이월상품계정에 대체한 경우

차변	이월상품 XXX	대변	매입 XXX

이월상품계정

기초잔액(전기 이월액)	결산 시 매입계정에 대체
결산 시 매입계정에 대체	기말잔액(차기 이월액)

(2) 매입계정: 상품의 매입거래를 기입하여 매출원가가 계산되는 비용계정

① 상품을 외상으로 매입한 경우

차변	매입 XXX	대변	외상매입금 XXX

매입계정

총매입액(매입미용 포함)	매입 에누리액
	매입 환출액
	매입 할인액
	순매입액

(3) 매출계정: 상품의 매출거래를 기입하며 순매출액이 계산되는 수익계정

① 상품을 외상으로 매출한 경우

차변	외상매출금 XXX	대변	매출 XXX

매출계정	
매출 에누리액	
매출 환입액	총매출액
매출 할인액	
순매출액	

3분법에 의한 매출 손익의 계산

(1) 매출원가의 계산

매입계정에서 매출원가를 계산한다.

$$매출원가 = (기초상품재고액 + 순매입액 - 기말상품재고액)$$
$$순매입액 = 총매입액 - (매입 환출액 + 매입 에누리액 + 매입 할인액)$$

① 매입계정의 차변 잔액은 당기순매입액을 나타내므로 이월상품계정의 기초상품재고액(차변 잔액)을 매입계정 차변에 대체하여 판매가능상품액을 구한다.

차변	매입 XXX	대변	이월상품 XXX

② 기말상품재고액을 이월상품계정 차변에 기입하여 차기로 이월하고 매입계정 대변에 기입하여 매출원가를 계산한다.

차변	이월상품 XXX	대변	매입 XXX

이월상품		매입	
기초잔액(전기 이월액)	매입계정에 대체	순매입액	기말잔액(차기 이월액)
매입계정에 대체	기말잔액(차기 이월액) → 기초잔액(전기 이월액)		매출원가

(2) 매출손익의계산

> 매출총이익 = 순매출액 - 매출원가

① 매입계정에서 계산된 매출원가를 손익계정 차변에 대체한다.

차변	손익 XXX	대변	매입 XXX

② 매출계정에서 계산된 순매출액을 손익계정 대변에 대체한다.

차변	매출 XXX	대변	손익 XXX

☞ 포괄손익계정에서 차변의 매출원가가 대변의 순매출액보다 많으면 매출 총손실이 발생한다.

재고자산 구입

재조자산 매입 시 상품 가격 및 구매 부대 비용(운반비 등)을 모두 포함한다.

차변	매입 XXX	대변	외상매입금 XXX 지 급 어 음 XXX

(1) 계속기록법(감모손실수량이 기말재고에 포함: 기말재고와 이익의 과대 : 신중성 위배)

  기초재고수량 + 당기매입수량 - 당기판매수량 = 기말재고수량

(2) 실제재고조사법 (감모손실수량이 매출원가에 포함 : 매출원가의 과대 : 기말재고와 이익의 왜곡)

  기초재고수량 + 당기매입수량 - 기말실제재고수량 = 당기판매수량

(3) 혼합법 (계속기록법과 실제재고조사법을 병행하여 관리하는 방법)

  기초재고수량 + 당기매입수량 - 당기판매수량 = 기말재고수량 + 재고감모손실수량

(1) 선입선출법

가장 먼저 매입한 상품을 먼저 출고한다는 가정하에 재고자산의 가격을 결정하는 방법이다. 이 방법은 먼저 매입한 상품을 우선적으로 판매하기 때문에 기초재고액의 매입액을 판매하는 방법이므로 가장 최근에 매입한 상품이 기말재고자산으로 남게 된다. 선입선출법에 의하여 인플레이션 시 기말재고자산과 당기순이익이 과대로 계상된다.

(2) 후입선출법

가장 나중에 매입한 상품을 먼저 출고한다는 가정 하에 재고자산의 가격을 결정하는 방법이다. 후입선출법에 의하면 인플레이션 시 기말재고자산과 당기순이익이 과소 계상된다.

(3) 이동평균법

매입단가가 서로 다른 경우 상품을 매입할 때마다 이동평균단가를 계산하고 이를 판매

되는 상품의 단가(매출원가)로 적용하는 방법이다. 이동평균법에 의하면 기말재고자산과 당
기순이익이 선입선출법보다는 과소하게 계상되고 후입선출법보다는 과대하게 계상된다.

$$평균단가 = \frac{잔액란의\ 재고액 + 당일\ 매입액}{잔액란의\ 재고수량 + 당일\ 매입수량}$$

(4) 총평균법

일정 기간의 판매가능액(기초재고액 + 당기순매입액)을 판매가능수량(기초재고수량 + 당기순매입수량)으로 나눈 총평균단가를 계산하고 이를 이용하여 기말재고자산을 결정하는 방법이다.

$$총평균단가 = \frac{전기이월\ 재고액 + 일정기간의\ 순매입액}{전기이월\ 재고수량 + 일정기간\ 매입수량}$$

```
1월 1일  기초  200개 @₩10
1월 2일  매출  100개
1월 3일  매입  400개 @₩12
1월 4일  매출  300개
1월 5일  매입  400개 @₩14
1월 6일  매출  300개
```

1) 선입선출법에 의한 계속기록법과 실제재고조사법

상품재고장
품명: 갑 상품   선입선출법

일자		인 수			인 도			잔 액			적 요
		수량	단가	금액	수량	단가	금액	수량	단가	금액	
1	1	200	10	2,000				200	10	2,000	전기 이월
1	2				100	10	1,000	100	10	1,000	
1	3	400	12	4,800				100	10	1,000	
								400	12	4,800	
1	4				100	10	1,000				
					200	12	2,400	200	12	2,400	
1	5	400	14	5,600				200	12	2,400	
								400	14	5,600	
1	6				200	12	2,400				
					100	14	1,400	300	14	4,200	
1	31				300	14	4,200				차기 이월
		1,000		12,400	1,000		12,400				

2) 후입선출법에 의한 계속기록법

상품재고장
품명: 갑 상품

후입선출법

1일자		인 수			인 도			잔 액			적 요
		수량	단가	금액	수량	단가	금액	수량	단가	금액	
1	1	200	10	2,000							전기 이월
1	2				100	10	1,000	100	10	1,000	
1	3	400	12	4,800				100	10	1,000	
								400	12	4,800	
1	4				300	12	3,600	100	10	1,000	
								100	12	1,200	
1	5	400	14	5,600				100	10	1,000	
								100	12	1,200	
								400	14	5,600	
1	6				300	14	4,200	100	10	1,000	
								100	12	1,200	
								100	14	1,400	
1	31				100	10	1,000				차기 이월
					100	12	1,200				
					100	14	1,400				
		1,000		12,400	1,000		12,400				

3) 후입선출법에 의한 실제재고조사법

상품재고장
품명: 갑 상품

후입선출법

일자		인 수			인 도			잔 액			적 요
		수량	단가	금액	수량	단가	금액	수량	단가	금액	
1	1	200	10	2,000				200			전기 이월
1	2				100	12	1,200	100			
1	3	400	12	4,800				500			
1	4				200	12	2,400	200			
					100	14	1,400				
1	5	400	14	5,600				600			
1	6				300	14	4,200	300			
1	31				200	10	2,000				차기 이월
					100	12	1,200				
		1,000		12,400	1,000		12,400				

4) 평균법에 의한 계속기록법 (이동평균법)

상품재고장
품명: 갑 상품

이동평균법

일자		인 수			인 도			잔 액			적 요
		수량	단가	금액	수량	단가	금액	수량	단가	금액	
1	1	200	10	2,000				200	10	2,000	전기 이월
1	2				100	10	1,000	100	10	1,000	
1	3	400	12	4,800				500	11.6	5,800	
1	4				300	11.6	3,480	200	11.6	2,320	
1	5	400	14	5,600				600	13.2	7,920	
1	6				300	13.2	3,960	300	13.2	3,960	
1	31				300	13.2	3,960				차기 이월
		1,000		12,400	1,000		12,400				

5) 평균법에 의한 실제재고조사법 (총평균법)

상품재고장
품명: 갑 상품

총평균법

일자		인 수			인 도			잔 액			적 요
		수량	단가	금액	수량	단가	금액	수량	단가	금액	
1	1	200	10	2,000				200	10	2,000	전기 이월
1	2				100	12.4 [1]	1,000	100	12.4	1,240	
1	3	400	12	4,800				500	12.4	6,200	
1	4				300	12.4	3,480	200	12.4	2,480	
1	5	400	14	5,600				600	12.4	7,440	
1	6				300	12.4	3,960	300	12.4	3,720	
1	31				300	12.4	3,960				차기 이월
		1,000		12,400	1,000		12,400				

1) 12,400 ÷ 1,000 = 12.4

재고자산의 단가 결정의 효과

(1) 기말재고자산의 매출원가에 미치는 영향

재고자산은 매출원가와 직접적인 관계가 있다. 즉 기초상품 + 당기매입액 - 기말상품 = 매출원가 이므로 재고자산의 금액에 따라 매출원가가 과대 또는 과소계상된다.

기말재고액을 과대계상하면: 매출원가 과소계상

기말재고액을 과소계상하면: 매출원가 과대계상

(2) 기말재고자산의 당기순이익을 미치는 영향

기말재고액을 과대계상하면: 당기순이익 과대계상

기말재고액을 과소계상하면: 당기순이익 과소계상

(3) 물가 상승(인플레이션) 시 효과 비교

매 출 원 가: 선입선출법 < 이동평균법 < 총평균법 < 후입선출법

기말재고자산: 선입선출법 > 이동평균법 > 총평균법 > 후입선출법

이   익: 선입선출법 > 이동평균법 > 총평균법 > 후입선출법

세   금: 선입선출법 > 이동평균법 > 총평균법 > 후입선출법

환출, 환입, 매입 에누리, 매출 에누리, 매입 할인, 매출 할인 기장

(1) 환출, 환입

주문 상품과 품질이 다르거나 흠집이 있어 매입상품을 반품하면 환출, 매출상품이 반품되어 오면 환입

① 외상 매입한 상품을 환출한 경우

차변	외상매입금 XXX	대변	매입 XXX

② 외상매출한 상품이 환입된 경우

차변	매출 XXX	대변	외상매출금 XXX

(2) 매입 에누리 및 매출 에누리

주문 상품과 품질이 다르거나 <u>흠집이 있어 매입상품의 값을 깎으면</u> 매입 에누리, 매출 상품의 값을 깎아주면 매출 에누리

① 외상 매입한 상품의 품질이 견본과 달라서 값을 깎은 경우

차변	외상매입금 XXX	대변	매입 XXX

② 외상매출한 상품의 품질이 견본과 달라서 값을 깎아 준 경우

차변	매출 XXX	대변	외상매출금 XXX

(3) 매입 할인 및 매출 할인

외상매입금을 <u>약속 기일 전에 미리 지급하면서 값을 할인</u>받으면 매입 할인, 외상매출금을 미리 회수하면 할인해 주면 매출 할인

① 외상매입금을 약속 기일 전에 미리 지급하면서 할인받은 경우

차변	외상매입금 XXX	대변	현금 XXX 매입 XXX

② 외상매출금을 약속 기일 전에 미리 회수하면서 할인해 준 경우

차변	현금 XXX 매출 XXX	대변	외상매출금 XXX

(1) 순실현가능가액과 저가법

① 순실현가능가액(시가): 예상하는 <u>판매가액에서 판매시까지 정상적으로 발생할 예상</u> <u>판매비용을 차감한 가액</u>

② 저가법: 기업회계기준에서 재고자산은 취득원가에 의하여 평가하는 것을 원칙으로 하고 있으나 <u>순실현가능가액이 취득원가보다 낮을 때는 순실현가능가액으로 평가</u> <u>하도록 규정</u>하고 있다. 이와 같이 취득원가와 순실현가능가액을 비교하여 낮은 가격으로 평가하는 것을 저가법이라 한다.

(2) 재고자산감모손실 재고자산평가손실

① 재고자산감모손실: <u>실제재고수량이 장부재고수량보다 작은 경우</u>에 발생하는 손실

감모손실 = 장부재고액 - 실제재고액(원가)

= (장부재고수량 - 실제재고수량) × 단위당원가

실제재고수량 〈 장부재고수량

| 차변 | 재고자산감모손실 XXX | 대변 | 매입 XXX |

1. 감모손실 중 원가성이 있는 경우(정상적으로 발생한 경우): <u>매출원가에 산입</u>한다. 즉 기말상품에서 직접 차감한다.
2. 감모손실 중 원가성이 없는 경우(비정상적으로 발생한 경우): <u>영업외비용</u>인 재고자산감모손실 계정으로 처리한다.

② 재고자산평가손실: 재고자산의 순실현가능가액이 취득원가보다 취득한 경우의 차액

평가손실 = 원가에 의한 실제재고액 - 순실현가능가액

= 실제재고수량 × (단위당원가 - 단위당 순실현가능가액)

순실현가능가액 < 취득원가

| 차변 | 재고자산평가손실 XXX | 대변 | 매입 XXX |

순실현가능가액 > 취득원가

| 차변 | 매입 XXX | 대변 | 재고자산평가이익 XXX |

예) 다음 자료에 의하여 재고자산평가손실을 계산하고 분개를 하시오.
　　기말상품재고액 1,000개,　취득원가 @₩250,　시가 @₩230
① 기말상품재고액 장부재고: 1,000개 × @₩250 = ₩250,000
　　　　　　　　　　　실제재고액: 1,000개 × @₩230 = ₩230,000
② 재고자산평가손실 : ₩250,000 - ₩230,000 = ₩20,000
③ 분개　차) 재고자산평가손실 20,000　대) 재고자산평가충당금 20,000
　　　　　　매　　　　　입 20,000　　　재고자산평가손실 20,000

예) 다음 자료에 의하여 재고자산감모손실과 재고자산평가손실을 계산하고 필
　　요한 분개를 하시오.
기말상품재고 장부재고 250개,　@₩1,200(원가),　₩300,000
　　　　　　　　실제재고 220개,　@₩1,100(시가),　₩242,000
① 재고자산감모손실: (250개 - 220개) × @₩1,200 = ₩36,000
② 재고자산평가손실: 220개 × (@₩1,200 - @₩1,100) = ₩22,000
③ 재고자산감모손실을 매출원가에 산입할 경우
　　차) 이월상품 264,000 대) 매　　　　　입 264,000
　　　　매　　입　22,000　　　재고자산평가충당금　22,000
④ 재고자산감모손실을 매출원가에 산입하지 않을 경우
　　차) 이　월　상　품 300,000 대) 매　　　　　입 300,000
　　　　재고자산감모손실　36,000　　　이　월　상　품 36,000
　　　　매　　　　입　22,000　　　재고자산평가충당금 22,000

재고자산 판매

재고자산을 판매하는 경우

차변	외상매출금 XXX 받 을 어 음 XXX	대변	매입 XXX

재고자산 판매시 운반비용

차변	운반비 XXX	대변	현금 XXX

1. 다음 거래를 3분법에 의하여 분개하며, 해당 계정에 기입한 후 총액법에 의하여 마감하시오.
기말상품재고액은 ₩200,000이다.
   (1) 강남상점에서 상품 ₩600,000을 외상으로 매입하고, 인수운임 ₩20,000은 현금으로 지급하다.
   (2) 강남상점에서 매입한 상품 중 파손품이 있어 ₩60,000을 반품시키다.
   (3) 강북상점에 상품 ₩800,000을 외상으로 매출하고 발송운임 ₩60,000은 현금으로 지급하다.
   (4) 강북상점에 매출한 상품 중 불량품이 있어 ₩40,000을 에누리하여 주다.

	차변과목	금액	대변과목	금액
(1)				
(2)				
(3)				
(4)				

```
            이월상품                              매입
전기 이월   100,000 |                       |
                    |                       |


            매출                              손익
                    |                       |
                    |                       |
```

대체분개

	구분	차변과목	금액	대변과목	금액
(1)	기초상품재고액				
(2)	기말상품재고액				
(3)	매출원가				
(4)	순매출액				

2. 다음 자료에 의하여 갑 상품에 대한 상품재고장을 선입선출법으로 작성하시오.

08월 01일 전월 이월   100개 @₩300 ₩ 30,000

　　　03일 매　　입   400개 @₩350 ₩140,000

　　　10일 매　　출   300개 @₩400 ₩120,000

　　　17일 매　　입   200개 @₩300 ₩ 60,000

　　　24일 매　　출   300개 @₩400 ₩120,000

상품재고장
품명: 갑 상품
선입선출법

일자	인 수			인 도			잔 액			적요
	수량	단가	금액	수량	단가	금액	수량	단가	금액	
										전기 이월

3. 다음 자료에 의하여 을 상품에 대한 상품재고장을 총평균법으로 작성하시오.

09월 01일 전기 이월 100개 @₩300 ₩ 30,000

　　　03일 매　　입 250개 @₩400 ₩100,000

　　　10일 매　　출 300개 @₩500 ₩150,000

　　　17일 매　　입 200개 @₩500 ₩100,000

　　　24일 매　　출 150개 @₩700 ₩105,000

　　　31일 매　　입 200개 @₩350 ₩ 70,000

상품재고장
품명: 을 상품
총평균법

일자	인 수			인 도			잔 액			적요
	수량	단가	금액	수량	단가	금액	수량	단가	금액	
										전기 이월

	차변과목	금액	대변과목	금액
(1)	매입	620,000	외상매입금 현금	600,000 20,000
(2)	외상매입금	60,000	매입	60,000
(3)	외상매출금 운반비	800,000 60,000	매출 현금	800,000 60,000
(4)	매출	40,000	외상매출금	40,000

이월상품

전기 이월	100,000	매입	100,000
매입	200,000	차기 이월	200,000
	300,000		300,000

매입

제좌	620,000	외상매입금	60,000
이월상품	100,000	이월상품	200,000
		손익	460,000
	720,000		720,000

매출

외상매출금	40,000	외상매출금	800,000
손익	760,000		
	800,000		800,000

손익

매입	460,000	매출	760,000

대체분개

	구분	차변과목	금액	대변과목	금액
(1)	기초상품재고액	매입	100,000	이월상품	100,000
(2)	기말상품재고액	이월상품	200,000	매입	200,000
(3)	매출원가	손익	460,000	매입	460,000
(4)	순매출액	매출	760,000	손익	760,000

상품재고장

품명: 갑 상품

선입선출법

일자		인 수			인 도			잔 액			적 요
		수량	단가	금액	수량	단가	금액	수량	단가	금액	
6	1	100	300	30,000				100	300	30,000	전기 이월
	3	400	350	140,000				100	300	30,000	매입
								400	350	140,000	
	10				100	300	30,000				매출
					200	350	70,000	200	350	70,000	
	19	200	300	60,000				200	350	70,000	매입
								200	300	60,000	
	20				200	350	70,000				매출
					100	300	30,000	100	300	30,000	
	30				100	300	30,000				차기 이월
		700		230,000	700		230,000				

상품재고장
품명: 을 상품

총평균법

일자		인 수			인 도			잔 액			적요
		수량	단가	금액	수량	단가	금액	수량	단가	금액	
9	1	100	300	30,000				100	300	30,000	전기 이월
	5	250	400	100,000				350	400	140,000	매입
	8				300	400[1]	120,000	50	400	20,000	매출
	15	200	500	100,000				250	400	100,000	매입
	20				150	400	60,000	100	400	40,000	매출
	25	200	350	70,000				300	400	120,000	매입
	30				300	400	120,000				차기 기월
		750		300,000	750		300,000				

1) $300,000 \div 750 = 400$

1. **다음 설명 중 틀린 것은?**
   ① 상품 매입 시 제비용은 원가에 포함하여 기장한다.
   ② 상품 매출 시 원가와 이익을 구분하여 기장하는 방법을 분기법이라 한다.
   ③ 상품 매출 시 원가와 이익을 포함하여 매가로 기장하는 방법을 총기법이라 한다.
   ④ 상품 매출 시 운임은 매출가격에 포함하여 기장한다.

2. **다음 운임 처리에 관한 설명 중 틀린 것은?**
   ① 매입 시 운임을 당점이 부담할 경우에는 매입원가에 포함한다.
   ② 매입 시 동점이 부담할 운임을 당점이 대신 지급하면 외상매입금에서 차감한다.
   ③ 매출 시 운임을 당점이 부담할 경우에는 매출원가에 포함한다.
   ④ 매출 시 동점이 부담할 운임을 당점이 대신 지급하면 외상매출금에 가산한다.

3. **다음 중 혼합상품계정의 대변에 기입되는 것은?**
   ① 총매출액   ② 매출 할인액   ③ 매출 환입액   ④ 매출 제비용

4. **다음 중 혼합상품계정의 차변에 기입되지 않는 것은?**
   ① 총매입액   ② 매입 제비용   ③ 매출 환입액   ④ 매출 제비용

5. **다음 상품계정의 기장 내용을 바르게 설명한 것은?**

상 품
외상매입금 3,000

   ① 상품 ₩3,000을 외상매입하다.   ② 상품 ₩3,000을 환출하다.
   ③ 상품 ₩3,000이 환입되다.   ④ 상품 ₩3,000을 외상매출하다.

6. **외상매출한 상품 중 불량품이 있어서 ₩4,500을 에누리해 주다. 분기법(순수계정)으로 분개하였을 때 맞는 것은?**
   ① (차) 매   출 4,500   (대) 외상매출금 4,500
   ② (차) 상   품 4,500   (대) 외상매출금 4,500
   ③ (차) 상품매출이익 4,500   (대) 외상매출금 4,500
   ④ (차) 상품매출손실 4,500   (대) 외상매출금 4,500

7. 혼합상품계정의 기록을 정확하게 설명한 것은?

① 매입시 매입가액을 상품계정의 대변에 기입한다.

② 매입시 매입 제비용을 상품계정의 대변에 기입한다.

③ 매출시 상품원가를 상품계정의 대변에 기입한다.

④ 매출시 판매가격을 상품계정의 대변에 기입한다.

8. 다음 자료에 의하여 당기순매입액을 계산하면 얼마인가?

> 기초상품 ₩35,000, 총매입액 ₩250,000, 매입 제비용 ₩15,000, 매입 환출액 ₩20,000, 매입 에누리액 ₩30,000, 매입 할인액 ₩5,000

① ₩215,000   ② ₩210,000

③ ₩265,000   ④ ₩200,000

9. 다음 상품에 관한 등식 중 틀린 것은?

① 순매입액 = 총매입액 − 매입 에누리 및 환출·할인액

② 순매출액 = 총매출액 − 매출 에누리 및 환입·할인액

③ 매출원가 = 기초상품재고액 + 당기총매출액 − 기말상품재고액

④ 매출총이익 = 순매출액 − 매출원가

10. 다음 자료로 기말재고액을 계산하면?

> 기초상품재고액 ₩85,000, 총매출액 ₩385,000, 매출총이익 ₩105,000, 매입 환출액 ₩7,000, 매출 환입액 ₩6,000, 총매입액 ₩386,000

① ₩175,000   ② ₩180,000

③ ₩185,000   ④ ₩190,000

11. 다음은 (주)영우의 상품에 관한 자료다. 매출총이익을 계산하면 얼마인가?

> 기초상품재고액 ₩480,000, 매출 환입 및 에누리 ₩50,000, 당기 상품매입액 ₩1,800,000, 당기상품매출액 ₩2,450,000, 기말상품재고액 ₩560,000, 매입 환출 및 에누리 ₩20,000

① ₩700,000   ② ₩690,000

③ ₩245,000   ④ ₩235,000

12. 다음과 같은 자료에서 상품매출이익은 얼마인가?

> 당기순매출액 ₩350,000, 당기순매입액 ₩260,000, 기초상품재고액 ₩17,000
> 기말상품재고액 ₩15,000

① ₩73,000   ② ₩75,000   ③ ₩88,000   ④ ₩90,000

13. 다음 거래를 바르게 추정한 것은?

> (차) 상 품 5,000 (대) 외상매출금 5,000

① 상품 ₩5,000을 외상으로 매출하다.   ② 상품 ₩5,000을 반품하다.
③ 상품 ₩5,000이 반품되어 오다.   ④ 상품 ₩5,000을 외상으로 매입하다.

14. 다음 두 등식의 빈칸에 알맞은 말은 각각 무엇인가?

> 매출원가 + 기말상품재고액 = (   ),   매출원가 + 매출총이익 = (   )

① 판매가능액, 당기매출액   ② 당기매출액, 판매가능액
③ 판매가능액, 총수익   ④ 당기매출액, 총수익

15. 다음 중 상품재고장에 기입되지 않는 것은?
① 외상매출금   ② 매출 환입액   ③ 매출 에누리액   ④ 외상매입금

16. 다음 중 매출을 인식하는 거래는?
① 외상매출금 ₩10,000을 현금으로 회수하다.
② 다음 달에 상품을 인도하기로 하고, 현금 ₩12,000을 미리 받다.
③ 상품 ₩30,000을 외상으로 매출하다.
④ 다음 달에 상품을 인수하기로 하고, 현금 ₩15,000을 미리 지급하다.

17. 다음 자료에 의한 매출원가는 얼마인가?

> 기초상품재고액 ₩500,000, 당기매입액 ₩1,500,000, 매입 환출액 ₩200,000,
> 매입 할인 ₩30,000, 기말상품재고액 ₩750,000

① ₩1,050,000   ② ₩1,020,000   ③ ₩1,250,000   ④ ₩1,080,000

18. 2XX1년 05월 20일 한라(주)에 화재가 발생하여 보유하고 있던 상품이 모두 소실되었다. 다음 자료에 의하여 한라(주)가 있는 피해액을 계산하면 얼마인가? (단, 한라(주)는 매입원가에 20%의 이익을 가산한 금액으로 상품을 판매하였다.)

> 매출액: ₩240,000 (01월 01일~06월 20일), 매입 : ₩180,000 (01월 01일~05월 20일)
> 기초상품재고액: ₩60,000 (01월 01일)

① ₩20,000　　　② ₩30,000　　　③ ₩40,000　　　④ ₩44,000

19. 기말상품재고액 ₩320,000을 ₩350,000으로 잘못 계상하였다면?

① 당기순이익이 ₩30,000 과소계상
② 매 출 원 가 가 ₩30,000 과대계상
③ 당기순이익이 ₩30,000 과대계상
④ 당기순손실이 ₩30,000 과대계상

20. 서울상회의 매입과 매출 자료이다. 선입선출법으로 기장한 경우 기말재고액은?

> 01월 01일 전기 이월 200개 @₩100 ₩20,000, 01월 10일 매 입 300개 @₩110 ₩33,000
> 01월 15일 매　　출 300개 @₩120 ₩36,000, 01월 20일 매 입 400개 @₩115 ₩46,000

① ₩66,000　　　② ₩46,000　　　③ ₩79,000　　　④ ₩68,000

21. 다음의 5월중 상품 거래를 참고하여 후입선출법 계속기록법에 의한 기말재고액을 구하면 얼마인가?

> 05월 01일 기초재고 100개 @₩1,000,　　05월 03일 매　 입 300개 @₩1,200
> 05월 05일 매　　출 250개 @₩ － 　,　　05월 07일 매　 입 150개 @₩1,100
> 05월 09일 매　　출 250개 @₩ － 　,　　05월 11일 매　 입 150개 @₩1,200

① ₩180,000　　　② ₩200,000　　　③ ₩230,000　　　④ ₩240,000

22. 다음 자료로 총평균법에 의해 기말재고액을 구하면 얼마인가?

> 기초 01월 01일 1,000개 @₩500 ₩500,000,
> 매입 01월 10일　500개 @₩600 ₩300,000,　　매출 01월 15일　800개
> 매입 01월 20일 1,000개 @₩650 ₩650,000,　　매출 01월 22일 1,200개

① ₩280,000　　　② ₩290,000　　　③ ₩250,000　　　④ ₩320,000

23. 다음은 (주)설악산의 2월의 선입선출법에 의한 매출총이익은 얼마인가? (판매가격은 @₩300 이다.)

02월 01일 기초재고 10개 @₩100 ₩1,000		04일 매 입 25개 @₩200 ₩5,000	
06일 매 출 17개		08일 매 입 10개 @₩150 ₩1,500	
10일 매 출 18개		12일 매 입 20개 @₩200 ₩4,000	

① ₩6,000　　　② ₩10,500　　　③ ₩4,000　　　④ ₩4,500

(24~27) 상품재고에 관한 다음 자료에 의하여 물음에 답하시오.

장부재고수량 1,500개, 실제재고수량 1,400개, 원가 @₩1,200, 시가 @₩1,100

24. 재고자산의 장부재고액은 얼마인가?

① ₩1,540,000　　　② ₩1,650,000　　　③ ₩1,680,000　　　④ ₩1,800,000

25. 재고자산의 평가액은 얼마인가?

① ₩1,540,000　　　② ₩1,650,000　　　③ ₩1,680,000　　　④ ₩1,800,000

26. 재고자산감모손실은 얼마인가?

① ₩110,000　　　② ₩120,000　　　③ ₩140,000　　　④ ₩150,000

27. 재고자산평가손실은 얼마인가?

① ₩110,000　　　② ₩120,000　　　③ ₩140,000　　　④ ₩150,000

28. 물가가 상승할 때 선입선출법 사용 시 옳은 것은?

① 매출원가가 많아진다.　　　② 매출총이익이 많아진다.
③ 기초재고액이 많아진다.　　　④ 기말재고액이 적어진다.

29. 다음 중 재고자산에 관한 설명으로 틀린 것은?

① 소유권이 이전된 후, 운송 중인 미착상품은 재고자산으로 분류한다.

② 판매를 목적으로 소유하는 토지, 건물, 기타 이와 유사한 부동산은 재고자산으로 분류한다.

③ 판매되지 않은 위탁상품은 재고자산으로 분류한다.

④ 재고자산의 제조에 장기간이 소요되어도 이에 사용된 차입금의 이자는 이자비용(영업외비용)으로 처리한다.

30. 기업회계기준에 의할 때 재고자산에 포함되지 않는 것은?

① 매입 의사를 표명한 시용매출상품　　② 보관 중인 예약판매상품

③ 판매 목적으로 매입한 상품　　　　　④ 판매되지 않은 위탁상품

31. 기말 재고자산을 과대평가하였을 때 매출원가와 당기순이익에 나타나는 현상으로 옳은 것은?

① 과대, 과대　　　② 과대, 과소　　　③ 과소, 과대　　　④ 과소, 과소

32. 기초상품재고액 ₩50,000, 매입 에누리 ₩10,000, 기말상품재고액 ₩70,000, 매출원가 ₩200,000인 경우 당기 상품총매입액은 얼마인가?

① ₩330,000　　　② ₩230,000　　　③ ₩130,000　　　④ ₩70,000

33. 순매출액이 ₩200,000이고, 판매가능액이 ₩180,000이며, 매출총이익률이 35%인 경우 기말재고액을 산출하면 얼마인가?

① ₩70,000　　　② ₩30,000　　　③ ₩50,000　　　④ ₩63,000

34. (주)강변은 2XX1년 03월 01일 ₩30,000에 외상으로 매출한 상품 대금을 2XX1년 03월 12일에 회수하게 되어 3%를 할인한 차액을 현금으로 회수하였다. 다음 중 옳은 분개는?

① (차) 현　　　금 29,100　(대) 외상매출금 30,000
　　　　매　　　출　　900

② (차) 현　　　금 30,000　(대) 외상매출금 30,000

③ (차) 현　　　금 27,000　(대) 외상매출금 27,000

④ (차) 현　　　금 27,000　(대) 외상매출금 30,000
　　　매출 할인　3,000

35. 다음은 A 회사의 7월 중 상품 관련 자료이다. 7월 중 순매입량이 1,000개라면 단위당 취득원가는 얼마인가?

> 매입 가격 ₩500,000, 매입 운임 ₩20,000, 매입 할인 ₩10,000, 매입 에누리 ₩10,000,
> 매출 운임 ₩30,000,　　매출 할인 ₩15,000

① ₩530　　　② ₩520　　　③ ₩515　　　④ ₩500

36. 다음은 (주)경주의 재고자산과 관련된 자료다. 이때 당기 중 재고자산 매입액은 얼마인가?

> 기초재고자산 ₩20,000, 기말재고자산(순실현가능가액) ₩25,000, 재고자산평가손실 ₩2,000,
> 매출원가 ₩50,000

① ₩57,000　　　　② ₩60,000　　　　③ ₩63,000　　　　④ ₩66,000

37. 매매 당사자의 거래 가격이 ₩100,000으로 고정되어 있다고 가정하는 경우 다음 중
구매자의 입장에서 거래 조건을 유리한 순서대로 나열한 조합으로 옳은 것은?

> A. 3/10, n/30: FOB 선적지 기준,　　B. 2/10, n/30: FOB 선적지 기준
> C. 3/15, n/30: FOB 도착지 기준,　　D. 3/10, n/30: FOB 도착지 기준

① A - B - C - D　　② A - D - C - B　　③ C - D - A - B　　④ D - C - A - B

38. 다음은 성우(주)의 재고자산을 실제재고조사법으로 파악할 경우에 재고자산평가방법별
매출원가, 기말재고, 매출총이익을 계산한 것이다. 물가가 지속해서 상승한다는 가장 하에
다음 중 재고자산평가방법의 대응으로 옳은 것은?

재고자산평가방법	매출원가	기말재고	매출총이익
A	₩28,000	₩95,000	₩120,000
B	₩25,000	₩98,000	₩123,000
C	₩26,500	₩96,500	₩121,500

	선입선출법	총평균법	이동평균법	후입선출법
①	B	C	해당 없음	A
②	A	C	해당 없음	B
③	B	해당 없음	C	A
④	A	해당 없음	C	B

39. 다음 중 재고자산에 대하여 계속기록법을 적용하는 경우에 나타나는 계정과목과 거리가 먼
것은?

① 매출원가　　　② 매입 환출　　　③ 매입　　　④ 재고자산감모손실

40. 다음 중 계속기록법에 의한 경우 상품의 매입 가격이 계속 상승하는 경우 기말재고자산의 원가가 가장 높게 표시되는 재고자산 평가 방법은?

① 총평균법 　　　② 이동평균법 　　　③ 선입선출법 　　　④ 후입선출법

41. 물가가 지속적으로 상승하는 경우에 재고자산에 대하여 다음 중 어느 방법을 이용하면 기업의 당기순이익이 가장 큰 것은?

① 선입선출법 　　　② 후입선출법 　　　③ 총평균법 　　　④ 이동평균법

42. 수원상사는 2XX1년 01월 01일 설립되었으며 2XX1년 수원상사의 당기순이익은 ₩100,000 이다. 수원상사의 선입선출법에 의한 기말재고자산은 ₩30,000이다. 만약 수원상사가 후입선출법을 적용하여 계상한 당기순이익이 ₩95,000이고 가정한다면 후입선출법을 적용한 기말재고자산 금액은 얼마인가?

① ₩10,000 　　　② ₩15,000 　　　③ ₩20,000 　　　④ ₩25,000

 정답

1. ④　2. ③　3. ①　4. ④　5. ②　6. ③　7. ③　8. ②　9. ③　10. ④　11. ①　12. ③　13. ③　14. ①　15. ③
16. ③　17. ②　18. ③　19. ③　20. ④　21. ③　22. ②　23. ④　24. ④　25. ①　26. ②　27. ③　28. ②　29. ④
30. ①　31. ③　32. ②　33. ③　34. ①　35. ④　36. ①　37. ③　38. ①　39. ④　40. ③　41. ①　42. ④

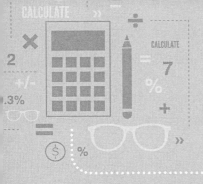

특수매매

미착상품

　상품을 매입하였으나 상품이 도착하기 전에 화물대표증권(화물상환증, 선화증권)만을 받은 경우 소유 상품과 구분하기 위하여 일시적으로 미착상품계정을 설정하여 차변에 분개하고 상품이 도착하여 인수 시 매입계정 차변에 대체하고 미착상품계정 대변에 분개한다.

　만약 상품 인수전에 화물대표증권을 매출하면 원가와 매가와 차액을 미착상품매출이익(손실)으로 처리하는 순액주의(분기법)과 매출금액을 그대로 미착상품매출로 처리하는 총액주의(총액법)가 있다.

(1) 화물대표증권을 받은 경우

차변	미착상품 XXX	대변	외상매입금 XXX

(2) 상품이 도착하여 화물대표증권과 교환하여 상품을 인수한 경우

차변	매입 XXX	대변	미착상품 XXX

(3) 상품이 도착하기 전에 매출한 경우

① 순액주의(분기법)

차변	외상매출금 XXX	대변	미 착 상 품 XXX 미착상품매출이익 XXX

② 총액주의(총기법)

차변	외 상 매 출 금 XXX 매입(미착상품매출원가) XXX	대변	미착상품매출 XXX 미 착 상 품 XXX

위탁판매

<u>자기의 상품을 타인에게 수수료를 지급하는 조건으로 부탁하여 판매하는 것</u>을 위탁판매라 한다. 이 경우 판매를 위탁하여 보내는 상품을 소유 상품과 구분하기 위하여 매입계정 대변에 원가로 차감하고 적송품계정 차변에 기입한다. 적송품은 자산계정으로 상품적송 시 지급된 제비용은 적송품원가에 가산한다.

위탁판매의 수익 실현 시기는 <u>수탁자가 위탁품을 판매한 날에 실현</u>되는 것으로 하여 매출계산서를 받으면 적송품 매출로 회계처리한다. 매출 시 회계처리는 매출액에서 매출수수료 등의 제비용을 차감한 실수금과 적송품 매출원가와의 차액을 적송품매출이익(손실)으로 처리하는 순액주의(분기법)와 매출 금액으로 처리하는 총액주의(총기법)가 있다. 총액주의의 경우 수탁자가 부담한 제비용(운반비, 보관료, 매출수수료 등)은 판매수수료계정으로 처리한다.

(1) 위탁판매을 위해 상품 적송하고 제비용을 현금으로 지급한 경우

차변	적송품 XXX	대변	매 　 입 XXX 현금(적송비용) XXX

(2) 매출계산서를 받았을 경우

① 순액주의(분기법)

차변	적송품외상매출금 XXX	대변	적　　송　　품 XXX 적송품매출이익 XXX

② 총액주의(총기법)

차변	판　매　수　수　료 XXX 적　송　품　외　상　매　출　금 XXX 매입(적송품매출원가) XXX	대변	매　　출 XXX 적송품 XXX

수탁판매

<u>다른 사람의 부탁을 받고 수수료를 받는 조건으로 다른 사람의 상품을 판매하는 것을</u> 수탁판매라 한다. 이때 수탁품은 위탁자의 상품이므로 분개가 필요 없고 위탁자와의 채권·채무가 발생하면 수탁판매계정으로 처리한다. 따라서 수탁판매를 위하여 지급한 운임, 보관료, 잡비, 판매수수료 등은 위탁자에 대한 채권이므로 수탁판매계정 차변에 수탁품의 매출액은 위탁자에 대한 채무로 수탁판매계정 대변에 분개한다.

① 수탁품을 인수하고 인수비용을 현금으로 지급한 경우

차변	수탁판매 XXX	대변	현금 XXX

② 수탁품을 외상으로 판매한 경우

차변	외상매출금 XXX	대변	수탁판매 XXX

③ 매출계산서를 작성하여 위탁자에게 송부한 경우

차변	수탁판매 XXX	대변	보 관 료 XXX 잡 비 XXX 수수료수익 XXX

④ 위탁자에게 실수금을 현금으로 송금한 경우

차변	수탁판매 XXX	대변	현금 XXX

위탁매입

수수료를 지급하기로 하고 타인에게 부탁하여 상품을 매입하는 것을 위탁매입이라 하고, 일반 매입과 똑같이 회계처리한다. 즉, 착수금(계약금) 지급 시 선급금계정 차변에 기입하였다가 상품이 도착하면 상계 처리한다.

① 상품을 위탁매입하고 착수금을 현금으로 지급한 경우

차변	선급금 XXX	대변	현금 XXX

② 상품이 도착하여 인수한 경우

차변	매입 XXX	대변	선 급 금 XXX 외상매입금 XXX

수수료를 받기로 하고 타인의 부탁을 받아 상품을 매입해 주는 것을 수탁매입이라 하며 위탁자와의 채권·채무가 발생하면 수탁매입계정으로 처리한다. 따라서 수탁품의 매입 대금, 매입 제비용 및 매입 수수료 등은 수탁매입계정 차변에 분개하고, 착수금 또는 대신 지급한 금액을 받았을 때는 수탁매입계정 대변에 분개한다.

① 상품 매입을 위탁받고 착수금을 현금으로 받은 경우

차변	현금 XXX	대변	수탁매입 XXX

② 수탁품을 외상으로 매입한 경우

차변	수탁매입 XXX	대변	외상매입금 XXX

③ 매입계산서를 작성하여 상품을 발송한 경우

차변	수탁매입 XXX	대변	운 반 비 XXX 수수료이익 XXX

④ 위탁자로부터 대신지급금을 현금으로 받은 경우

차변	현금 XXX	대변	수탁매입 XXX

상품의 판매 대금을 분할하여 회수하는 조건으로 판매하는 것을 할부판매라 하며, 수익의 실현 시기는 상품을 인도한 날로 한다. 할부매출은 단기할부매출과 장기할부매출로 구분하여 처리하는데, 단기할부매출은 일반매출과 동일하게 처리하며, 장기할부매출의 경우에는 현금 매출액과 할부 매출액과의 차액을 이자 상당액으로 보아 회수 기간의 경과에 따라 수익으로 인수한다.

(1) 단기할부매출
① 상품을 할부로 판매한 경우

차변	(할부)외상매출금 XXX	대변	(할부)매출 XXX

② 제1회 할부금을 현금으로 회수한 경우

차변	현금 XXX	대변	(할부)외상매출금 XXX

시용판매

사용 중에는 소비자에게 먼저 상품을 인도해 주고 일정한 기간 동안 소비자가 사용해 본 후 구입하겠다는 의사가 있으면 판매행위가 성립되는 것이다. 시용판매의 거래 인식 시기는 상품을 인도한 날이 아니라 소비자(구매자)가 구입 의사를 표시한 날이다. 이때, 시용판매를 위하여 상품이 출고되었을 때 시용품계정의 차변에 기입하며, 기말 결산 시 시용품의 취득원가는 기말상품재고액에 포함시킨다.

① 시용판매를 위하여 상품을 출고한 경우

차변	시송품 XXX	대변	시용가매출 XXX

② 소비자로부터 위 상품을 구입하겠다는 통지를 받은 경우

차변	시용가매출 XXX 외상매출금 XXX	대변	시 송 품 XXX (시용)매출 XXX

③ 소비자가 구입 의사가 없어 반품되어 오다.

차변	시용가매출 XXX	대변	시송품 XXX

1. 다음 미착상품에 관한 거래를 분개하시오.

(1) 부산상점에서 상품 ₩1,000,000을 외상으로 매입하고, 화물상환증을 인수하다.

(2) 위 상품이 도착하여 화물상환증에 상환으로 상품을 인수하고, 인수운임 ₩20,000을 현금으로 지급하다.

(3) 대한상점에서 운송 중인 상품에 대한 선하증권 ₩500,000을 외상으로 매입하다.

(4) 상품이 도착 전이나 위의 선하증권을 ₩600,000에 매출하고 대금은 동점발행수표로 받다 (총액주의)

	차변과목	금액	대변과목	금액
(1)				
(2)				
(3)				
(4)				

2. 다음 위탁판매에 관한 거래를 분개하시오.

(1) 부산상점은 갑 상품 200개 @₩500 ₩100,000을 진주상점에 위탁판매을 위하여 적송하고 적송제비용 ₩20,000을 현금으로 지급하다.

(2) 진주상점으로부터 다음과 같은 매출계산서를 송부한다. (총액주의)

```
매출액 갑 상품   200개 @₩ 1,000   ₩200,000
        인수운임          ₩10,000
        보관료            ₩10,000
        수수료            ₩20,000   ₩ 40,000
  차감   실수금                     ₩160,000
```

	차변과목	금액	대변과목	금액
(1)				
(2)				

3. 다음 수탁판매에 관한 거래를 분개하시오.

(1) 진주상점은 부산상점으로부터 갑 상품 200개 @₩500 ₩100,000을 수탁판매받고, 상품을 인수하다. 그리고 인수운임 ₩10,000을 현금으로 지급하다.

(2) 진주상점은 위 수탁상품을 ₩200,000에 외상매출하다.

(3) 진주상점은 다음과 같음 매출계산서를 작성하여 부산상점에 송부하다.

매출액 갑 상품 200개 @₩ 1,000		₩200,000	
인수운임	₩10,000		
보관료	₩10,000		
수수료	₩20,000	₩ 40,000	
차감 실수금		₩160,000	

(4) 진주상점은 부산상점에 실수금 잔액 ₩160,000을 수표 발행하여 송금하다.

	차변과목	금액	대변과목	금액
(1)				
(2)				
(3)				
(4)				

4. **다음 위탁매입에 관한 거래를 분개하시오.**

(1) 서울상점은 영진상점에 A상품 500개를 위탁매입하고, 계약금 ₩100,000을 현금으로 지급하다.

(2) 성우상점은 영진상점으로부터 다음과 같은 매입계산서와 상품 인수받고, 인수운임 ₩30,000을 현금으로 지급하다.

매입액 A상품 500개 @₩ 600		₩300,000	
발송제비용	₩20,000		
보관료	₩10,000		
잡비	₩10,000		
수수료	₩30,000	₩ 70,000	
대신지급금 합계		₩370,000	
계약금 수입액		₩100,000	
차감 실수금		₩270,000	

	차변과목	금액	대변과목	금액
(1)				
(2)				

5. 다음 수탁매입에 관한 거래를 분개하시오.

(1) 영진상점은 서울상점으로부터 A상품 500개를 수탁매입받고 계약금으로 ₩100,000을 현금으로 받다.

(2) 영진상점은 A상품 500개를 @₩600 ₩300,000에 매입하고 대금은 외상으로 하다.

(3) 영진상점은 위의 수탁상품을 서울상점에 발송하고 운임 ₩20,000을 현금으로 지급하다.

(4) 영진상점은 부천상점에 다음과 같은 매입계산서를 송부하고 대신지급금을 청구하다.

```
매입액 A상품  500개  @₩  600    ₩300,000
      발송제비용      ₩20,000
      보관료          ₩10,000
      잡비            ₩10,000
      수수료          ₩30,000    ₩ 70,000
대신지급금 합계                 ₩370,000
계약금 수입액                   ₩100,000
차감 실수금                     ₩270,000
```

(5) 영진상점은 부천상점에서 대신지급금 ₩270,000을 수표로 송금받다.

	차변과목	금액	대변과목	금액
(1)				
(2)				
(3)				
(4)				
(5)				

6. 다음 할부판매에 관한 거래를 인도기준법으로 분개하시오.

(1) 우리상점은 원가 ₩300,000 현금 판매가격 ₩350,000 할부판매가격 ₩420,000의 상품을 6개월 할부로 판매하다.

(2) 제1회 할부금 ₩70,000을 현금으로 받다.

	차변과목	금액	대변과목	금액
(1)				
(2)				

7. 다음 시용판매에 대한 분개를 하시오.

(1) 영진상점은 시용판매를 위하여 상품 ₩300,000을 발송하다.

(2) 영진상점은 소비자로부터 위 상품을 구입하겠다는 통지를 받다.

	차변과목	금액	대변과목	금액
(1)				
(2)				

Answer 1

	차변과목	금액	대변과목	금액
(1)	미착상품	1,000,000	외상매입금	1,000,000
(2)	매입	1,020,000	미착상품	1,000,000
			현금	20,000
(3)	미착상품	500,000	외상매입금	500,000
(4)	현금	600,000	미착상품매출	600,000
	매입	500,000	미착상품	500,000

Answer 2

	차변과목	금액	대변과목	금액
(1)	적송품	120,000	매입	100,000
			현금	20,000
(2)	판매수수료	40,000	적송품매출	200,000
	적송품외상매출금	160,000	적송품	120,000
	매입	120,000		

Answer 3

	차변과목	금액	대변과목	금액
(1)	수탁판매	10,000	현금	10,000
(2)	외상매출금	200,000	수탁판매	200,000
(3)	수탁판매	30,000	보관료	10,000
			수수료수익	20,000
(4)	수탁판매	160,000	당좌예금	160,000

Answer 4

	차변과목	금액	대변과목	금액
(1)	선급금	100,000	현금	100,000
(2)	매입	400,000	선급금	100,000
			외상매입금	270,000
			현금	30,000

Answer 5

	차변과목	금액	대변과목	금액
(1)	현금	100,000	수탁매입	100,000
(2)	수탁매입	300,000	외상매입금	300,000
(3)	수탁매입	20,000	현금	20,000
(4)	수탁매입	50,000	보관료 잡비 수수료수익	10,000 10,000 30,000
(5)	현금	270,000	수탁매입	270,000

Answer 6

	차변과목	금액	대변과목	금액
(1)	할부외상매출금	420,000	할부매출	420,000
(2)	현금	70,000	할부외상매출금	70,000

Answer 7

	차변과목	금액	대변과목	금액
(1)	시송품	300,000	시용가매출	300,000
(2)	시용가매출 외상매출금	300,000 300,000	시송품 시용매출	300,000 300,000

1. 제주상사는 서울상사에서 상품을 매입하고 선화증권을 받았다. 상품이 월말에 도착할 예정이라면 차변에 분개할 계정과목은?
   ① 위탁매입 ② 미착상품 ③ 수탁판매 ④ 위탁판매

2. 대구상점은 부산상점에 상품 ₩600,000을 위탁판매를 위하여 적송하였다. 차변에 분개할 계정과목으로 맞는 것은?
   ① 적송품 ② 미착상품 ③ 수탁판매 ④ 위탁판매

3. 대구상점은 광주상점에 상품 ₩2,000,000을 위탁매입하고 상품 대금의 일부를 현금으로 지급하였다. 차변에 분개할 계정과목은?
   ① 미수금 ② 선수금 ③ 선급금 ④ 미지급금

4. 남부상사는 북부상사로부터 상품 판매를 부탁받고 상품 ₩1,500,000을 인수하였을 때 수탁자와 차변에 분개될 것으로 바르게 짝지어진 것은?
   ① 북부상사 - 매입 ② 북부상사 - 수탁판매
   ③ 남부상사 - 수탁매입 ④ 남부상사 - 분개없음

5. 영월상사는 강원상사로부터 위탁판매를 받고 상품 ₩1,500,000을 인수함과 동시에 강원상사를 대신하여 인수운임 ₩30,000을 현금으로 지급하였다. 영월상사 입장에서 분개한다면 차변에 기입할 계정과목으로 맞는 것은?
   ① 매입 ② 수탁판매 ③ 매입, 운반비 ④ 매입, 현금

6. 단기 할부판매에서 인도기준법으로 회계 처리할 때 상품 매출의 실현 시기는?
   ① 할부금 회수일 ② 할부금 인도일
   ③ 상품의 인도일 ④ 할부금 불입일

7. 다음 중 위탁판매에서 수익의 실현 시기는?
   ① 위탁자가 상품을 적송한 날
   ② 수탁자가 상품을 인수한 날
   ③ 위탁자가 상품 대금을 받은 날
   ④ 수탁자가 상품을 판매하고 인도한 날

8. 다음 자료에 의하여 재무상태표 작성 시 표시되는 유동자산의 합계액을 계산하면 얼마인가?

단기매매증권 ₩18,000, 상품권선수금 ₩22,000, 미착상품 ₩15,000, 적송품 ₩32,000, 비품 ₩20,000, 건물 ₩200,000

① ₩47,000   ② ₩65,000

③ ₩88,000   ④ ₩100,000

9. 남대문상사는 동대문상사에 상품 ₩300,000을 위탁판매하였고 다음과 같은 매출계산서가 도착하였으며 실수금을 현금으로 받았다. 차변에 분개할 것이 아닌 것은?

매출액 갑 상품 400개 @₩1,000 ₩400,000
인수운임   ₩15,000
보관료   ₩20,000
수수료   ₩50,000 ₩ 85,000
차감 실수금   ₩315,000

① 매입 ₩300,000   ② 현금 ₩315,000

③ 수탁판매 ₩400,000   ④ 판매수수료 ₩85,000

10. 영동상사는 부산상사에 위탁매입하였던 부분을 다음과 같은 매입계산서와 상품을 인수하고 인수운임 ₩25,000을 현금으로 지급하였다. 영동상사가 차변에 분개할 매입금액은 얼마인가?

매입액 A상품 200개 @₩ 3,000   ₩600,000
발송운임   ₩15,000
보관료   ₩20,000
잡비   ₩ 5,000
수수료   ₩50,000   ₩ 90,000
대신지급금 합계   ₩510,000

① ₩715,000   ② ₩625,000

③ ₩615,000   ④ ₩600,000

11. 제주상사는 상품 ₩400,000을 외상매입하고, 화물상환증을 받다. 상품은 월말에 도착할 예정이다. 맞는 분개는?

① (차) 매   입   400,000   (대) 외상매입금   400,000
② (차) 적 송 품   400,000   (대) 외상매입금   400,000
③ (차) 미 착 상 품   400,000   (대) 외상매입금   400,000
④ (차) 상   품   400,000   (대) 외상매입금   400,000

12. 수원상점은 인천상점에 위탁판매를 위하여 상품 ₩2,000,000을 적송하다. 그리고 적송제비용 ₩50,000을 현금 지급할 경우 맞는 분개는?

① (차) 위 탁 판 매 2,000,000   (대) 매   출 2,000,000
② (차) 적 송 품 2,000,000   (대) 매   입 2,000,000
③ (차) 적 송 품 2,050,000   (대) 매   입 2,000,000
                                         현   금   50,000
④ (차) 적 송 품 2,000,000   (대) 매   입 2,000,000
        운 반 비   50,000   현   금   50,000

13. 서울상회는 대구상회로부터 위탁판매를 받은 사과 50상자(@₩25,000)를 인수하고 인수운임 ₩80,000을 현금으로 지급하다. 서울상회 입장의 분개로 맞는 것은?

① (차) 수 탁 판 매   80,000   (대) 현   금   80,000
② (차) 수 탁 판 매 1,250,000   (대) 현   금 1,250,000
③ (차) 수 탁 판 매 1,330,000   (대) 매   출 1,250,000
                                         현   금   80,000
④ (차) 수 탁 판 매 1,250,000   (대) 매   출 1,250,000
        수수료비용   80,000   현   금   80,000

14. 남부상점은 북부상점으로부터 위탁판매를 받은 상품을 ₩2,500,000에 매출하고, 동점발행 수표로 받았다. 남부상점 입장의 분개로 맞는 것은?

① (차) 당 좌 예 금 2,500,000   (대) 수 탁 판 매 2,500,000
② (차) 수 탁 판 매 2,500,000   (대) 현   금 2,500,000
③ (차) 현   금 2,500,000   (대) 수 탁 판 매 2,500,000
④ (차) 수 탁 판 매 2,500,000   (대) 당 좌 예 금 2,500,000

15. 서부상점은 동부상점에서 상품 매입을 위탁받고 착수금 ₩2,000,000을 수표로 받다. 맞는 분개는?

① (차) 현   금 2,000,000 (대) 선 급 금 2,000,000

② (차) 당좌예금 2,000,000 (대) 선 수 금 2,000,000

③ (차) 당좌예금 2,000,000 (대) 수탁매입 2,000,000

④ (차) 현   금 2,000,000 (대) 수탁매입 2,000,000

16. 동부상점은 매입 위탁받은 상품 ₩1,500,000을 매입하고 대금은 외상으로 하다. 맞는 분개는?

① (차) 매   입 1,500,000 (대) 외상매입금 1,500,000

② (차) 수 탁 매 입 1,500,000 (대) 외상매입금 1,500,000

③ (차) 매   입 1,500,000 (대) 수 탁 매 입 1,500,000

④ (차) 외상매입금 1,500,000 (대) 매   입 1,500,000

17. 종로상점은 원가 ₩1,000,000의 냉장고를 ₩1,500,000에 10개월 할부로 판매하고 제1회분 ₩150,000을 현금으로 받다. 인도기준법 적용 시 맞는 분개는?

① (차) 현   금   150,000 (대) 할부외상매출금   150,000

② (차) 할부외상매출금 1,500,000 (대) 할 부 매 출 1,500,000

③ (차) 할 부 매 출 계 약 1,500,000 (대) 할 부 가 매 출 1,500,000

④ (차) 할부외상매출금 1,500,000 (대) 할 부 매 출 1,500,000
　　　현   금   150,000   할부외상매출금   150,000

18. 다음은 기업회계기준은 매출을 인식하는 시점(수익인식 시점)에 대한 설명이다. 잘못된 것은?

① 상품매출 시의 수익은 판매일에 인식된다. 일반적으로 판매일은 고객에게 제품을 인도한 날을 뜻한다.

② 할부매출액은 마지막 할부대금을 수취한 날에 실현되는 것을 원칙으로 한다.

③ 위탁매출액은 수탁자가 위탁품을 판매한 날에 실현되는 것으로 한다.

④ 매출을 언제 인식하는가에 따라 그 기간의 당기순이익이 달라진다.

19. 다음 중 기업회계기준에 의한 수익인식 시점이 아닌 것은?

　① 예약매출: 진행 기준에 따라 실현되는 것으로 한다.

　② 위탁매출: 수탁자가 위탁품을 판매한 날이다.

　③ 시용매출: 시용품을 인도한 날이다.

　④ 용역매출: 진행 기준에 따라 실현되는 것으로 한다.

 정답

1. ②　2. ①　3. ③　4. ④　5. ②　6. ③　7. ④　8. ②　9. ③　10. ①　11. ③　12. ③　13. ①　14. ③
15. ④　16. ②　17. ④　18. ②　19. ③

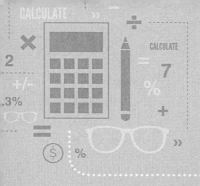

투자자산

투자자산

　기업 본체의 활동 목적이 아니고, 타기업을 지배·통제하거나 유휴자금의 증식을 목적으로 장기간 투자한 자산을 투자자산이라 한다.

투자자산의 종류와 회계처리

(1) 장기금융상품

　결산일로부터 만기의 1년 이상인 예금, 금융기관이 취급하는 정형화된 상품, 감채기금과 같이 사용이 제한된 예금

　① 은행에 2년 만기의 정기예금에 가입하고, 현금을 매입한 경우

차변	장기금융상품 XXX	대변	현금 XXX

　② 만기가 되어 이자와 함께 현금으로 받다.

차변	현금 XXX	대변	장기금융상품 XXX 이 자 수 익 XXX

(2) 만기보유증권

만기가 확정된 채무증권(공·사채)으로서 상환금액이 확정되었거나 확정이 가능한 채무증권을 만기까지 보유할 적극적인 의도의 능력이 있는 것

① 만기까지 보유할 목적으로 공·사채를 매입하고, 수표 발행하여 지급한 경우

차변	만기보유증권 XXX	대변	당좌예금 XXX

② 위 사채를 만기에 현금으로 상환받은 경우

차변	현금 XXX	대변	만기보유증권 XXX

(3) 매도가능증권

여유 자금을 활용할 목적으로 매입한 주식, 사채, 공채, 국채 중에서 단기매매증권이나 만기보유증권으로 분류되지 아니하는 것

① 장기투자(매도가능)의 목적으로 주식 등을 매입하고 수표를 발행하여 지급한 경우

차변	매도가능증권 XXX	대변	당좌예금 XXX

② 결산 시 매도가능증권의 공정가액(시가)이 취득원가보다 하락한 경우

차변	매도가능증권평가손실 XXX	대변	매도가능증권 XXX

③ 결산 시 매도가능증권이 공정가액(시가)이 취득원가보다 상승한 경우

차변	매도가능증권 XXX	대변	매도가능증권평가이익 XXX

④ 매도가능증권의 회수가능액이 없어진 경우

차변	매도가능증권감액손실 XXX	대변	매도가능증권 XXX

☞ 매도가능증권감액손실: 영업외비용

⑤ 위 주식을 원가 이상으로 처분하고 대금은 현금으로 받은 경우

차변	현금 XXX	대변	매 도 가 능 증 권 XXX 매도가능증권처분이익 XXX

⑥ 위 주식을 원가 이하로 처분하고 대금은 현금으로 받은 경우

차변	현 금 XXX 매도가능증권처분손실 XXX	대변	매도가능증권 XXX

(4) 장기대여금

대여 기간이 결산일로부터 1년 이상인 장기의 대여금

① 거래처에 대여 기간 3년으로 현금을 대여한 경우

차변	장기대여금 XXX	대변	현금 XXX

② 만기가 되어 이자와 대여금을 현금으로 회수하다.

차변	현금 XXX	대변	장기대여금 XXX 이 자 수 익 XXX

(5) 장기성매출채권

유동자산에 속하지 아니하는 일반적 상거래에서 발생한 회수 기간이 1년 이상인 외상
매출금 및 받을어음

① 상품을 매출하고 3년 만기의 약속어음을 받은 경우

차변	장기성매출채권 XXX	대변	매출 XXX

② 매출채권을 현금으로 회수하다.

차변	현금 XXX	대변	장기성매출채권 XXX

(6) 투자부동산

투자의 목적 또는 비영업용으로 소유하는 토지·건물 및 기타의 부동산

① 비영업용 토지 등을 구입하고 제비용과 함께 수표 발행하여 지급한 경우

차변	투자부동산 XXX	대변	당좌예금 XXX

② 투자목적의 토지를 판매하고 현금으로 회수하다.

차변	현금 XXX	대변	투자부동산 XXX

(7) 보증금

전세권·전신전화가입권·임차보증금 및 영업보증금을 일괄하여 보증금이라 한다.

① 영업용 건물에 대한 전세계약을 체결하고 전세금을 현금으로 지급한 경우

차변	임차보증금 XXX	대변	현금 XXX

② (주)서울우유와 판매대리점 계약을 맺고 보증금을 현금으로 지급한 경우

차변	임차보증금 XXX	대변	현금 XXX

③ 전화국에 전화기술비로 현금을 지급한 경우

차변	보증금 XXX	대변	현금 XXX

④ 영업용 건물을 임차하고 임차보증금과 1개월분 집세를 현금으로 지급한 경우

차변	임차보증금 XXX 임 차 료 XXX	대변	현금 XXX

1. 다음 거래를 분개하시오.

(1) (주)영진 발행 사채 액면 ₩2,000,000(이자율 연 10%, 만기 3년)을 만기까지 보유할 목적으로 액면 금액으로 매입하고, 대금은 수표 발행하여 지급하다.

(2) 위 사채를 만기에 현금으로 상환한다.

(3) 장기투자(매도가능)의 목적으로 (주)영진의 주식 100주(1주 액면 ₩5,000)를 @₩6,000에 매입하고 대금은 수표를 발행하여 지급하다.

(4) 위 주식 중 50주를 @₩6,500에 처분하고 대금은 현금으로 받다.

(5) 위 주식 중 50주를 @₩5,000에 처분하고 대금은 현금으로 받다.

(6) 장기투자의 목적으로 소유하고 있던 (주)상공의 주식 100주(1주 액면 ₩5,000, 취득가액 @₩7,000)를 결산 시 @₩6,000으로 평가하다.

(7) 장기투자의 목적으로 소유하고 있던 (주)상공의 주식 100주(1주 액면 ₩5,000, 취득가액 @₩7,000)를 결산 시 @₩7,500으로 평가하다.

(8) 장기매매차익을 목적으로 소유하고 있던 (주)상공의 주식 100주(1주 액면 ₩5,000, 취득가액 @₩7,000)를 결산 시 평가한 결과 회복 가능성이 없어 @₩6,500으로 감액 처리하다.

	차변과목	금액	대변과목	금액
(1)				
(2)				
(3)				
(4)				
(5)				
(6)				
(7)				
(8)				

2. 다음 거래를 분개하시오.

(1) 한국은행으로부터 2년 만기의 양도성예금증서(CD) ₩10,000,000을 예입하고 선이자 ₩100,000을 차감한 잔액은 현금으로 지급하다.

(2) 남산상점에 현금 ₩3,000,000을 2년 동안 대여하다.

(3) 도봉상점에 상품 ₩1,000,000을 매출하고 대금은 3년 만기의 약속어음을 받다.

(4) 장기 투자의 목적으로 건물 ₩5,000,000을 구입하고 취득세 ₩500,000과 함께 현금으로 지급하다.

(5) 영업용 건물을 전세로 임차하고 전세보증금 ₩10,000,000을 현금으로 지급하다.

(6) 영업용 건물을 임차하고 보증금 ₩4,000,000과 1개월분 집세 ₩400,000을 현금으로 지급하다.

(7) 삼성전자와 대리점 계약을 맺고 보증금 ₩20,000,000을 수표 발행하여 지급하다.

(8) 한국전화국에 전화 기입 신청을 하고 계약금 ₩250,000을 현금으로 지급하다.

	차변과목	금액	대변과목	금액
(1)				
(2)				
(3)				
(4)				
(5)				
(6)				
(7)				
(8)				

Answer 1

	차변과목	금액	대변과목	금액
(1)	만기보유증권	2,000,000	당좌예금	2,000,000
(2)	현금	2,000,000	만기보유증권	2,000,000
(3)	매도가능증권	600,000	당좌예금	600,000
(4)	현금	325,000	매도가능증권 매도가능증권처분이익	300,000 25,000
(5)	현금 매도가능증권처분손실	250,000 50,000	매도가능증권	300,000
(6)	매도가능증권평가손실	100,000	매도가능증권	100,000
(7)	매도가능증권	50,000	매도가능증권평가이익	50,000
(8)	매도가능증권감액손실	50,000	매도가능증권	50,000

Answer 2

	차변과목	금액	대변과목	금액
(1)	장기금융상품	10,000,000	현금 이자수익	9,900,000 100,000
(2)	장기대여금	3,000,000	현금	3,000,000
(3)	장기매출채권	1,000,000	매출	1,000,000
(4)	투자부동산	5,500,000	현금	5,500,000
(5)	임차보증금	10,000,000	현금	10,000,000
(6)	임차보증금 임차료	4,000,000 400,000	현금	4,400,000
(7)	임차보증금	20,000,000	당좌예금	20,000,000
(8)	임차보증금	250,000	현금	250,000

1. **다음 중 투자자산에 관한 설명 중 틀린 것은?**

   ① 비유동자산은 투자자산, 유형자산, 무형자산, 기타비유동자산으로 분류한다.

   ② 대리점 계약을 맺고 지급하는 보증금도 투자자산에 속한다.

   ③ 영업 목적으로 구입한 토지는 투자부동산계정으로 회계 처리한다.

   ④ 여유 자금을 활용할 목적이나 장기간에 걸쳐 자금의 증식을 목적으로 취득한 자산을 말한다.

2. **다음 설명 중 잘못된 것은?**

   ① 취득원가 ₩50,000인 단기매매증권이 결산 시 시가가 ₩48,000으로 하락하는 경우, 단기매매증권 장부가액은 ₩48,000으로 작아지고 영업외비용인 단기매매증권평가손실이 ₩2,000 계상된다.

   ② 매도가능증권의 취득을 위하여 발생한 수수료 등 부대비용은 영업 활동과 무관하므로 영업외비용으로 계상한다.

   ③ 투자부동산은 영업 활동에 이용되는 부동산이 아니므로 감가상각을 하지 않는다.

   ④ 보유하고 있는 단기매매증권에 대한 배당금수익은 영업외수익으로 분류한다.

3. **다음 중 투자자산에 속하지 않는 것은?**

   ① 장기대여금   ② 장기금융상품

   ③ 장기차입금   ④ 장기성매출채권

4. **금융기관이 취급하는 정형화된 상품으로 만기가 1년 이상인 것은 어느 계정으로 회계 처리하여야 하는가?**

   ① 단기금융상품   ② 투자부동산

   ③ 장기금융상품   ④ 장기성매출채권

5. **(주)일산이 시세차익을 얻을 목적으로 비영업용 토지를 구입하는 경우 재무상태표의 어느 계정으로 보고해야 하는가?**

   ① 당좌자산   ② 재고자산

   ③ 투자자산   ④ 무형자산

6. 다음 중 보증금계정으로 처리할 수 없는 것은?

　① 전세권　　　　② 영업권　　　　③ 전신전화가입권　　④ 임차보증금

7. 다음 중 재무상태표상 같은 그룹에 속하지 않는 계정은?

　① 전신전화가입권　　　　　　② 단기매매증권
　③ 비업무용 부동산　　　　　　④ 영업보증금

8. 다음 중 재무제표의 계정과목으로 연결이 잘못된 것은 어느 것인가?

　① 건물 - 유형자산　　　　　　② 보증금 - 투자자산
　③ 만기보유증권 - 투자자산　　④ 매도가능증권 - 유동자산

9. 다음 중 기업회계기준상 포괄손익계산서계정인 것은?

　① 매도가능증권평가손실　　　　② 매도가능증권감액손실
　③ 개발비　　　　　　　　　　　④ 사채할인발행차금

10. 장기 투자(매도가능)의 목적으로 (주)일신상사의 사채 액면 ₩2,000,000(액면 @₩10,000)을 @₩9,500에 매입하고 수수료 ₩50,000과 함께 현금으로 지급하다. 맞는 분개는?

　① (차) 매도가능증권 1,900,000　(대) 현금 1,950,000
　　　　수 수 료 비 용　 50,000
　② (차) 매도가능증권 1,950,000　(대) 현금 1,950,000
　③ (차) 만기보유증권 1,900,000　(대) 현금 1,950,000
　　　　수 수 료 비 용　 50,000
　④ (차) 만기보유증권 1,950,000　(대) 현금 1,950,000

11. (주)대만은 장기 투자의 목적으로 비업무용 토지 100평을 ₩7,000,000에 취득하고 취득세 ₩1,0000,000과 함께 현금 지급하다. 맞는 분개는?

　① (차) 토　　　　지　8,000,000　(대) 현　　　금 8,000,000
　③ (차) 투자부동산　8,000,000　(대) 현　　　금 8,000,000
　② (차) 토　　　　지　7,000,000　(대) 현　　　금 8,000,000
　④ (차) 투자부동산　7,000,000　(대) 현　　　금 8,000,000
　　　　　　세금과공과　1,000,000

12. 한국전화국에 전화 2대의 가설 신청을 받고 가설비 ₩500,000을 현금으로 지급시 맞는 분개는?

① (차) 비   품   500,000 (대) 현금 500,000

② (차) 보 증 금   500,000 (대) 현금 500,000

③ (차) 통 신 비   500,000 (대) 현금 500,000

④ (차) 투자자산   500,000 (대) 현금 500,000

13. 경기상사는 점표 1대를 1년간 임차 계약을 맺고 이에 따른 보증금 ₩1,000,000에 월세 1 개월분 ₩100,000을 수표를 발행하여 지급하다. 올바른 분개는?

① (차) 보증금 1,000,000 (대) 현   금   900,000
                                  임 차 료   100,000

② (차) 보증금 1,000,000 (대) 현   금 1,100,000
        임차료   100,000

③ (차) 임차료   100,000 (대) 현   금   100,000

④ (차) 보증금 1,000,000 (대) 당좌예금 1,100,000
        임차료   100,000

14. 장기 매매차익을 목적으로 주식 1,000주(액면@₩5,000, 장부가액 @₩5,500)를 소유하고 있었고 결산일에 공정가액 @₩5,300으로 평가하다. 맞는 분개는?

① (차) 단기매매증권평가손실 200,000 (대) 단 기 매 매 증 권 200,000

② (차) 단 기 매 매 증 권 300,000 (대) 단기매매증권평가이익 300,000

③ (차) 매도가능증권평가손실 200,000 (대) 매 도 가 능 증 권 200,000

④ (차) 매 도 가 능 증 권 300,000 (대) 매도가능증권평가이익 300,000

15. 장기 매매차익을 목적으로 주식 500주(액면 @₩5,000, 장부가액 @₩5,500)를 소유하고 있었고 결산일에 회복 가능성이 없어 @₩5,200으로 감액하다. 맞는 분개는?

① (차) 단기매매증권평가손실 150,000 (대) 단기매매증권 150,000

② (차) 매도가능증권평가손실 150,000 (대) 매도가능증권 150,000

③ (차) 매도가능증권평가손실 100,000 (대) 매도가능증권 100,000

④ (차) 매도가능증권감액손실 150,000 (대) 매도가능증권 150,000

16. 다음 자료에 의하여 재무상태표에 표시할 투자자산의 합계는 얼마인가?

창업비 ₩25,000, 전세권 ₩50,000, 영업보증금 ₩30,000, 투자부동산 ₩180,000, 비품₩45,000, 산업재산권 ₩25,000, 단기매매증권 ₩15,000, 장기대여금 ₩50,000, 임차보증금 ₩40,000

① ₩190,000   ② ₩215,000   ③ ₩230,000   ④ ₩255,000

 정답

1. ③   2. ②   3. ③   4. ③   5. ③   6. ②   7. ②   8. ④   9. ②   10. ②   11. ②   12. ②   13. ④   14. ③
15. ④   16. ③

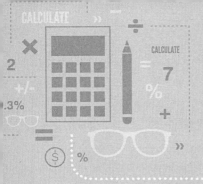

유형자산

유형자산의 뜻과 종류

기업이 판매 목적이 아닌 장기간에 걸쳐 정상적인 영업 활동에 사용하기 위하여 소유하는 토지, 건물, 구축물 등과 같이 구체적 형태를 가진 자산

유형자산의 요건

① 유형일 것(물리적 실체를 가질 것)

② 판매 목적이 아닌 정상적인 영업 활동에 사용할 것

③ 장기간에 걸쳐 사용할 것(1년 이상)

구분	내 용
토지	대지·임야·전답 등 영업 활동에 사용할 목적으로 토지를 취득한 경우 취득가액에 수수료, 개발, 취득세, 등기료 등 부대비용을 합하여 기입하는 계정(감가상각하지 않는다.)
건물	건물 및 건물에 부착된 냉난방·조명·통풍 등 부속설비 등을 영업 활동에 사용할 목적으로 취득한 경우 취득가액에 수수료, 등기료, 취득세, 개량비 등의 제비용을 합하여 기입하는 계정
구축물	교량·부교·궤도·저수지·경도·굴뚝·정원설비 등을 기입하는 계정
기계장치	기계장치·콘베어·호이스트·기중기 등 공장 내에 고정된 각종 시설의 취득과 처분을 기입하는 계정
선박	선박과 기타의 수상운반구 등을 기입하는 계정
차량운반구	영업상 운반 목적으로 사용되는 자동차, 자전거, 철도 차량 등을 취득하거나 처분할 때 기입하는 계정

비품	내용연수가 1년 이상이고 상당한 금액 이상이 되는 컴퓨터, 금고, 계산기, 책상, 의자 등 업무용 자산을 취득하거나 처분할 때 기입하는 계정
건설중인자산	영업용 건물이나 열, 교량 등을 신축할 경우, 완공될 때까지 지출하는 공사비를 기입하는 계정(후일 완공되면 건설중인자산계정 잔액을 해당 계정에 대체하고, 그전에는 감가상각하지 않는다.)

유형자산의 취득

유형자산의 취득, 건설, 계좌에 든 비용은 취득원가로 해당 유형자산계정의 차변에 기입한다. 이때 취득원가에는 <u>운반비, 설치비, 시험운전비 등 유형자산을 사용하기까지 소요된 제비용이 포함</u>된다.

① 유형자산의 취득시(취득가액 + 중개인수수료 + 취득세 + 등기비 + 시운전비 등 포함)

차변	유형자산 XXX	대변	현금 XXX

유형자산계정

기초잔액(전기 이월액)	처분 및 양도액, 감가상각액
유형자산 취득시(취득비용 포함)	기말잔액(차기 이월액)

자본적 지출과 수익적 지출

유형자산을 취득한 후 추가적인 지출이 발생하는 경우, 이러한 지출을 해당 자산의 원가에 가산하여 자산의 증가로 처리하는 방법과 비용(수선비)의 발생으로 처리하는 방법이 있다.

자본적 지출	수익적 지출
지출의 효과가 ① 내용연수연장. ② 성능개량. ③ 용도 변경 등 　**자산 가액**을 실질적으로 **증가**시키는 지출	지출의 효과가 유형자산의 ① 원상회복. ② 능률 유지 등 　단순한 **현상 유지**에 그치는 지출

① 추가 지출이 자본적 지출인 경우

차변	유형자산 XXX	대변	현금 XXX

② 추가 지출이 수익적 지출인 경우

차변	수선비 XXX	대변	현금 XXX

건설중인자산

건설중인자산이란 영업용 건물을 신축하는 경우, 건물을 신축하기 위해 지급되는 모든 금액을 건물이 완성되기 전까지 <u>일시적으로 처리하는 가계정</u>으로 건물이 완성되면 건물 계정으로 대체한다.

① 건물 신축계약을 맺고 착수금이나 중도금을 현금으로 지급한 경우

차변	건설중인자산 XXX	대변	현금 XXX

② 건물이 완성되어 공사비 잔금을 수표 발행하여 지급한 경우

차변	건물 XXX	대변	건설중인자산 XXX 당 좌 예 금 XXX

유형자산의 감가상각

(1) 감가상각의 뜻

<u>토지, 건설중인자산 등을 제외한</u> <u>건물 비품 등 유형자산은 사용이나 시간의 경과에 따라 그 가치가 감소</u>하게 되는 데 이를 감가라 한다.

감가는 매 순간 발생하지만 이를 매일매일 장부에 기록하는 것은 불가능하다. 따라서 결산 시에 감가된 금액을 한꺼번에 계산하여 해당 유형자산의 장부가액에서 차감하게 되는데, 이를 감가상각이라 하고, 이때 감가상각한 비용을 감가상각비라 한다.

감가의 원인

① 사용으로 인한 마멸

② 시간의 경과에 따른 노후화

③ 발명 또는 기술 발전 등으로 인한 구식화

④ 기업의 성장, 환경변화 등으로 사용 목적에 맞지 않는 부작용

감가상각의 목적

① 정확한 손익계산

② 원가 배분

③ 유형자산의 정확한 평가

④ 기업 자본의 회수 및 유지

---

(2) 감가상각비의 계산 방법

유형자산의 감가된다는 것은 알 수 있으나 정확히 얼마가 감가되었는지는 알 수 없다. 그러므로 이 금액을 합리적인 방법으로 계산해야 하는데, 이를 위해 다음과 같은 방법이 이용된다.

① **정액법** - 매 회계 기간의 감가상각비가 동일한 금액이 되도록 계산하는 방법

> 매년의 감가상각비 = (취득원가 - 잔존가치) / 내용연수

② **정률법** - 기말 결산 시 유형자산의 미상각 장부잔액에 상각률(정률)을 곱하여 감가상각비를 계산하는 방법

> 매년의 감가상각비 = 미상각 잔액(취득원가 - 감가상각누계액) × 정률   정률: $1 - \sqrt[n]{\dfrac{잔존가치}{취득원가}}$

③ **연수합계법** - 산술급수의 계산에 의해 분수로 상각률을 계산하여 감가상각비를 계산하는 방법, 초기에 많은 감가상각비를 계상하고 차차 적게 계산하는 방법이다

> 매년의 감가상각비 = (취득원가 - 잔존가치) × (내용연수 역순/ 내용연수 총합)

④ **생산량 비례법** - 시간이 경과함에 따라 나타난다고 하기보다는 생산량에 비례하여 나타난다고 하는 것을 전제로 하여 감가상각비를 계산하는 방법이다

> 매년의 감가상각비 = (취득원가 - 잔존가치) × (당기 생산량/ 총 추정 생산량)

⑤ **이중체감법**(정액법의 배법) - 정액법에서의 상각률을 2배로 하여 상각하는 방법이다

> 매년의 감가상각비 = 미상각 잔액(취득원가 - 감가상각누계액) × (2/내용연수)

감가상각비 계산의 3요소 - 감가상각비를 계산할 때 알아야 할 요소

① 취득원가: 유형자산의 취득가액 + 운반비, 중개수수료 등 취득시의 제비용

② 잔존가액: 유형자산의 폐기 처분 시 얻을 수 있는 재산가치

③ 내용연수: 유형자산의 사용 가능한 연수

취득원가: ₩246,000, 잔존가치: ₩6,000, 내용연수: 4년, 정률: 0.605

생산량 1년도: 30,000개, 2년도: 40,000개, 3년도: 10,000개, 4년도: 20,000개

〈정액법〉

1년도: (246,000 - 6,000) ÷ 4 = 60,000

2년도: (246,000 - 6,000) ÷ 4 = 60,000

3년도: (246,000 - 6,000) ÷ 4 = 60,000

4년도: (246,000 - 6,000) ÷ 4 = 60,000

〈정률법〉

1년도: (246,000 -   0) × 0.605 = 148,830

2년도: (246,000 - 148,830) × 0.605 = 58,790

3년도: (246,000 - 207,620) × 0.605 = 23,220

4년도: (246,000 - 230,840) × 0.605 =   9,160

〈연수합계법〉

1년도: (246,000 - 6,000) × $\frac{4}{10}$ = 96,000

2년도: (246,000 - 6,000) × $\frac{3}{10}$ = 72,000

3년도: (246,000 - 6,000) × $\frac{2}{10}$ = 48,000

4년도: $(246{,}000 - 6{,}000) \times \dfrac{1}{10} = 24{,}000$

〈생산량비례법〉

1년도: $(246{,}000 - 6{,}000) \times \dfrac{30{,}000}{100{,}000} = 72{,}000$

2년도: $(246{,}000 - 6{,}000) \times \dfrac{40{,}000}{100{,}000} = 96{,}000$

3년도: $(246{,}000 - 6{,}000) \times \dfrac{10{,}000}{100{,}000} = 24{,}000$

4년도: $(246{,}000 - 6{,}000) \times \dfrac{20{,}000}{100{,}000} = 48{,}000$

〈이중체감법〉

1년도: $(246{,}000 - \quad 0) \times \dfrac{2}{4} = 123{,}000$

2년도: $(246{,}000 - 123{,}000) \times \dfrac{2}{4} = 61{,}500$

3년도: $(246{,}000 - 184{,}500) \times \dfrac{2}{4} = 30{,}750$

4년도: $(246{,}000 - 215{,}250) \times \dfrac{2}{4} = 24{,}750$

(3) 감가상각비의 기장 방법

① 직접법 - 감가상각액을 자산의 장부가액에서 직접 차감하는 방법

② 간접법 - 감가상각누계액 계정을 두어 간접적으로 차감하는 방법

건물의 취득원가가 ₩1,000,000일 때, 감가상각비 ₩50,000을 계상하는 경우

ㄱ) 직접법에 의한 기장

차변	감가상각비 50,000	대변	건물 50,000

ㄴ) 간접법에 의한 기장

| 차변 | 감가상각비 50,000 | 대변 | 감가상각누계액 50,000 |

유형자산의 처분

유형자산을 처분한 때에는 해당 유형자산계정 대변에 장부가액으로 기입하고, 처분액과 장부가액과의 차액은 유형자산처분이익 또는 손실계정에 기입한다. 이 때 간접법으로 기장한 감가상각누계액은 차변에 기입하여 상계한다.

① 장부가액 < 처분가액으로 처분한 경우

취득원가 ₩50,000, 감가상각누계액 ₩30,000의 건물을 ₩40,000에 처분하다.

| 차변 | 현   금 40,000
감가상각누계액 30,000 | 대변 | 건   물 50,000
유형자산처분이익 20,000 |

② 장부가액 > 처분가액으로 처분한 경우

취득원가 ₩50,000, 감가상각누계액 ₩30,000의 건물을 ₩10,000에 처분하다.

| 차변 | 현   금 10,000
건물감가상각누계액 30,000
유형자산처분손실 10,000 | 대변 | 건물 50,000 |

1. 다음 유형자산의 취득과 처분에 관한 거래를 분개하시오.

(1) 영업용 토지 ₩3,000,000을 구입하고 수표 발행하여 지급하다. 취득세 ₩30,000, 등기료 ₩40,000, 정지비 ₩30,000은 현금으로 지급하다.

(2) 영업용 건물 취득원가 ₩3,000,000(감가상각누계액 ₩500,000)을 ₩4,000,000에 매각 처분하고 대금은 수표로 받아 즉시 당좌예금하다.

(3) 취득원가 ₩1,000,000의 영업용 건물을 3년초에 ₩700,000에 매각 처분하고 대금은 현금으로 받다. (단, 감가상각은 정액법, 내용연수 10년, 잔존가액은 ₩0일 때 간접법으로 기장하였다.)

(4) 취득원가 ₩4,000,000인 영업용 자동차를 4년초에 ₩2,000,000에 처분하고 대금은 현금으로 받다. (단, 감가상각은 정액법, 내용연수 5년, 잔존가액은 ₩0일 때 직접법으로 기장하였다.)

(5) 취득원가 ₩2,000,000의 기계장치를 3년초에 ₩1,000,000에 매각 처분하고 대금은 현금으로 받다. (단, 감가상각은 정률법(연 20%)으로 하며, 간접법으로 기장하였다.)

	차변과목	금액	대변과목	금액
(1)				
(2)				
(3)				
(4)				
(5)				

2. 다음 건설중인자산에 관한 거래를 분개하시오.

(1) 상민건설과 본사 건물 신축 계약을 맺고 도급대금 ₩30,000,000 중 ₩5,000,000의 계약금을 현금으로 지급하다.

(2) 신축 중인 건물 ₩30,000,000이 완공되어 공사비 잔금 ₩10,000,000을 현금으로 지급하고 건물을 인수하다.

(3) 신축 중이던 영업용 건물 ₩20,000,000이 완공되어 인수하고, 공사비 잔금 ₩5,000,000과 등기비용 ₩300,000을 수표 발행하여 지급하다.

	차변과목	금액	대변과목	금액
(1)				
(2)				
(3)				

3. 다음 자본적 지출과 수익적 지출에 관한 거래를 분개하시오.

(1) 영업용 건물에 대한 수리비 ₩3,000,000을 현금으로 지급하다. (단, ₩2,000,000은 자본적 지출이고, ₩1,000,000은 단순한 수선을 위한 지출이다.)

(2) 영업용 건물이 파손되어 수리하고 현금 ₩1,000,000을 지급하였다. (단 수리로 인하여 ₩600,000의 가치가 증대되었다.)

(3) 건물 일부를 증축하고 수선비 ₩2,000,000을 현금을 지급하다. (단, ₩500,000은 수리적 지출이다.)

	차변과목	금액	대변과목	금액
(1)				
(2)				
(3)				

Answer 1

	차변과목	금액	대변과목	금액
(1)	토지	3,100,000	당좌예금 현금	3,000,000 100,000
(2)	감가상각누계액 당좌예금	500,000 4,000,000	건물 유형자산처분이익	3,000,000 1,500,000
(3)	감가상각누계액 현금 유형자산처분손실	200,000 700,000 100,000	건물	1,000,000
(4)	현금	2,000,000	차량운반구 유형자산처분이익	1,600,000 400,000
(5)	감가상각누계액 현금 유형자산처분손실	720,000 1,000,000 280,000	기계장치	2,000,000

	차변과목	금액	대변과목	금액
(1)	건설중인자산	5,000,000	현금	5,000,000
(2)	건물	30,000,000	건설중인자산 현금	20,000,000 10,000,000
(3)	건물	20,300,000	건설중인자산 당좌예금	15,000,000 5,300,000

	차변과목	금액	대변과목	금액
(1)	건물 수선비	2,000,000 1,000,000	현금	3,000,000
(2)	건물 수선비	600,000 400,000	현금	1,000,000
(3)	건물 수선비	1,500,000 500,000	현금	2,000,000

1. 다음 유형자산에 관헌 설명 중 틀린 것은?

① 유형자산은 형태가 있어야 한다.

② 유형자산은 비유동자산에 속한다.

③ 토지는 감가상각하지 않으므로 유형자산에 속하지 않는다.

④ 토지와 건설중인자산을 제외한 유형자산은 매 결산기마다 감가상각을 행한다.

2. 다음 중 유형자산에 속하지 않는 것은?

① 건물　　　　　② 저장품　　　　　③ 토지　　　　　④ 기계장치

3. 영업용 건물 ₩3,000,0000을 구입하고, 다음과 같은 부대비용을 현금으로 지급하였다. 장부에 기록할 건물의 취득원가는 얼마인가?

> 매입 수수료 ₩150,000,　　취득세 ₩250,000,　　냉난방설치비 ₩120,000

① ₩3,520,000　　② ₩3,400,000　　③ ₩3,150,000　　④ ₩3,270,000

4. 다음 중 유형자산의 원가에 포함되지 않는 것은?

① 기본설비에 새로운 독립적인 자산을 부가하거나 기본설비를 확장하기 위한 지출

② 고정자산의 능률을 유지하기 위한 수선비

③ 고정자산의 내용연수를 연장시키는 지출

④ 고정자산의 가치를 실질적으로 증가시키는 지출

5. (주)경북은 사옥을 신축하기 위하여 (주)경남으로부터 장부가액이 각각 ₩100,000과 ₩200,000인 사옥과 토지를 함께 ₩300,000에 매입하였다. 매입 후 즉시 ₩5,000을 들여 (주)경남의 사옥을 철거하고 신축공사를 시작하였다. (주)경북이 위 거래와 관련하여 계상하여야 하는 토지의 취득원가는 얼마인가?

① ₩200,000　　② ₩300,000　　③ ₩305,000　　④ ₩205,000

6. 다음 건물의 자본적 지출과 수익적 지출에 관한 설명 중 틀린 것은?

① 수익적 지출은 수선비계정으로 처리한다.

② 자본적 지출은 건물 원가에 포함한다.

③ 건물 증축이나 개조를 위한 비용은 수익적 지출이라 한다.

④ 건물에 대한 내용연수의 연장이나 가치 증대를 목적으로 지출된 비용을 자본적 지출이라 한다.

7. 다음 중 자본적 지출로 처리해야 할 것은?

① 고정자산의 내용연수를 연장시키는 지출

② 고정자산의 능률 유지를 위한 지출

③ 고정자산의 원상을 회복시키는 지출

④ 지출의 효과가 당해 회계 기간 내에 소멸하는 지출

8. 다음은 유형자산에 대한 지출액이다. 자본적 지출에 해당하지 않는 것은?

① 기계장치의 정기안전검사를 얻기 위하여 ₩100,000을 지출하였다.

② 구입한 토지의 측량 및 정지비용으로 ₩80,000을 지출하였다.

③ 제품의 검사 시설을 신형으로 교체하면서 ₩70,000을 지출하였는데, 이로 인하여 불량품이 현저하게 감소될 것으로 예상한다.

④ 배달용 트럭을 구입한 즉시 트럭의 성능 향상장치를 부착하고 ₩40,000을 지출하였다.

9. 다음 중 감가상각을 하는 목적으로 가장 적절한 것은?

① 세무관서에 정확한 세금 계산을 위하여

② 기업의 자금융통을 원활하게 하기 위하여

③ 유형자산의 취득원가를 체계적이고 합리적으로 배분하여 당기의 비용으로 인식하기 위하여

④ 차기에 구입할 유형자산의 자금을 비축하기 위하여

10. 다음 중 기업회계기준상 허용하는 유형자산의 감가상각 방법의 조합으로 옳은 것은?

가. 정액법   나. 정률법   다. 생산량 비례법   라. 기타합리적인 방법

① 가   ② 가, 나   ③ 가, 나, 다   ④ 가, 나, 다, 라

11. 다음 중 정률법에 의한 감가상각비를 계산하는 등식은?

① 취득원가 × 정률   ② (미상각잔액 - 잔존가액) × 정률

③ 취득원가 × 내용연수   ④ (취득원가 - 감가상각누계액) × 정률

12. 다음 중 감가상각을 누락시켰을 경우 포괄손익계산서에 미치는 영향으로 옳은 것은?

① 영업이익 감소   ② 영업이익 증가

③ 매출총이익 증가   ④ 매출총이익 감소

13. 수익적 지출을 자본적 지출로 처리한 경우 초래되는 결과로 맞는 것은?

① 자산 과소계상   ② 당기순이익 과소계상

③ 비용 과소계상   ④ 수익 과대계상

14. 상수건설에 영업용 건물의 신축을 의뢰하고 공사 착수금으로 당좌수표 ₩3,000,000(도급금액 ₩30,000,000)을 발행하여 지급하다. 이 거래를 분개할 때 차변 계정과목은?

① 건물   ② 선급금

③ 건설중인자산   ④ 보증금

15. (주)진주는 신축 중인 건물이 완성되어 도급대금의 잔액을 현금으로 지급하였다. 이 거래를 분개했을 때 다음 중 (주)진주의 재무 상태에 미치는 영향으로 옳은 것은?

① 자산 증가   ② 자산 감소   ③ 자산 불변   ④ 자본 증가

16. 2XX1년 01월 경기(주)는 제조활동에 사용하기 위하여 ₩100,000에 기계를 구입하였다. 기계의 내용연수는 5년, 잔존가치는 ₩10,000, 정액법을 적용하는 경우 2XX2년도 말의 감가상각비는 얼마인가?

① ₩36,000   ② ₩20,000   ③ ₩18,000   ④ ₩9,000

17. 다음 자료에 의하여 건물에 대한 감가상각비를 정액법으로 계산하면 얼마인가? 단, 감가상각누계액은 3년초 금액이다.

건물		건물감가상각누계액	
800,000			160,000

① ₩32,000   ② ₩64,000   ③ ₩40,000   ④ ₩80,000

18. 울산은 2XX5년 01월 초에 기계장치를 ₩1,000,000에 구입하였다. 울산은 동 기계장치를 정률법(상각률 40%)에 의하여 상각하고 있으며, 동 기계장치의 내용연수는 5년이고, 잔존가치는 ₩100,000이다. 2XX7년 12월 말 결산 시 계상될 기계장치에 대한 감가상각비는 얼마인가?

① ₩144,000   ② ₩180,000   ③ ₩240,000   ④ ₩360,000

19. 2XX1년초 부산상사는 ₩160,000에 제품 제작을 위한 기계장치를 구입하였다. 기계의 추정 내용연수는 5년, 잔존가액은 ₩10,000, 제품 생산 가능 수량은 200,000개이다. 2XX1년 1년 동안 29,000개의 제품을 생산한 경우 생산량 비례법에 따라 1년간 감가상각비를 계산하면 얼마인가?

① ₩21,750   ② ₩23,200   ③ ₩24,650   ④ ₩30,000

20. 2XX4년 01월 01일 취득한 기계장치(취득원가 ₩3,000,000, 정률(연 10%)법)의 2XX6년 12월 31일까지 감가상각한 감가상각누계액은 얼마인가?

① ₩300,000   ② ₩570,000   ③ ₩813,000   ④ ₩900,000

21. 취득원가 ₩150,000인 컴퓨터를 3년 초에 ₩100,000에 매각 처분하였다. 유형자산처분손익은 얼마인가? (단, 감가상각은 정률법 정률은 10%)

① 유형자산처분이익 ₩21,500

② 유형자산처분손실 ₩21,500

③ 유형자산처분이익 ₩50,000

④ 유형자산처분이익 ₩50,000

22. 기계장치(취득원가 ₩600,000 내용연수 5년, 잔존가액 ₩50,000, 정액법)를 3년간 사용하다가 현금 ₩250,000을 받고 팔았다. 이때 유형자산처분손익은 포괄손익계산서에 무엇으로 분류되고 금액은 얼마인가?

① 영업외비용 ₩10,000

② 판매비와관리비 ₩10,000

③ 영업외비용 ₩20,000

④ 판매비와관리비 ₩20,000

23. 취득원가 ₩3,000,000, 감가상각누계액 ₩1,300,000인 차량운반구를 ₩1,400,000으로 평가하여 자동차매매상사에서 신규자동차 ₩5,000,000과 교환인수하고 차액은 현금으로 지급했을 때 유형자산처분손실은 얼마인가?

① ₩450,000   ② ₩400,000   ③ ₩350,000   ④ ₩300,000

24. 다음은 (주)제주의 기계장치에 대한 거래 내역이다. 이 거래의 결과 유형자산처분이익은 얼마인가?

> 2XX2년 01/01: 기계장치의 취득원가 ₩800,000(내용연수 5년, 잔존가치 ₩0, 정액법 상각)
> 2XX5년 06/30: 현금 ₩500,000을 받고 처분(단, 감가상각은 월할 상각)

① ₩240,000   ② ₩260,000   ③ ₩300,000   ④ ₩340,000

25. (주)동부는 새로운 공장에서 사용할 기계장치를 (주)한성으로부터 구입하였다. 다음의 관련 제비용을 참고하여 구입에 대한 분개한 것 중 옳은 것은?

> 기계장치 ₩5,000,000, 설치비용 ₩100,000, 시운전비용 ₩300,000, 운반 노무비 ₩100,000, 기계장치 대금은 외상이며 기타의 제비용은 현금으로 지급하였다.

① (차) 기계장치　5,000,000　(대) 외상매입금 5,000,000
　　　수 수 료　　 500,000　　　현　　　금　 500,000
② (차) 기계장치　5,500,000　(대) 미 지 급 금 5,000,000
　　　　　　　　　　　　　　　　현　　　금　 500,000
③ (차) 기계장치　5,500,000　(대) 외상매입금 5,000,000
　　　　　　　　　　　　　　　　현　　　금　 500,000
④ (차) 기계장치　5,000,000　(대) 미 지 급 금 5,000,000
　　　수 수 료　　 500,000　　　현　　　금　 500,000

26. 건물을 ₩5,000,000에 구입하고 수표 발행하여 지급하다. 취득세 ₩150,000과 등록제비용 ₩50,000을 함께 현금으로 지급하다. 맞는 분개는?

① (차) 건　　　　물　5,200,000　(대) 당좌예금　5,000,000
　　　　　　　　　　　　　　　　　현　　　금　　 200,000
② (차) 건　　　　물　5,200,000　(대) 당좌예금　5,200,000
③ (차) 건　　　　물　5,000,000　(대) 당좌예금　5,000,000
　　　세금과공과　　 200,000　　　현　　　금　　 200,000
④ (차) 건　　　　물　5,000,000　(대) 현　　　금　5,200,000
　　　세금과공과　　 200,000

27. 취득원가 ₩2,500,000(감가상각누계액 ₩1,000,000)의 건물을 ₩2,000,000에 처분하고, 대금은 월말에 받기로 하였다. 맞는 분개는?

① (차) 미 수 금　2,000,000　(대) 건 물　2,500,000
　　유형자산처분손실　500,000

② (차) 미 수 금　2,000,000　(대) 건 물　2,500,000
　　감가상각누계액　1,000,000　　유형자산처분이익　500,000

③ (차) 미 수 금　2,500,000　(대) 당 좌 예 금　2,000,000
　　　　　　　　　　유형자산처분이익　500,000

④ (차) 미 수 금　1,500,000　(대) 건 물　2,500,000
　　감가상각누계액　1,000,000

28. 신축중인 영업용 건물 ₩50,000,000이 완공되어 인수하고 공사비 잔액 ₩35,000,000과 제비용 ₩1,500,000은 현금으로 지급하다. 올바른 분개는?

① (차) 건 물　51,500,000　(대) 현 금　51,500,000

② (차) 건 물　50,000,000　(대) 현 금　36,500,000
　　　　　　　　　　건설중인자산　13,500,000

③ (차) 건 물　35,000,000　(대) 현 금　36,500,000
　　수수료비용　1,500,000

④ (차) 건 물　51,500,000　(대) 현 금　36,500,000
　　　　　　　　　　건설중인자산　15,000,000

29. 영업용 비품 취득원가 ₩500,000을 4년 초에 ₩300,000에 매각 처분하고 수표로 받았다. 감가상각은 정액법, 내용연수 20년, 간접법으로 처리한 경우 맞는 분개는?

① (차) 현 금　300,000　(대) 비 품　500,000
　　유형자산처분손실　200,000

② (차) 감가상각누계액　75,000　(대) 비 품　500,000
　　현 금　300,000
　　유형자산처분손실　125,000

③ (차) 현 금　300,000　(대) 비 품　455,000
　　유형자산처분손실　155,000

④ (차) 현 금　300,000　(대) 비 품　500,000
　　유형자산처분손실　245,000　　감가상각누계액　45,000

30. 수해로 인하여 건물이 파손되어 수리비 ₩2,000,000을 현금으로 지급하다.(단, ₩1,500,000
은 자본적 지출) 맞는 분개는?

① (차) 건　물　1,500,000　(대) 현　금　1,500,000

② (차) 건　물　1,500,000　(대) 현　금　2,000,000
　　　　수선비　　500,000

③ (차) 건　물　2,000,000　(대) 현　금　2,000,000

④ (차) 수선비　2,000,000　(대) 현　금　2,000,000

 정답

1. ③　2. ②　3. ①　4. ②　5. ③　6. ③　7. ①　8. ①　9. ③　10. ④　11. ④　12. ②　13. ③　14. ③　15. ③
16. ③　17. ④　18. ①　19. ①　20. ③　21. ②　22. ③　23. ④　24. ②　25. ②　26. ①　27. ②　28. ④
29. ②　30. ②

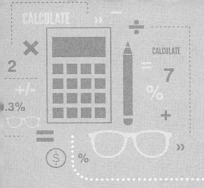

무형자산

무형자산의 뜻과 종류

구 분	내 용
영업권	지리적 위치, 특수한 경영비법, 기술의 특색 등 사업상의 유리한 조건으로 다른 기업에 비하여 높은 수익을 얻고 있는 기업을 매수할 때, 순자산을 초과하여 지급하는 대가
산업재산권	특허권, 실용신안권, 의장권, 상표권 등 법률에 의하여 그 권한을 일정 기간 독점적, 배타적으로 이용할 수 있는 권리
프랜차이즈	체인본사가 가맹점으로부터 받는 일정금액의 가입비
라이선스	상표를 사용할 수 있는 권리에 대한 대가
천연자원사용권	천연자원을 추출할 수 있는 권리에 지출된 금액
컴퓨터소프트웨어	업무를 위해 자체개발 또는 구입한 소프트웨어에 지출된 금액
광업권	일정한 광구에서 광물을 채굴하여 취득할 수 있는 권리
어업권	일정한 수면에서 어업을 결정할 수 있는 권리
차지권	임차료 지대를 지급하고 타인의 토지를 사용할 수 있는 권리
개발비	특정 신제품 또는 신기술의 개발과 관련하여 발생한 비용

무형자산의 취득, 상각, 처분

무형자산을 취득한 때에는 취득원가로 해당 계정의 차변에 기입하고 처분하면 원가로 대변에 기입한다. 결산 시 무형자산의 상각액은 무형자산상각비로 일괄하여 기입한다.

① 무형자산의 취득한 경우(취득가액 + 중개인수수료 등 포함)

차변	무형자산 XXX	대변	현금 XXX

② 결산 시 무형자산을 상각하는 경우

차변	무형자산상각비 XXX	대변	무형자산 XXX

③무형자산을 장부가액 < 처분가액으로 처분한 경우

차변	현금 XXX	대변	무 형 자 산 XXX 무형자산처분이익 XXX

④무형자산을 장부가액 > 처분가액으로 처분한 경우

차변	현　　　　　금 XXX 무형자산처분손실 XXX	대변	무형자산 XXX

> 기업회계기준서의 계정으로 창업비, 개업비와 같은 사업 개시 비용, 교육훈련비 및 광고선전비 등과 같이 미래 경제적 효익을 가져오는 지출이라도 인식기준을 충족하는 무형자산이나 다른 자산이 획득 또는 창출되지 않는다면 그 지출은 당기비용(판매비와관리비)으로 처리한다.

1. 다음 거래를 분개하시오.

(1) (주)대구는 신제품 개발을 위한 개발비용 ₩500,000을 현금으로 지급하다.

(2) 기말 결산 시 위의 개발비를 상각하다. (5년 균등상각 결산 연 1회)

(3) 신제품의 개발이 성공하여 특허청에 특허신청을 하였던바, 특허권을 취득하고, 특허에 따른 제비용 ₩600,000을 현금으로 지급하다.

(4) 결산 시 위의 특허권 ₩60,000을 상각하다.

(5) (주)광업은 추정예정량 300,000톤의 탄광을 ₩6,000,000에 취득하고, 대금은 수표를 발행하여 지급하다.

(6) 기말 결산 시 영업권을 상각하다. (단, 생산량 비례법사용, 당기 생산량은 10,000톤이다.)

(7) 다음과 같은 재무 상태를 가진 (주)상공을 ₩1,200,000에 인수하고, 대금은 수표 발행하여 지급하다.

재무상태표

자산	금액	부채 자본	금액
자산	2,000,000	부채	1,000,000
		자본	1,000,000
	2,000,000		2,000,000

(8) 기말 결산 시 영업권을 상각하다(내용연수는 5년)

	차변과목	금액	대변과목	금액
(1)				
(2)				
(3)				
(4)				
(5)				
(6)				
(7)				
(8)				

Answer 1

	차변과목	금액	대변과목	금액
(1)	개발비	500,000	현금	500,000
(2)	무형자산상각비	100,000	개발비	100,000
(3)	산업재산권	600,000	현금	600,000
(4)	무형자산상각비	60,000	산업재산권	60,000
(5)	광업권	6,000,000	당좌예금	6,000,000
(6)	무형자산상각비	200,000	광업권	200,000
(7)	제자산	2,000,000	제부채	1,000,000
	영업권	200,000	당좌예금	1,200,000
(8)	무형자산상각비	40,000	영업권	40,000

1. **무형자산에 대한 설명 중 잘못된 것은?**
   ① 물리적인 실체가 없다.
   ② 무형자산을 상각할 때는 간접법으로 상각한다.
   ③ 무형자산상각비는 판매비와관리비다.
   ④ 법률상의 관리 또는 사실상의 가치를 나타내는 자산이다.

2. **기업회계기준상 무형자산의 회계 처리에 대한 다음 설명 중 틀린 것은?**
   ① 무형자산에는 영업권, 산업재산권, 차지권, 개발비 등이 있다.
   ② 무형자산은 정액법 또는 생산량 비례법에 의해 상각한다.
   ③ 무형자산은 감가상각누계액계정을 사용하여 상각한다.
   ④ 무형자산은 상각기간은 관계법령이나 계약에 의해 정해진 경우를 제외하고는 20년을 초과하지 못한다.

3. **다음은 무형자산의 상각과 관련된 설명이다. 옳지 않은 것은?**
   ① 정액법 또는 생산량 비례법 중 합리적인 방법에 의하여 당해 자산의 사용 가능한 시점부터 합리적인 기간 상각한다.
   ② 상각기간은 20년을 초과하지 못하는 것이 원칙이다.
   ③ 무형자산상각누계액을 당해 자산에서 차감하는 형식으로 기재한다.
   ④ 무형자산의 상각비는 판매비와관리비로 처리한다.

4. **다음 중 무형자산에 속하지 않는 것은?**
   ① 산업재산권　　　② 창업비　　　③ 광업권　　　④ 개발비

5. **다음의 계정과목 중 포괄손익계산서계정에 해당하는 것은?**
   ① 실용신안권　　　② 임차권리금　　　③ 개발비　　　④ 무형자산상각비

6. **다음 중 무형자산으로만 짝지어진 것은?**
   ① 영업권, 보증금, 개발비
   ② 건물, 건설중인자산, 비품
   ③ 개발비, 산업재산권, 프랜차이즈
   ④ 투자부동산, 매도가능증권, 보증금

7. 다음 중 산업재산권에 포함할 수 없는 것은?

① 상품권   ② 특허권

③ 의장권   ④ 실용신안권

8. 다음 중 성격이 다른 것은?

① 라이선스   ② 저작권

③ 경상개발비   ④ 어업권

9. 다음 계정의 연결이 잘못된 것은?

① 영업권 - 무형자산

② 개발비 - 판매비와관리비

③ 창업비 - 판매비와관리비

④ 무형자산상각비 - 판매비와관리비

10. 경기상사는 결산 기발에 특허권 ₩5,000,000을 10년간 균등 상각하기로 하였다. 특허권을 상각할 때 차변의 계정과목으로 맞는 것은?

① 창업비   ② 대손상각비

③ 감가상각비   ④ 무형자산상각비

11. 제자산 ₩500,000, 제부채 ₩300,000, 자본 ₩200,000의 (주)현대를 인수하고, ₩250,000을 수표 발행하여 지급하였다. 이에 발생하는 영업권으로 맞는 것은?

① 영업권계정의 차변에 ₩50,000

② 영업권계정의 대변에 ₩50,000

③ 영업권계정의 차변에 ₩250,000

④ 영업권계정의 대변에 ₩250,000

12. 신제품을 개발하기 위하여 설비자재대금 ₩500,000을 현금으로 지급하였다. 맞는 분개는?

① (차) 연 구 비 500,000 (대) 현금 500,000

② (차) 개 발 비 500,000 (대) 현금 500,000

③ (차) 연구개발비 500,000 (대) 현금 500,000

④ (차) 시험연구비 500,000 (대) 현금 500,000

13. 4기말 잔액시산표에 개발비 잔액이 ₩54,000이었다. 개발비는 2기초에 발생한 것으로 5
년간 균등상각 한다면 맞는 분개는? (결산은 연 1회)

　① (차) 무형자산상각비　10,800　(대) 개발비 10,800

　② (차) 개 발 비 상 각　27,000　(대) 개발비 27,000

　③ (차) 개 발 비 상 각　18,000　(대) 개발비 18,000

　④ (차) 무형자산상각비　18,000　(대) 개발비 18,000

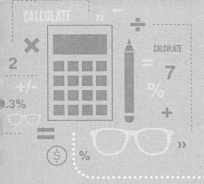

사채

사채의 뜻

사채는 이사회의 결의로 일반 대중으로부터 장기 자금 조달의 방법으로 발행하는 회사의 확정 채무임을 표시하는 증권으로, 사채의 발행 총액은 순재산액의 4배를 초과하지 못하고, 사채 발행시 @₩10,000 이상으로 금액은 균일해야 한다.

사채의 발행 방법

사채의 발행 방법에는 액면발행, 할증발행, 할인발행의 세 가지 방법이 있다.

(1) 액면발행(액면금액 = 발행가액)

사채의 액면금액과 동일한 금액으로 발행하는 것으로 액면이자율과 유효이자율이 같을 때 발행한다.

차변	당좌예금 XXX	대변	사채 XXX

(2) 할인발행(액면금액 > 발행가액)

사채를 액면금액 이하로 발행하는 것으로, 액면이자율이 유효이자율보다 낮을 때 발행한다. 액면금액과 발행가액과의 차액은 사채할인발행차금계정의 차변에 기입하고, 사채할인발행차금은 사채 발행 시부터 최종 상환 시까지의 기간에 유효이자율법을 적용하여 상각하고, 상각액은 이자비용에 가산하여 처리하고, 재무상태표상에는 사채에서 차감하는 형식으로 표시하여야 한다.

차변	당 좌 예 금 XXX 사채할인발행차금 XXX	대변	사채 XXX

(3) 할증발행(액면금액 < 발행가액)

사채를 액면금액 이상으로 발행하는 것으로, 액면이자율이 유효이자율보다 높을 때 발행한다. 액면금액을 초과하는 금액은 사채할증발행차금 대변에 기입하였다가 사채 발행 시부터 최종 상환 시까지의 기간에 유효이자율법을 적용하여 환입하고, 환입액은 이자비용에서 차감하여 처리하고 재무상태표상에서는 사채에 가산하는 형식으로 표시하여야 한다.

차변	당좌예금 XXX	대변	사 채 XXX 사채할증발행차금 XXX

사채 발행비의 회계처리

사채를 발행하기 위하여 소요된 사채 발행 수수료, 사채권 인쇄비와 사채 발행과 관련하여 일정한 기타 비용은 사채 발행 가액에서 직접 차감한다. 그러므로 할증발행시는 사채할증발행차금에서 차감하고, 할인발행시는 사채할인발행차금에 가산한다.

① 사채를 액면발행하면서 사채 발행비를 현금으로 지급한 경우(액면금액 ₩10,000, 주식발행비 ₩100)

| 차변 | 당 좌 예 금 10,000
사채할인발행차금 100 | 대변 | 사채 10,000
현금 100 |

② 사채를 할증발행하면서 사채 발행비를 현금으로 지급한 경우(액면금액 ₩10,000, 발행

가액 ₩10,300, 주식발행비 ₩100)

| 차변 | 당좌예금 10,300 | 대변 | 사 채 10,000
사채할증발행차금 200
현 금 100 |

③ 사채를 할인발행하면서 사채 발행비를 현금으로 지급한 경우(액면금액 ₩10,000, 발행가

액 ₩9,700, 주식발행비 ₩100)

| 차변 | 당 좌 예 금 9,700
사채할인발행차금 400 | 대변 | 사채 10,000
현금 100 |

사채 이자의 처리

사채 이자는 액면금액에 연이율을 곱하여 계산하여 이자비용계정으로 처리한다. 결산
시에는 사채이자를 계상하는 동시에 사채할인발행차금을 상각하여 이자비용에 가산하
고, 사채할증발행차금을 환입하여 이자비용에서 차감한다.

① 할인발행한 경우

| 차변 | 이자비용 XXX | 대변 | 당 좌 예 금 XXX
사채할인발행자금 XXX |

② 할증발행한 경우

| 차변 | 이 자 비 용 XXX
사채할증발행차금 XXX | 대변 | 당좌예금 XXX |

> 1. 사채할인발행차금 상각액 = 유효이자액 - 표시이자액
>
> 2. 사채할증발행차금 환입액 = 표시이자액 - 유효이자액
>
> 3. 유효이자액 = 사채장부가액 × 유효이자율(시장이자율)
>
> 4. 표시이자액 = 사채액면금액 × 표시이자율(액면이자율)
>
> 5. 사채할인발행차금이 상각은 정액법과 유효이자율법이 있다. 하지만 기업회계 기준에서는 유효이자율법만 인정된다. 그러나 그 금액이 크지 않고 중요하지 않은 경우에는 정액법을 사용할 수 있다.

사채의 상환

사채의 상환이란 사채 발행에 의하여 조달한 자금을 반환하는 것으로 만기상환(일시상환)과 수시상환(분할상환)이 있다.

(1) 만기상환
사채의 만기일에 사채 액면 잔액을 액면 금액대로 지급하여 일시에 상환하는 방법이다.

차변	사채 XXX		대변	당좌예금 XXX

(2) 수시상환
사채의 만기일 전에 상환하는 것으로 추첨상환과 매입상환이 있다.

① 추첨상환: 사채의 만기일 전에 추첨에 의하여 당첨된 사채를 액면금액으로 상환하는 것을 말한다.

차변	사채 XXX		대변	당좌예금 XXX

② 매입상환: 사채의 만기일 전에 사채를 시장가격으로 매입하여 상환하는 것으로 차액은 사채상환이익(또는 손실)으로 처리한다. 상환된 사채에 대한 사채할인(할증)발행차금이 있는 경우 상환액에 비례하여 일시에 상각(환입)하여야 한다.

차변	사채 XXX	대변	당 좌 예 금 XXX 사채할인발행차금 XXX 사 채 상 환 이 익 XXX

감채기금과 감채적립금

사채의 상환에는 일시에 거래의 자금이 필요하므로, 이에 대비하여 별도의 자금을 확보해 두는 것을 감채기금이라 하고, 매기 잉여금에서 적립하는 것을 감채적립금이라 한다.

(1) 감채기금을 설정하는 방법
사채 상환을 위해 일정액이 자금을 축척해 둔 것을 감채기금이라 하는데, 장기금융상품계정 차변에 기입하고, 사채 상환 시 인출하여 대변에 기입한다.

① 감채기금 자금으로 현금을 예금한 경우

차변	장기금융상품 XXX	대변	현금 XXX

② 감채기금 자금으로 사채를 상환한 경우

차변	사채 XXX	대변	장기금융상품 XXX

(2) 감채적립금을 설정하는 방법

처분전이익잉여금 처분 시 사채 상환을 위해 적립하는 것을 감채적립금이라 하며, 사채를 상환하면 별도적립금으로 대체한다.

① 이익을 처분하여 감채적립금을 적립한 경우

차변	처분전이익잉여금 XXX	대변	감채적립금 XXX

② 감채적립금으로 사채를 상환한 경우

차변	사 채 XXX 감채적립금 XXX	대변	당 좌 예 금 XXX 별도적립금 XXX

(3) 감채기금과 감채적립금을 동시에 설정하는 방법

잉여금 처분 시 일부를 사채 상환을 위해 적립하고 같은 금액의 자금을 사채상환을 위해 축적하는 방법으로 사채 상환 시 감채기금으로 충당하고 감채적립금은 별도적립금에 대체한다.

① 감채기금과 감채적립금을 동시에 설정한 경우

차변	장 기 금 융 상 품 XXX 처분전이익잉여금 XXX	대변	현 금 XXX 감채적립금 XXX

② 감채기금으로 사채를 상환하고 감채적립금을 별도적립금에 대체한 경우

차변	사 채 XXX 감채적립금 XXX	대변	장기금융상품 XXX 별 도 적 립 금 XXX

1. 다음 사채 평가발행에 관한 분개를 하시오.

(1) 사채 액면 총액 ₩10,000,000을 액면가액으로 평가발행하고, 납입금은 전액 납입 받아 당좌예금하다.

(2) 결산 시 위의 사채에 대한 사채이자(10%) 1년분을 현금으로 지급하다.

	차변과목	금액	대변과목	금액
(1)				
(2)				

2. 다음 사채할인발행에 관한 분개를 하시오.

(1) 사채 액면 총액 ₩10,000,000을 @₩10,000에 대하여 @₩9,500에 발행하고, 대금은 납입 받아 즉시 당좌예금하다. 그리고 사채 발행비 ₩300,000은 현금으로 지급하다. (단, 액면이자율 10%, 유효이자율 12%, 상환 기간 5년, 이자지급은 연 1회 12/31)

(2) 결산 시 위의 사채에 대한 이자 미지급액을 계상하다. (단, 사채할인발행차금은 유효이자율법에 의한다.)

	차변과목	금액	대변과목	금액
(1)				
(2)				

3. 다음 사채할증발행에 관한 분개를 하시오.

(1) 사채 액면 총액 ₩10,000,000을 @₩10,000에 대하여 @₩11,000에 발행하고 납입금은 당좌예금하다. 그리고 사채 발행비 ₩200,000은 현금으로 지급하다. (단, 상환 기간 5년, 액면이자율 10%, 유효이자율 8%, 이자지급은 연 1회 12/31)

(2) 결산 시 위의 사채에 대한 이자 미지급액을 계상하다. (단, 유효이자율법에 의하여 사채할증발행차금 환급액을 계산한다.)

	차변과목	금액	대변과목	금액
(1)				
(2)				

4. 다음 사채상환에 관한 거래를 분개하시오.

(1) 사채 ₩3,000,000이 만기가 되어 이자 ₩100,000과 함께 수표 발행하여 상환하다. (단, 사채할인발행차금 잔액은 ₩30,000이다.)

(2) 액면 총액 ₩5,000,000(@₩10,000, 상환 기간 5년, 액면이자율 10%, 유효이자율 12%)의 사채를 발행 후 5년도 초에 사채 액면 ₩2,000,000을 @₩10,000에 대하여 @₩9,500으로 수표 발행하여 상환하다. (단, 사채할인발행차금 잔액은 ₩100,000이다.)

	차변과목	금액	대변과목	금액
(1)				
(2)				

5. 다음 감채기금과 감채적립금에 관한 거래를 분개하시오.

(1) 사채를 상환할 목적으로 현금 ₩5,000,000을 5년 만기의 정기예금을 하다.

(2) 사채액면 ₩5,000,000을 상환하고 대금은 감채기금으로 예입한 5년 만기인 정기예금을 인출하여 지급하다.

(3) 주주총회의 결의에 의하여 처분전이익잉여금 ₩3,000,000을 감채적립금으로 적립하는 동시에 현금 ₩3,000,000을 감채기금으로 3년 만기의 정기예금을 하다.

(4) 사채 액면 ₩3,000,000을 감채기금으로 상환하다. (단, 감채적립금 ₩3,000,000 있다.)

	차변과목	금액	대변과목	금액
(1)				
(2)				
(3)				
(4)				

Answer 1

	차변과목	금액	대변과목	금액
(1)	당좌예금	10,000,000	사채	10,000,000
(2)	이자비용	1,000,000	현금	1,000,000

Answer 2

	차변과목	금액	대변과목	금액
(1)	당좌예금	9,500,000	사채	10,000,000
	사채할인발행차금	800,000	현금	300,000
(2)	이자비용	1,140,000	미지급비용	1,000,000
			사채할인발행차금	140,000

Answer 3

	차변과목	금액	대변과목	금액
(1)	당좌예금	11,000,000	사채	10,000,000
			사채할증발행차금	800,000
			현금	200,000
(2)	이자비용	880,000	미지급비용	1,000,000
	사채할증발행차금	120,000		

Answer 4

	차변과목	금액	대변과목	금액
(1)	사채	3,000,000	당좌예금	3,100,000
	이자비용	130,000	사채할인발행차금	30,000
(2)	사채	2,000,000	당좌예금	1,900,000
			사채할인발행차금	60,000
			사채상환이익	40,000

Answer 5

	차변과목	금액	대변과목	금액
(1)	장기금융상품	5,000,000	현금	5,000,000
(2)	사채	5,000,000	장기금융상품	5,000,000
(3)	장기금융상품	3,000,000	현금	3,000,000
	처분전이익잉여금	3,000,000	감채적립금	3,000,000
(4)	사채	3,000,000	장기금융상품	3,000,000
	감채적립금	3,000,000	별도적립금	3,000,000

1. **다음의 사채에 관한 설명 중 맞는 것은?**
    ① 사채의 1주 액면 @₩5,000 이상이어야 한다.
    ② 사채를 발행하면 단기매매증권계정의 대변에 기입한다.
    ③ 사채는 장기적인 부채계정으로 재무상태표에 기입한다.
    ④ 사채할인발행차금은 비용계정으로 포괄손익계산서 차변에 기입한다.

2. **다음 중 사채 발행비의 회계 처리 방법으로 맞는 것은?**
    ① 사채 발행비는 사채 상환 시에 가산한다.
    ② 사채 발행비는 사채할증발행차금에 가산한다.
    ③ 사채 발행비는 사채할인발행차금에서 차감한다.
    ④ 사채 발행비는 사채의 발행가액에서 직접 차감한다.

3. **사채를 할인발행하였을 경우 재무상태표상의 사채의 금액은 어떻게 되는가?**
    ① 사채의 원금 상환 시까지 변함이 없다.
    ② 사채의 원금 상환 시까지 매년 감소된다.
    ③ 사채의 원금 상환 시까지 매년 증가한다.
    ④ 사채의 원금 상환 시까지 액면가에 그대로 남는다.

4. **사채할인발행차금의 상각 방법으로 맞는 것은?**
    ① 사채의 상환 기간 내에 매결산기마다 균등상각한다.
    ② 사채의 발행연도부터 상환연도까지 균등상각한다.
    ③ 사채의 상환 기간 내에 매결산기마다 정액법으로 상각한다.
    ④ 사채의 발행연도부터 최종상환일까지 유효이자율법으로 상각한다.

5. **다음 사채할인발행차금에 관한 설명 중 잘못된 것은?**
    ① 사채할인발행차금은 사채의 차감적 평가계정이다.
    ② 시장의 이자율보다 사채의 이자율이 높을 때 발생한다.
    ③ 할인발행이란 사채 액면보다 낮은 가격으로 사채를 발행하는 것을 말한다.
    ④ 사채할인발행차금은 발행 시부터 상환 시까지의 기간에 상각하며 사채이자에 가산하고 이자비용계정으로 처리한다.

6. 다음 설명 중 틀린 것은?

① 사채할인발행차금은 유효이자율법에 의하여 상각한다.

② 유효이자율법에 의하면 사채의 장부가액은 매년 증가한다.

③ 사채 발행비는 판매비와관리비계정으로 포괄손익계산서 차변에 기입한다.

④ 사채할증발행차금은 재무상태표의 사채계정에 부기하는 형식으로 기입한다.

7. 사채할인발행차금에 대한 다음 설명 중 옳은 것은?

① 사채 발행연도의 비용

② 사채 발행연도의 손실

③ 사채 발행시 이익잉여금에서 차감

④ 사채 발행으로 차입하는 자금 이용 기간의 비용

8. 다음 중 사채의 발행가액을 결정하는 방법으로 옳은 것은?

① 만기가액의 현재가치 + 이자지급액의 현재가치

② 만기가액 + 이자지급액의 현재가치

③ 만기가액 + 이자지급액

④ 만기가액의 현재가치

9. 사채 액면 ₩5,000,000을 액면발행하고, 대금은 현금으로 받아 즉시 당좌예금하였다. 사채 발행으로 인하여 재무 상태에 미치는 영향으로 옳은 것은?

① 자산의 증가와 부채의 증가

② 자산의 감소와 부채의 감소

③ 자산의 증가와 자본의 증가

④ 자산의 감소와 자본의 감소

10. 다음의 사채에 관한 연결 관계가 맞는 것은?

① 사채 - 유동부채   ② 사채상환이익 - 영업외수익

③ 사채할인발행차금 - 비용계정   ④ 사채 발행비 - 판매비와관리비

11. 다음 중 비유동부채에 속하는 것은?

① 사채   ② 사채 발행비   ③ 사채할인발행차금   ④ 감채적립금

12. (주)한국은 액면가액이 ₩1,000,000인 사채(상환 기간 3년, 이자율 10%, 연 1회 이자 지급)를 ₩900,000에 발행하고 사채 발행비 ₩20,000을 현금으로 지급하였다. 사채발행시점에서 기업회계기준에 의한 사채할인발행차금은 얼마인가?

① ₩110,000　　　② ₩80,000　　　③ ₩880,000　　　④ ₩120,000

13. (주)한강은 다음과 같은 조건으로 사채를 할증발행하였다. 사채의 회계 처리 시 사채할증말행차금은 얼마인가?

> 채권 ₩10,000,000(액면 @₩10,000),　발행가액 @₩12,000,　사채 발행비 ₩300,000

① ₩1,700,000　　　② ₩2,000,000　　　③ ₩2,300,000　　　④ ₩2,600,000

14. 사채 액면 금액 ₩3,000,000을 @₩10,000에 대하여 @₩8,000에 할인발행하고 사채 발행비 ₩150,000을 현금 지급하였다. (상환 기간 5년, 이자지급 연 1회, 연이율 10%) 사채발행시 액면가액과 발행가액의 차액으로 맞는 것은?

① 사채할인발행차금 ₩450,000
② 사채할증발행차금 ₩450,000
③ 사채할인발행차금 ₩750,000
④ 사채할증발행차금 ₩600,000

15. 사채액면 ₩5,000,000을 @₩10,000에 대하여 @₩12,000에 발행하고 대금은 당좌예금하다. 사채 발행시 제비용 ₩200,000을 현금으로 지급하였다. (상환 기간 5년, 연이율 10%) 사채 발행시 나타나는 계정과목과 금액으로 맞는 것은?

① 사채할인발행차금 ₩1,200,000　　② 사채할인발행차금 ₩800,000
③ 사채할인발행차금 ₩1,000,000　　④ 사채할증발행차금 ₩800,000

16. (주)영진은 1년 전에 발행한 사채 ₩2,000,000을 만기일 전에 이자비용을 제외한 사채의 대가로 현금 ₩1,800,000을 지급하고 상환하였다. 사채할인발행차금 미상각 잔액이 ₩150,000이었다면 사채의 상환으로 인한 당기순이익에 미치는 영향으로 옳은 것은?

① 당기순이익 ₩50,000 감소한다.　　② 당기순이익 ₩50,000 증가한다.
③ 당기순이익 ₩200,000 감소한다.　　④ 당기순이익 ₩200,000 증가한다.

17. (주)증인은 2XX2년 01월 01일 사채(액면가액 ₩2,000,000, 3년 만기, 발행일 2XX1년 01월 01일) 중 액면 ₩2,000,000을 ₩1,900,000에 현금을 지급하고 상환하였다. 2XX1년 12월 31일의 재무상태표에는 사채할인발행차금 ₩120,000이 있었다. 이 사채의 상환으로 인한 손익은 포괄손익계산서에 어떻게 표시하여야 하는가?

① 상환이익 ₩20,000 ② 상환이익 ₩100,000

③ 상환손실 ₩20,000 ④ 상환손실 ₩100,000

18. (주)서울은 2XX1년 01월 01일 사채(액면가액 ₩1,000,000, 3년 만기, 발행일 2XX1년 01월 01일)의 1/2을 현금 ₩480,000을 지급하고 상환하였다. 2XX1년 12월 31일의 재무상태표에는 사채할증발행차금 ₩60,000이 있었다. 이 사채의 상환으로 인한 손익은 포괄손익계산서에 어떻게 표시하는가?

① 사채상환손실 ₩50,000 ② 사채상환손실 ₩10,000

③ 사채상환이익 ₩50,000 ④ 사채상환이익 ₩10,000

19. (주)경기는 2XX1년 01월 01일 연 12%, 만기가 5년인 액면금액 ₩100,000인 사채를 ₩95,000에 할인발행하고 사채 발행비용 ₩1,000을 지급하였다. 사채할인발행차금을 정액법으로 상각할 경우 2XX1년 12월 31일에 상각해야 할 금액을 얼마인가?

① ₩1,600 ② ₩1,400

③ ₩1,200 ④ ₩1,000

20. (주)대한은 다음과 같이 2XX1년 01월 01일에 사채를 발행하였다. 유효이자율법에 의할 경우 2XX1년 12월 31일에 이자비용으로 계상될 금액은 얼마인가?

> 액면가액 ₩200,000, 액면이자율 10%, 발행가액 ₩180,000, 유효이자율 12%, 상환 기간 5년, 이자지급일 12월 31일

① ₩24,000 ② ₩21,600

③ ₩20,000 ④ ₩19,000

21. 사채액면 ₩5,000,000을 ₩4,900,000에 할인발행하고 대금은 당좌예금하였다. 동시에 사채 발행비용 ₩500,000을 현금으로 지급하다. 상환 기간 5년, 연 이자율 12%일 때 맞는 분개는?

① (차) 당 좌 예 금 4,900,000   (대) 사   채   5,000,000
       사 채 발 행 비   600,000   현   금   500,000

② (차) 당 좌 예 금 5,000,000   (대) 사   채   4,900,000
       사 채 발 행 비   400,000   현   금   500,000

③ (차) 당 좌 예 금 4,900,000   (대) 사   채   5,000,000
       사 채 발 행 비   500,000   현   금   400,000

④ (차) 당 좌 예 금 4,900,000   (대) 사   채   5,000,000
       사채할인발행차금   600,000   현   금   500,000

22. 사채액면 ₩2,000,000을 @₩10,000에 대하여 @₩11,000에 할증발행하고 납입금은 당좌예금하다. 그리고 사채 발행비용 ₩100,000을 현금 지급하다. 상환 기간 5년, 이자율 연 12%일 때 맞는 분개는?

① (차) 당 좌 예 금 2,100,000   (대) 사   채   2,000,000
                                  현   금   100,000

② (차) 당 좌 예 금 2,200,000   (대) 사   채   2,000,000
       사채할증발행차금   100,000   현   금   100,000

③ (차) 당 좌 예 금 2,000,000   (대) 사   채   2,200,000
       사채할인발행차금   300,000   현   금   100,000

④ (차) 당 좌 예 금 2,200,000   (대) 사   채   2,000,000
       사 채 발 행 비   100,000   사채할증발행차금   200,000
                                  현   금   100,000

23. (주)전북의 재무상태표에는 사채(액면가액 ₩100,000, 사채할인발행차금 ₩5,000)가 있는데, 여유자금이 생긴 (주)전북은 이 사채를 ₩100,000에 모두 상환하였다. 사채상환에 대한 적절한 분개와 거래로 인하여 당기순손익에 미치는 영향은?

① (차) 사　　　　채　100,000　(대) 현　　　　　금　100,000
　　(영향 없음)

② (차) 사　　　　채　100,000　(대) 현　　　　　금　100,000
　　　사채상환손실　5,000　　　　사채할인발행차금　5,000
　　(영향 없음)

③ (차) 사　　　　채　100,000　(대) 현　　　　　금　100,000
　　　사채상환손실　5,000　　　　사채할인발행차금　5,000
　　(손실 ₩5,000)

④ (차) 사　　　　채　100,000　(대) 현　　　　　금　105,000
　　　사채상환손실　5,000
　　(손실 ₩5,000)

24. (주)영진은 만기일에 사채 액면 총액 ₩5,000,000을 상환하고, 수표를 발행하여 지급하다. 맞는 분개는? (단, 감채적립금 ₩5,000,000 설정되어 있다.)

① (차) 사　　　　채　5,000,000　(대) 당 좌 예 금　5,000,000
　　　단기금융상품　5,000,000　　　감채적립금　5,000,000

② (차) 사　　　　채　5,000,000　(대) 당 좌 예 금　5,000,000
　　　별 도 적 립 금　5,000,000　　　감채적립금　5,000,000

③ (차) 사　　　　채　5,000,000　(대) 당 좌 예 금　5,000,000
　　　감 채 기 금　5,000,000　　　감채적립금　5,000,000

④ (차) 사　　　　채　5,000,000　(대) 당 좌 예 금　5,000,000
　　　감 채 적 립 금　5,000,000　　　별도적립금　5,000,000

25. 사채 액면 ₩3,000,000을 발행한 (주)삼양은 5년 초에 액면 ₩3,000,000을 @₩10,000 에 대하여 @₩9,300으로 매입 상환하고 수표 발행하여 지급하다. 상환 기간 5년, 연 이자율 12%, 사채할인발행차금 미상각 잔액은 ₩180,000 있다. 맞는 분개는?

① (차) 당 좌 예 금 2,790,000 (대) 사　　　채 3,000,000
　　　　사채할인발행차금 　210,000

② (차) 사　　　채 3,000,000 (대) 당 좌 예 금 2,790,000
　　　　　　　　　　　　　　　　사채할인발행차금 　180,000
　　　　　　　　　　　　　　　　사 채 상 환 이 익 　 30,000

③ (차) 사　　　채 3,000,000 (대) 당 좌 예 금 3,000,000
　　　　사 채 상 환 손 실 　300,000　　사채할인발행차금 　300,000

④ (차) 사　　　채 2,790,000 (대) 당 좌 예 금 3,000,000
　　　　사채할인발행차금 　300,000　　사 채 상 환 이 익 　 90,000

26. 2XX1년 01월 01일 액면가액 ₩2,000,000인 사채를 ₩1,870,000에 발행하였다. 이 사채의 상환일은 2XX1년 12월 31일이며, 사채이자는 매년 말 지급되고, 액면이자율은 9%다. 사채발행과 관련된 유효이자율은 10%이다. 유효이자율법을 이용하는 경우, 2XX1년 12월 말의 분개는?

① (차) 이 자 비 용 187,000 (대) 현　　　금 180,000
　　　　　　　　　　　　　　　　사치할인발행차금 　7,000

② (차) 이 자 비 용 180,000 (대) 현　　　금 173,000
　　　　　　　　　　　　　　　　사채할인발행차금 　7,000

③ (차) 이 자 비 용 187,000 (대) 현　　　금 180,000
　　　　　　　　　　　　　　　　사채할증발행차금 　7,000

④ (차) 이 자 비 용 187,000 (대) 현　　　금 187,000

정답

1. ③　2. ④　3. ③　4. ④　5. ②　6. ③　7. ④　8. ①　9. ①　10. ②　11. ①　12. ④　13. ①　14. ③
15. ④　16. ②　17. ③　18. ③　19. ③　20. ②　21. ④　22. ②　23. ③　24. ④　25. ②　26. ①

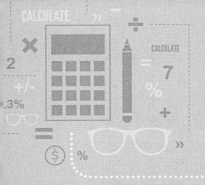

Part 3

식별 및 측정

주식회사의 자본

주식회사의 설립

주식회사는 상법 규정에 따라 3인 이상의 발기인이 정관을 작성하고 발행한 주식대금을 납입 받아 법원에 등기를 마치므로 설립된다.

(1) 수권자본제도

주식회사는 <u>설립 시 발행할 주식의 총수를 정관에 정해 놓고 그중 1/4 이상을 발행하여</u> 자본을 조달하고 나머지 주식은 이사회의 결의에 의하여 자금의 필요에 따라 주식을 발행하여 자금을 조달할 수 있다. 이러한 제도를 수권자본제도라 한다.

(2) 최저 자본금

회사 설립 시 1주의 액면금액은 @₩100 이상 균일 금액으로 한다.

> 자본금 = 발행 주식 수 × 1주의 액면금액

(3) 주식회사의 설립 방법

주식회사의 설립 방법에는 발기설립과 모집설립이 있다.

① 발기 설립: 발기인이 회사 설립에 발행하는 주식을 모두 인수하여 회사가 설립되는 방법

② 모집 설립: 회사 설립 시 발행하는 주식의 일부를 발기인이 인수하고 나머지 주식은 일반에게 공모하여 설립되는 방법

주식의 종류

(1) 보통주

주식회사에서 발행하는 주식 중 기본이 되는 주식이다. 보통주를 가진 주주들은 의결권이 있으며 배당을 받을 수 있는 권리와 신주를 우선적으로 인수할 수 있는 권리가 있다.

(2) 우선주

보통주에 비하여 특정한 권리를 보장받을 수 있는 주식이다. 우선주는 배당에 대한 우선권이 있는 반면에 의결권은 제한된다.

이익배당에 대한 참가형태에 따라 참가적 우선주와 비참가적 우선주로 구분되며 배당 부족에 누적 여부에 따라 누적적우선주와 비누적적우선주로 구분한다.

이 밖에도 보통주로의 전환될 수 있는 권리 부여에 따라 전환우선주와 상환우선주가 있다.

주식의 발행

주식의 발행 방법에는 액면발행, 할증발행, 할인발행의 세 가지 방법이 있다.

(1) 액면발행(액면금액 = 발행가액)

주식을 액면금액으로 발행하고, 대금은 당좌예금한 경우

차변	당좌예금 XXX	대변	자본금 XXX

(2) 할증발행(액면금액 < 발행가액)

주식을 액면금액 이상으로 발행하고 대금은 당좌예금한 경우

차변	당좌예금 XXX	대변	자　본　금 XXX 주식발행초과금 XXX

(3) 할인발행(액면금액 > 발행가액)

주식을 액면금액 이하로 발행하고 대금은 당좌예금한 경우

차변	당　좌　예　금 XXX 주식할인발행차금 XXX	대변	자본금 XXX

신주청약증거금

　주식을 공모하는 경우 청약금을 받으면 신주청약증거금계정 대변에 기입하고 주식을 발행하여 배정하면 자본금계정에 대체한다.

① 주식을 공모하고 청약금을 받아 별단예금한 경우

차변	별단예금 XXX	대변	신주청약증거금 XXX

② 청약금에 대하여 주식을 발행하여 교부하고 별단예금은 당좌예금한 경우

차변	신주청약증거금 XXX 당　좌　예　금 XXX	대변	자　본　금 XXX 별단예금 XXX

주식을 발행하기 위하여 소요된 비용 중 회사 설립 시 주식발행비는 창업비계정에 기입하여 당기의 판매비와관리비를 분류하고 증자 시의 주식발행비는 주식발행가액에서 직접 차감한다. 따라서 할증발행시는 주식발행초과금에서 차감하고 할인발행시는 주식할인발행차금에 가산한다.

① 회사를 설립하기 위해 주식을 평가발행하면서 주식발행비를 현금으로 지급한 경우(액면금액 ₩5,000, 주식발행비 ₩100)

차변	당좌예금 5,000 창 업 비 100	대변	자본금 5,000 현 금 100

② 증자를 위해 주식을 액면발행하면서 주식발행비를 현금으로 지급한 경우(액면금액 ₩5,000, 주식발행비 ₩100)

차변	당 좌 예 금 5,000 주식할인발행차금 100	대변	자본금 5,000 현 금 100

③ 증자를 위해 주식을 할증발행하면서 주식발행비를 현금으로 지급한 경우(액면금액 ₩5,000, 발행가격 ₩5,300, 주식발행비 ₩100)

차변	당좌예금 5,300	대변	자 본 금 5,000 현 금 100 주식발행초과금 200

④ 증자를 위해 주식을 할인발행하면서 주식발행비를 현금으로 지급한 경우(액면금액 ₩5,000, 발행가액 ₩4,700, 주식발행비 ₩100)

차변	당 좌 예 금 4,700 주식할인발행차금 400	대변	자본금 5,000 현 금 100

1. 다음 거래를 분개하시오.

(1) (주)한강을 설립하여 수권주식 50,000(1주 액면 @₩100) 중 30,000주를 발행하기로 하고 응모자들로부터 액면가액 상당의 청약을 받기로 하였다. 청약 결과 30,000주에 대한 청약금이 거래 은행에 별단예금 되었다고 통지가 오다.

(2) 위 청약주식 30,000주를 발행하여 청약자에게 배정하고, 별단예금을 당좌예금으로 대체하다.

(3) (주)서울을 설립하기 위하여 발행 총 주식 50,000주 중 30,000주를 1주당 ₩130(액면금액 @₩100)으로 발행하고 납입금은 전액 당좌예금하다. 단 주식 발행 제비용 ₩100,000을 현금으로 지급하다.

(4) (주)현대는 이사회의 결의에 의하여 주식 1,000주를 1주당 액면 @₩5,000에 대하여 @₩5,500에 발행하고 납입금은 전액 당좌예금하다. 그리고 주식 발행 제비용 ₩300,000을 현금으로 지급하다.

(5) (주)삼성은 이사회의 결의에 의하여 주식 1,000주를 1주당 액면 @₩5,000에 대하여 @₩4,500에 발행하고 납입금은 전액 당좌예금이다. 그리고 주식 발행 제비용 ₩200,000을 현금으로 지급하다.

	차변과목	금액	대변과목	금액
(1)				
(2)				
(3)				
(4)				
(5)				

Answer 1

	차변과목	금액	대변과목	금액
(1)	별단예금	3,000,000	신주청약증거금	3,000,000
(2)	신주청약증거금	3,000,000	자본금	3,000,000
	당좌예금	3,000,000	별단예금	3,000,000
(3)	당좌예금	3,900,000	자본금	3,000,000
			주식발행초과금	900,000
	창업비	100,000	현금	100,000
(4)	당좌예금	5,500,000	자본금	5,000,000
			주식발행초과금	200,000
			현금	300.000
(5)	당좌예금	4,500,000	자본금	5,000,000
	주식할인발행차금	700,000	현금	200,000

1. 다음 중 주식회사의 1주의 최저 액면 금액으로 옳은 것은?

① ₩100 이상   ② ₩500 이상

③ ₩1,000 이상   ④ ₩5,000 이상

2. 다음 중 주식회사의 자본금 계산으로 맞는 것은?

① 수권주식수 × 발행단가 = 자본금

② 수권주식수 × 액면단가 = 자본금

③ 발행주식수 × 발행단가 = 자본금

④ 발행주식수 × 액면단가 = 자본금

3. (주)영진을 설립함에 있어 법원의 등기를 마치고, 주식 10,000주를 1주 액면 @₩5,000 씩에 발행하기로 하였다. 설립에 필요한 주식발행비 ₩1,000,000을 현금으로 지급하였다면 주식발행비용은 회계 처리 시 계정과목으로 맞는 것은?

① 창업비   ② 자본금   ③ 신주발행비   ④ 주식발행비

4. 다음은 무엇에 대한 설명인가?

> 주식회사 설립 시 회사가 발행할 총 주식수를 정관에 정해두고, 설립 시에 1/4 이상을 발행하고 미발행 주식은 이사회의 열의에 따라 수시로 발행한다.

① 수시발행제도   ② 수권자본제도

③ 납입발행제도   ④ 주식발행제도

5. 다음 주식 발행에 관한 설명 중 틀린 것은?

① 주식을 액면금액 이하로 발행하여 생긴 차액은 주식할인발행차금계정 차변에 회계 처리한다.

② 주식을 액면금액 이상으로 발행하여 생긴 차액은 주식발행초과금계정 대변에 회계 처리한다.

③ 주식회사에서 자본을 조달하려면 주식을 발행한다. 이때 자본금계정 대변에 발행금액으로 회계 처리한다.

④ 주식발행초과금은 자본잉여금에 속하며, 주식할인발행초과금은 자본금에서 차감하는 자본조정 항목이다.

6. 다음 중 주식을 발행할 때 주식발행비의 처리 방법 중 틀린 것은?

① 증자 시 주식발행비는 발행가액에서 차감한다.

② 설립 시 주식발행비는 창업비계정으로 처리한다.

③ 설립 시 주식발행에 소요된 광고비도 창업비가 된다.

④ 주식발행비는 설립 시나 증자 시 비용계정으로 포괄손익계산서에 기입한다.

7. (주)한라는 주식 20,000주(액면 @₩5,000)를 1주당 ₩4,500에 발행하고 대금은 당좌예금 하였다면 발행가액과 액면가액의 차액을 분개할 때 차변에 나타나는 계정과목은?

① 감자차익   ② 합병차익

③ 주식할인발행차금   ④ 주식발행초과금

8. 다음 중 보통주의 액면 초과 발행액은 어떻게 보고되는가?

① 주식 발행 시 주식할증발행차금계정으로

② 주식 발행 시 주식발행초과금계정으로

③ 청약 시 주식발행초과금계정으로

④ 청약 시 주식할인발행차금계정으로

9. 결산일 현재 시산표에 요약된 다음 자료를 이용하여 자본 총액을 계산하면 얼마인가?

> 우선주 자본금 ₩3,000,000,   보통주 자본금 ₩2,000,000,
> 주식할인발행차금 ₩700,000,   주식발행초과금 ₩900,000

① ₩5,200,000   ② ₩5,900,000   ③ ₩6,600,000   ④ ₩2,900,000

10. (주)산악은 이사회의 결의에 의하여 증자 결정을 하고 신주 1,000주(액면 @₩5,000)를 @₩4,000에 발행하기로 하고, 공모한 결과 응모자로부터 발행가액 상당의 청약금을 납입 받아 별단예금에 예치되었다고 거래 은행에서 통지를 받았다. (단, 청약 주식수는 1,000주)

① (차) 당 좌 예 금 5,000,000   (대) 자   본   금 5,000,000

② (차) 별 단 예 금 4,000,000   (대) 신주청약증거금 4,000,000

③ (차) 신주청약증거금 4,000,000   (대) 자   본   금 4,000,000

④ (차) 별 단 예 금 4,000,000   (대) 자   본   금 5,000,000
           주식할인발행차금 1,000,000

11. 다음 거래를 인하여 자산과 부채의 증감을 옳게 분석한 것은 어느 것인가?

> (주)미래여행사가 설립되었다. 주당 액면 @₩5,000인 보통주 1,000주를 발행하고, 현금 ₩8,500,000을 납입 받았다.

① (차) 자산의 증가 (대) 부채의 증가

② (차) 자산의 증가 (대) 자본의 증가

③ (차) 자본의 감소 (대) 자산의 감소

④ (차) 부채의 감소 (대) 자산의 감소

12. (주)서울은 07월 01일 액면가 @₩500인 보통주 10,000주를 주당 @₩600에 청약 받았다. 청약 시 주식대금의 10%를 납입하고 잔액은 청약일로부터 2개월 후에 납입하기로 하였다. 청약일로부터 2개월이 되는 날인 08월 31일 잔액을 모두 납입 받았다. 다음 중 08월 31일 분개로 맞는 것은?

① (차) 현   금   5,400,000   (대) 자   본   금 5,000,000
　　　 신주청약증거금   600,000   　　　주식발행초과금 1,000,000

② (차) 현   금   5,400,000   (대) 자   본   금 5,000,000
　　　　　　　　　　　　　　　　　　　　　주식발행초과금   400,000

③ (차) 현   금   5,400,000   (대) 자   본   금 6,000,000
　　　 신주청약증거금   600,000

④ (차) 현   금   5,400,000   (대) 자   본   금 6,000,000
　　　 주식할인발행차금   600,000

13. (주)한국을 설립하고 수권주식 30,000주 중 보통주식 10,000주(액면 @₩5,000)를 @₩5,500에 발행하고 대금은 당좌예금하였다. 맞는 분개는?

① (차) 당 좌 예 금   55,000,000   (대) 자 본 금   55,000,000

② (차) 당 좌 예 금   50,000,000   (대) 자 본 금   50,000,000

③ (차) 당 좌 예 금   50,000,000   (대) 자 본 금   55,000,000
　　　 주식할인발행차금 5,000,000

④ (차) 당 좌 예 금   55,000,000   (대) 자 본 금   50,000,000
　　　　　　　　　　　　　　　　　　　　주식발행초과금   5,000,000

14. (주)산림을 설립하기로 하고, 광고선전비 ₩3,000,000을 수표 발행하여 지급하다. 맞는 분개는?

① (차) 개 업 비 3,000,000 (대) 당좌예금 3,000,000

② (차) 광고선전비 3,000,000 (대) 당좌예금 3,000,000

③ (차) 창 업 비 3,000,000 (대) 당좌예금 3,000,000

④ (차) 신주발행비 3,000,000 (대) 당좌예금 3,000,000

15. 주식을 액면보다 할인발행하여 현금으로 납입 받은 경우 올바른 회계 처리는?

① (차) 자   본   금 000 (대) 현   금 000

② (차) 현   금 000 (대) 주식할인발행차금 000

③ (차) 현   금 000 (대) 자   본   금 000
　　　　　　　　　　　　　　　　　주식할인발행차금 000

④ (차) 현   금 000 (대) 자   본   금 000
　　　주식할인발행차금 000

16. (주)대구는 증자를 결의하여 주식 100주(액면가액 @₩5,000)를 주당 @₩4,500에 발행하고 잔액을 현금으로 납입 받아 당좌예금하다. 단 주식 발행 제비용 ₩30,000은 현금으로 지급하였다. 올바른 분개는?

① (차) 당 좌 예 금 450,000 (대) 자본금 500,000
　　　주식할인발행차금   50,000 　　　현 금   30,000
　　　신 주 발 행 비   30,000

② (차) 당 좌 예 금 450,000 (대) 자본금 450,000
　　　신 주 발 행 비   30,000 　　　현 금   30,000

③ (차) 당 좌 예 금 450,000 (대) 자본금 480,000
　　　신 주 발 행 비   30,000

④ (차) 당 좌 예 금 450,000 (대) 자본금 500,000
　　　주식할인발행차금   80,000 　　　현 금   30,000

17. 주식을 액면보다 할증 발행하여 현금으로 납입 받은 경우 올바른 회계 처리는?

　① (차) 자본금 000　(대) 현　　　　금 000

　② (차) 현　금 000　(대) 주식발행초과금 000

　③ (차) 현　금 000　(대) 자　　본　　금 000

　④ (차) 현　금 000　(대) 자　　본　　금 000

　　　　　　　　　　　　　주식발행초과금 000

18. 액면가액 @₩5,000의 보통주 10주를 @₩6,000에 할증발행하여 현금으로 납입 받은 경우의 옳은 분개는?

　① (차) 현　금 60,000　(대) 보 통 주 자 본 금　60,000

　② (차) 현　금 60,000　(대) 보 통 주 자 본 금　50,000

　　　　　　　　　　　　　자기주식처분이익　10,000

　③ (차) 현　금 60,000　(대) 보 통 주 자 본 금　50,000

　　　　　　　　　　　　　이 익 잉 여 금　10,000

　④ (차) 현　금 60,000　(대) 보 통 주 자 본 금　50,000

　　　　　　　　　　　　　주식발행초과금　10,000

 정답

　1. ①　**2.** ④　**3.** ①　**4.** ②　**5.** ③　**6.** ④　**7.** ③　**8.** ②　**9.** ①　**10.** ②　**11.** ②　**12.** ①　**13.** ④
　14. ③　**15.** ④　**16.** ④　**17.** ④　**18.** ④

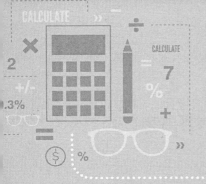

자본잉여금

주식회사의 자본의 구분

주식회사의 자본은 법정자본금인 자본금과 기업의 순자산액이 법정자본금을 초과하는 부분인 잉여금과 자본조정항목으로 구분한다. 또 잉여금은 자본잉여금과 이익잉여금으로 구분한다.

자본잉여금

영업 활동과 관련이 없는 <u>자본거래에서 발생한 잉여금</u>을 자본잉여금이라 하며, 자본잉여금은 <u>배당이 불가능하고, 결손보전이나 자본전입 외에는 사용할 수 없다.</u>

(1) 주식발행초과금

주식을 할증발행할 때 주식 발행가액이 액면가액을 초과하는 금액

① 주식을 할증발행하고 대금은 당좌예금한 경우

차변	당좌예금 XXX	대변	자 본 금 XXX 주식발행초과금 XXX

(2) 감자차익

자본금을 감소시키는 감자를 할 때 자본금의 감소해야 주식의 환급이나 매입 소각 금액 또는 결손금의 보전액을 초과하는 금액

① 이월결손금을 보전할 목적으로 이월결손금 이상으로 감자한 경우

차변	자본금 XXX	대변	이월결손금 XXX 감 자 차 익 XXX

(3) 자기주식처분이익

자기회사가 발행한 주식을 취득해 가지고 있다가 취득원가 이상으로 처분하는 경우 발행하는 이익

① 자기회사의 주식을 매입하고 대금은 수표를 발행하여 지급한 경우

차변	자기주식 XXX	대변	당좌예금 XXX

② 위 자기주식을 취득원가 이상으로 처분하고 대금은 현금으로 받은 경우

차변	현금 XXX	대변	자 기 주 식 XXX 자기주식처분이익 XXX

증자

증자란 이사회의 결의에 따라 주식을 발행하여 자본금을 증가시키는 것을 말하며, 실질적 증자와 형식적 증자가 있다.

(1) 실질적 증자

신주를 발행하여 주식 대금을 납입 받아 자금을 증자시키는 것으로 회사의 순자산이 증가되고 유상증자라고도 한다.

차변	당좌예금 XXX	대변	자본금 XXX

(2) 형식적 증자

잉여금을 자본금에 전입하여 자본금을 증가시키는 것으로 순자산에는 아무런 변화가 없고 무상증자라고 한다.

차변	자본잉여금 XXX	대변	자본금 XXX

감자

주주총회의 특별결의를 거쳐 <u>사업규모를 축소하거나 결손금을 보전</u>하기 위하여 자본금을 감소시키는 것을 감자라 하며, 실질적 감자와 형식적 감자가 있다.

(1) 실질적 감자

회사가 발행한 주식을 환급 또는 매입 소각하여 자본금을 감소시키는 것으로 회사의 순자산이 감소되고 유상감자라고 한다.

차변	자본금 XXX	대변	당좌예금 XXX 감자차익 XXX

(2) 형식적 감자

결손금을 보전하기 위하여 자본금을 감소시키는 것으로 회사의 순자산에는 변화가 없고 무상감자라고 한다.

차변	자본금 XXX	대변	이월결손금 XXX 감 자 차 익 XXX

1. 다음 증자에 관한 거래를 분개하시오.

(1) (주)상공 증자를 위해 주식 1,000주를 액면 @₩1,000을 @₩1,200에 발행하고 납입금은 전액 당좌예금하다. 그리고 신주발행비 ₩50,000을 현금으로 지급하다.

(2) (주)대성은 자본잉여금 ₩10,000,000을 자본에 전입하기로 하고, 주식 2,000주(액면@ ₩5,000)를 발행하여 구주에게 교부하다.

(3) (주)일성은 신주 3,000주(액면 @₩1,000)를 액면 가액으로 평가 발행하여 무상증자 60%, 유상증자 40%로 하여 납입금은 당좌예금하다. 그리고 무상증자분은 자본잉여금으로 충당하다.

(4) (주)신발은 증자를 함에 있어 자본잉여금 ₩1,000,000을 자본에 전입하고, 주식을 발행하여 교부하다. 단, 유상증자 80%, 무상증자 20%로 하여 유상증자분은 전액 납입 받아 당좌예금하다.

	차변과목	금액	대변과목	금액
(1)				
(2)				
(3)				
(4)				

2. 다음 감자에 관한 거래를 분개하시오.

(1) 사업 규모를 축소하고, 주식 4,000주(액면 @₩5,000)를 액면 금액으로 매입 소각하고 대금은 수표 발행하여 지급하다.

(2) 이월결손금 ₩4,000,000을 보전하기 위하여 주식 1,000주를 @₩5,000(액면 @₩10,000) 으로 매입 소각하고 대금은 수표 발행하여 지급하다.

(3) 총자본금은 ₩50,000,000(액면 @₩1,000)이며, 이월결손금 ₩3,500,000을 보전하기 위하여 구주 10주에 대하여 1주씩 무상 상각하다.

(4) 이월결손금 ₩1,000,000을 보전하기 위하여 액면 @₩5,000의 주식 2,000주를 액면 @ ₩4,000으로 변경하고 신주를 발행하여 구주의 교환해 주다.

(5) 이월결손금 ₩1,500,000을 보전하기 위하여 자본금 ₩50,000,000(액면 @₩100)을 액면 @ ₩96으로 변경하다.

(6) 자본금 ₩10,000,000인 (주)해안은 이월결손금 ₩3,600,000을 보전하기 위하여 구주 5 주를 3주의 비율로 무상감자하다.

	차변과목	금액	대변과목	금액
(1)				
(2)				
(3)				
(4)				
(5)				
(6)				

	차변과목	금액	대변과목	금액
(1)	당좌예금	1,200,000	자본금 주식발행초과금 현금	1,000,000 150,000 50,000
(2)	자본잉여금	10,000,000	자본금	10,000,000
(3)	자본잉여금 당좌예금	1,800,000 1,200,000	자본금	3,000,000
(4)	자본잉여금 당좌예금	1,000,000 4,000,000	자본금	5,000,000

	차변과목	금액	대변과목	금액
(1)	자본금	20,000,000	당좌예금	20,000,000
(2)	자본금	10,000,000	이월결손금 당좌예금 감자차익	4,000,000 5,000,000 1,000,000
(3)	자본금	5,000,000	이월결손금 감자차익	3,500,000 1,500,000
(4)	자본금	2,000,000	이월결손금 감자차익	1,000,000 1,000,000
(5)	자본금	2,000,000	이월결손금 감자차익	1,500,000 500,000
(6)	자본금	4,000,000	이월결손금 감자차익	3,600,000 400,000

1. 다음 중 자본잉여금에 관한 설명으로 맞는 것은?
   ① 이사회의 결정에 따라 발행되는 자본을 말한다.
   ② 주식회사를 설립할 때 수권자본에 의한 자본을 말한다.
   ③ 자본거래에서 발생하여, 자본금을 초과하는 부분을 말한다.
   ④ 결산기마다 나타나는 이익잉여금의 처분 결과 발생하는 잉여금을 말한다.

2. 다음 중 기업회계기준상 자본잉여금에 속하는 것은?
   ① 주식할인발행차금　　　　　　　② 기타법정적립금
   ③ 감자차익　　　　　　　　　　　④ 이익준비금

3. 다음 중에서 자본잉여금에 속하지 않는 것은?
   ① 이익준비금　　　　　　　　　　② 주식발행초과금
   ③ 감자차익　　　　　　　　　　　④ 자기주식처분이익

4. 결손금 ₩4,000,000을 전보할 목적으로 발행주식 중 1,000주를 액면 @₩5,000을 액면가액으로 매입 소각하였을 때 차액을 처리하는 계정과목으로 맞는 것은?
   ① 감자차익　　　　　　　　　　　② 합병차익
   ③ 자기주식처분이익　　　　　　　④ 주식발행초과금

5. (주)대전은 증자를 함에 있어 신주 2,000주를 액면 @₩5,000에 대하여 @₩5,500씩에 발행하고 납입금은 당좌예금하였다. 액면금액과 발행금액의 차액은 다음 중 어디에 해당되는가?
   ① 자본잉여금　　　　　　　　　　② 자본준비금
   ③ 임의적립금　　　　　　　　　　④ 이익잉여금

6. 다음 자료에 의하여 재무상태표에 표시되는 자본잉여금의 총액을 계산하면 얼마인가?

   > 주식발행초과금 ₩120,000,　임의적립금 ₩90,000,　이익준비금 ₩60,000,
   > 감자차익 ₩100,000,　기타법정적립금 ₩80,000,　자기주식처분이익 ₩10,000

   ① ₩220,000　　　　　　　　　　② ₩230,000
   ③ ₩310,000　　　　　　　　　　④ ₩370,000

7. (주)대구를 설립하면서 수권주식 10,000(액면 @₩500)중 5,000주를 @₩550에 발행하고 납입금은 당좌예금하다. 주식발행비용 ₩150,000을 현금 지급하다. 거래에 미치는 영향으로 맞는 것은?

① 총자산의 증가와 총자본의 감소   ② 총비용의 발생과 총자본의 증가

③ 총자산의 증가와 총자본의 증가   ④ 총자산의 증가와 총비용의 발생

8. (주)서울이 발행한 보통주식 50주(액면 @₩5,000)를 @₩4,200에 현금으로 구입하여 소각하였다. 당기순이익에 미치는 영향은?

① 영향 없음   ② 당기순이익 ₩40,000 증가

③ 당기순이익 ₩20,000 증가   ④ 당기순이익 ₩10,000 증가

9. (주)영우는 결손금 ₩7,000,000을 보전하기 위하여 액면 @₩10,000의 주식 2,000주를 액면 @₩5,000으로 변경하여 구주식을 회수 소각하고 신주를 발행하여 교부할 때 감자차익은 얼마인가?

① ₩1,000,000   ② ₩2,000,000

③ ₩3,000,000   ④ ₩4,000,000

10. (주)상공은 증자를 위하여 주식 1,000주를 액면 @₩5,000에 대하여 @₩6,000에 발행하고 납입금은 당좌예금하다. 주식발행비용 ₩200,000을 현금으로 지급하다. 맞는 분개는?

① (차) 당 좌 예 금 6,000,000 (대) 자   본   금 5,000,000
　　　　　　　　　　　　　　　　주식발행초과금　 800,000
　　　　　　　　　　　　　　　　현　　　　　금　 200,000

② (차) 당 좌 예 금 6,000,000 (대) 자   본   금 5,000,000
　　　 주식발행비　 200,000 　　주식발행초과금 1,000,000
　　　　　　　　　　　　　　　　현　　　　　금　 200,000

③ (차) 당 좌 예 금 6,000,000 (대) 자   본   금 6,000,000
　　　 주식발행비　 200,000 　　현　　　　　금　 200,000

④ (차) 당 좌 예 금 5,000,000 (대) 자   본   금 5,000,000
　　　 주식발행비　 200,000 　　현　　　　　금　 200,000

11. (주)홍삼은 신주 1,000주(액면 @₩5,000)를 액면가액으로 발행하다. 발행총액 중 ₩3,000,000 은 자본잉여금을 자본금에 전입하고 잔액은 전액 납입 받아 당좌예금하다. 맞는 분개는?

① (차) 당 좌 예 금   2,000,000   (대) 자 본 금 5,000,000
　　　자본잉여금   3,000,000

② (차) 당 좌 예 금   3,000,000   (대) 자 본 금 5,000,000
　　　자본잉여금   2,000,000

③ (차) 당 좌 예 금   5,000,000   (대) 자 본 금 3,000,000
　　　　　　　　　　　　　　　　　자본잉여금 2,000,000

④ (차) 당 좌 예 금   5,000,000   (대) 자 본 금 2,000,000
　　　　　　　　　　　　　　　　　자본잉여금 3,000,000

12. (주) 인천은 이월결손금 ₩12,000을 보전하기 위하여 발행 총주식 중 100주(액면 @₩500)을 주당 ₩300에 현금으로 매입하여 소각하였다. 알맞은 분개는?

① (차) 자본금 50,000 (대) 현 　　　　　 금   30,000
　　　　　　　　　　　　　이 월 결 손 금   20,000

② (차) 자본금 50,000 (대) 현 　　　　　 금   30,000
　　　　　　　　　　　　　이 월 결 손 금   12,000
　　　　　　　　　　　　　감 자 차 익   8,000

③ (차) 자본금 50,000 (대) 현 　　　　　 금   30,000
　　　　　　　　　　　　　이 월 결 손 금   12,000
　　　　　　　　　　　　　주식발행초과금   8,000

④ (차) 자본금 50,000 (대) 이 월 결 손 금   12,000
　　　　　　　　　　　　　감 자 차 익   38,000

13. 자본금 ₩20,000,000(액면 @₩5,000)인 (주)서울은 이월결손금 ₩3,000,000을 보전하기 위하여 5주에 대하여 4주의 비율로 무상감자하다. 맞는 분개는?

① (차) 자 본 금 3,000,000   (대) 이월결손금 3,000,000
② (차) 자 본 금 4,000,000   (대) 이월결손금 4,000,000
③ (차) 자 본 금 4,000,000   (대) 이월결손금 3,000,000
　　　　　　　　　　　　　　　　감 자 차 익 1,000,000
④ (차) 이월결손금 3,000,000   (대) 자 본 금 4,000,000
　　　감 자 차 익 1,000,000

14. 결손금 ₩400,000을 보전하기 위하여 액면 @₩5,000의 주식 1,000주를 액면 @₩4,500 으로 변경할 때 맞는 분개는?

① (차) 자본금 500,000 (대) 이월결손금 500,000

② (차) 자본금 400,000 (대) 이월결손금 400,000

③ (차) 자본금 500,000 (대) 이월결손금 400,000

감 자 차 익 100,000

④ (차) 자본금 450,000 (대) 이월결손금 400,000

감 자 차 익 50,000

15. 주식 2,000주(액면 @₩500)를 @₩480에 현금으로 매입 소각할 때 맞는 분개는?

① (차) 자 본 금 1,000,000 (대) 현　　금 1,000,000

② (차) 자 본 금　960,000 (대) 현　　금　960,000

③ (차) 현　　금　960,000 (대) 자 본 금 1,000,000

감자차익　 40,000

④ (차) 자 본 금 1,000,000 (대) 현　　금　960,000

감자차익　 40,000

16. (주)한강은 이월결손금 ₩2,300,000을 보전하기 위하여 주식 액면 @₩5,000, 500주를 무상 감자하다. 맞는 분개는?

① (차) 자 본 금 2,500,000 (대) 이월결손금　2,500,000

② (차) 자 본 금 2,300,000 (대) 이월결손금　2,300,000

③ (차) 자 본 금 2,500,000 (대) 이월결손금　2,300,000

감 자 차 익　200,000

④ (차) 이월결손금 2,300,000 (대) 자 본 금　2,500,000

감 자 차 익　200,000

17. (주)강원은 자산의 발행한 주식 중 300주를 @₩700에 매입하였는데, 그 중 100주를 @₩800에 처분하고 전액 현금으로 받았다. 주식을 처분하는 시점에서 원가법에 따라 바르게 분개한 것은?

① (차) 현 금 80,000 (대) 자 본 금 70,000
　　　　　　　　　　　　　　주식발행초과금 10,000

② (차) 자본금 70,000 (대) 자 기 주 식 70,000
　　　　 현 금 10,000　　감 자 차 익 10,000

③ (차) 현 금 80,000 (대) 자 기 주 식 70,000
　　　　　　　　　　　　　　자기주식처분이익 10,000

④ (차) 현 금 80,000 (대) 자 기 주 식 70,000
　　　　　　　　　　　　　　감 자 차 익 10,000

정답

1. ③ 2. ③ 3. ① 4. ① 5. ① 6. ② 7. ③ 8. ① 9. ③ 10. ① 11. ① 12. ② 13. ③ 14. ③
15. ④ 16. ③ 17. ③

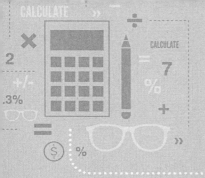

이익잉여금과 자본조정

이익잉여금

이익잉여금이란 기업의 영업 활동에 의한 손익거래에서 발생한 이익을 사내에 유보한 잉여금을 말하며, 이익준비금, 기타법정적립금, 임의적립금 및 차기이월이익잉여금(또는 차기이월결손금)으로 구분된다.

(1) 이익준비금

상법 제458조의 규정에 의하여 매 결산기마다 <u>자본금의 2분의 1에 달할 때까지 금전에 의한 이익배당액의 10분의 1 이상을 적립하는 금액</u>으로 법에 의해 강제되어 있으므로 법정적립금이라 하고 결손 보전과 자본전입이라는 처분할 수 없다. 그리고 이익준비금이 자본금의 2분의 1을 초과하면 초과금액은 임의적립금으로 본다.

(2) 기타법정적립금

상법 이외의 법령의 규정에 의해 정립하는 것으로 기업합리화적립금과 재무구조개선적립금 등이 있다

① 기업합리화적립금: 조세감면규제법에 따라 소득공제, 세액공제, 세액감면 등을 받은 기업이 적립하는 것으로 결손보전과 자본전입에 사용할 목적으로 적립한다.

② 재무구조개선적립금: 증권거래법상의 상장법인 재무관리규정에 의하여 적립하는 것으로 자기자본 비율이 100분의 30에 달할 때까지 매 사업 연도마다 일정 금액을 적립하는 것으로 결손보전과 자본전입 이외의 목적에는 사용할 수 없다.

(3) 임의적립금

회사 정관의 규정 또는 주주총회의 결의에 의하여 임의로 적립된 금액으로 적극적 적립금과 소극적 적립금이 있다.

① 적극적 적립금: 회사에 발전이나 영업 확장의 목적으로 적립하는 것으로 사업확장적립금, 감채적립금 등이 있으며 목적이 달성되면 별도적립금으로 대체된다.

ㄱ) 사업확장적립금: 건물 신축, 기계 구입 등 비유동자산의 취득을 위해 적립하는 것이다.

ㄴ) 감채적립금: 사채의 상환 등 비유동부채의 상환에 대비하는 적립금이다.

건물을 구입하고 수표를 발행하여 지급한 경우(단, 사업확장적립금이 있음)

차변	건 물 XXX 사업확장적립금 XXX	대변	당 좌 예 금 XXX 별도적립금 XXX

② 소극적 적립금: 장례 거액의 손실 또는 지출에 대비하는 적립금으로 목적이 달성되면 소멸된다.

ㄱ) 배당평균적립금: 매기 배당을 일정 수준 유지되도록 이익이 많을 때 적립하여 적을 때에 대비하기 위해 적립하는 것이다.

ㄴ) 결손보전적립금: 장래에 발생할지도 모르는 큰 손실에 대비하여 적립하는 것이다.

ㄷ) 퇴직급여적립금: 임원이나 종업원의 퇴직금 지급을 위하여 적립하는 것이다.

ㄹ) 별도적립금: 특정한 사용 목적이 없이 적립하는 것이다.

종업원이 퇴직하게 되어 퇴직금을 수표 발행하여 지급한 경우(단, 퇴직급여적립금이 있음)

차변	퇴직급여적립금 XXX	대변	당좌예금 XXX

(4) 차기이월이익잉여금

처분전이익잉여금을 처분하고 남은 금액으로 당기의 이익잉여금처분계산서의 차기이월이익잉여금으로 한다.

순이익의 계상과 처분

(1) 순이익을 계상한 경우

개인 기업에서는 당기순이익을 자본금계정에 대체하지만 주식회사에서는 전기이월이익잉여금과 당기순이익을 가산하여 처분전이익잉여금계정 대변에 기입한다.

차변	이월이익잉여금 XXX 손 익 XXX	대변	처분전이익잉여금 XXX

(2) 이익잉여금을 처분한 경우

처분전이익잉여금은 주주총회의 결의에 의하여 ① 이익준비금, ② 기타법정적립금, ③ 이익잉여금 처분에 의한 상각액, ④ 주주배당금, ⑤ 임의적립금의 순으로 처분하고 잔액이 있으면 차기로 이월시킨다.

차변	처분전이익잉여금 XXX	대변	이 익 준 비 금 XXX 기타법정적립금 XXX 주식할인발행차금 XXX 미 지 급 배 당 금 XXX 임 의 적 립 금 XXX 이 월 이 익 잉 여 금 XXX

(1) 순손실을 계상한 경우

결산 시 당기순손실이 발생하면 전기이월결손금에 가산하여 처리전결손금 차변에 기입한다.

차변	처리전결손금 XXX	대변	이월결손금 XXX 손 익 XXX

(2) 결손금을 처리한 경우

처리결손금을 이사회의 결의와 주주총회의 승인에 따라 ① 이월이익잉여금, ② 임의적립금, ③ 기타법정적립금, ④ 이익준비금, ⑤ 자본잉여금 순으로 처리하고 잔액은 차기이월한다.

차변	임 의 적 립 금 XXX 기타법정적립금 XXX 이 익 준 비 금 XXX 자 본 잉 여 금 XXX 이 월 결 손 금 XXX	대변	처리전결손금 XXX

자본금에 가감하는 형식으로 기재하는 항목으로, 차감하는 항목에는 주식할인발행차금, 배당건설이자, 자기주식, 매도가능증권평가손실, 해외사업환산차 등이 있고, 가산하는 항목에는 매도가능증권평가이익, 해외사업환산대 등이 있다.

자본 = 자본금 + 자본잉여금 + 이익잉여금 ± 자본조정 ± 기타포괄손익누계액

(1) 주식할인발행차금

신주를 액면가액 이하로 발행한 때에 액면가액에 미달된 금액으로 주식 발행연도부터 3년 이내에 매기 정액법으로 상각한다. 다만 결손금이 있는 경우에는 차기 이후 연도에 이월하여 상각할 수 있다. 이때 주식할인발행차금의 상각은 이익잉여금의 처분 항목으로 처리한다.

① 주식을 할인발행한 경우

차변	당 좌 예 금 XXX 주식할인발행차금 XXX	대변	자본금 XXX

② 주식할인발행차금을 상각한 경우

차변	처분전이익잉여금 XXX	대변	주식할인발행차금 XXX

(2) 배당건설이자

회사 설립 후 2년 이상 영업을 할 수 없을 때에는 정관에 의하여 개업 전 일정한 기간 내에 연 5%의 이율 한도 내에서 법원의 인가를 얻어 일정한 이자를 주주에게 배당할 수 있다. 이것을 배당건설이자라 하는데 개업 후 연 6% 이상의 이익을 배당하는 경우에 연 6%를 초과한 금액과 동액 이상을 상각하도록 하고, 이때 배당건설이자의 상각은 이익잉여금의 처분항목으로 처리한다.

① 배당건설이자를 수표 발행하여 지급한 경우

차변	배당건설이자 XXX	대변	당좌예금 XXX

② 배당건설이자를 상각한 경우

차변	처분전이익잉여금 XXX	대변	배당건설이자 XXX

(1) 이익잉여금처분계산서

이익잉여금처분계산서는 처분전이익잉여금의 처분사항을 정확히 보고하기 위하여 작성하는 재무제표로, 이익잉여금의 처분사항을 명확히 보고하기 위하여 이월이익잉여금의 총 변동 사항을 표시하여야 한다. 이사회에서 처분안을 작성하여 주주총회에 제출하면 주주총회는 심의하여 처분을 결의한다.

(2) 이익잉여금처분계산서의 과목과 범위

① 처분전이익잉여금

전기이월이익잉여금(전기이월결손금)에 회계 처리 기준의 변경으로 인한 누적효과, 전기오류수정손익, 중간배당액 및 당기순이익(당기순손실) 등을 가감한 금액으로 한다.

② 임의적립금 등의 이입액

임의적립금 등을 이입하여 당기의 이익잉여금처분액 충당하는 경우에는 그 금액을 처분전이익잉여금에 가산하는 형식으로 기재한다.

③ 이익잉여금 처분액

<u>이익잉여금의 처분</u>은 다음과 같은 과목으로 처분하여 기재한다.

ㄱ) 이익준비금

ㄴ) 기타법정적립금

ㄷ) 이익잉여금처분에 의한 상각 등: 주식할인발행차금상각, 배당건설이자상각, 자기주식처분손실 잔액, 상환주식상환액 등의 이익잉여금처분액으로 한다.

ㄹ) 배당금: 당기에 처분할 배당액으로 하되 금전에 의한 배당과 주식에 의한 배당으로 구분하며 기재한다. 주식의 종류별, 주당 배당금액, 액면 배당률은 주기, 배당 수익률, 배당성향 및 산정내역은 주석으로 기재한다.

ㅁ) 임의적립금

④ 차기이월이익잉여금

처분전이익잉여금과 임의적립금이입액의 합계에서 이익잉여금처분액을 차감한 금액으로 한다.

(3) 이익잉여금처분계산서의

전기분과 당기분을 비교 형식으로 작성하여 기업회계기준에 의한 양식은 다음과 같다.

이익잉여금처분계산서
20XX년 X월 X일부터 20XX년 X월 X일까지

(주)XX상사

	제 기(당기)		제 기 (전기)	
	금액		금액	
Ⅰ. 처분전이익잉여금		000		
1. 전기이월이익잉여금	000			
2. 회계변경의 누적 효과	000			
3. 전기오류수정손익	000			
4. 중간배당액	000			
5. 당기순이익	000			
Ⅱ. 임의적립금이입액		000		
1. 배당평균적립금	000			
2. 별도적립금	000			
합 계		000		
Ⅲ. 이익잉여금처분액		000		
1. 이익준비금	000			
2. 기타법정적립금	000			
3. 배당금	000			
가. 현금배당				
나. 주식배당				
4. 임의적립금	000			
Ⅳ. 차기이월이익잉여금		000		

중간배당액: 회사의 정관에 중간배당에 관한 규정이 있는 경우에는 이사회의 결의로 중간배당을 할 수 있는데 중간 배당을 한 경우에는 전기이월이익잉여금에서 차감하여야 한다.

(1) 결손금처리계산서

결손금처리계산서는 처리전결손금의 처리사항을 정확히 보고하기 위하여 작성하는 재무제표로 결손금의 처리사항을 정확히 보고하기 위하여 이월결손금의 총 변동 사항을 표시하여야 한다.

(2) 결손금처리계산서의 과목과 범위

① 처리전결손금

전기이월결손금(전기이월이익잉여금)에 회계 처리 기준의 변경으로 인한 누적효과, 전기오류수정손익, 중간배당액 및 당기순손실(당기순이익) 등을 가감한 금액으로 한다.

② 결손금처리액

결손금의 처리는 다음과 같은 과목의 순서로 한다.

ㄱ) 임의적립금 이입액

ㄴ) 기타법정적립금 이입액

ㄷ) 이익준비금 이입액

ㄹ) 자본잉여금 이입액

③ 차기이월결손금

처리전결손금에서 결손금처리액을 차감한 금액을 차기이월결손금이라 한다.

(3) 결손금처리계산서의

전기분과 당기분을 비교하는 형식으로 작성하여 기업회계기준에 대한 양식은 다음과 같다.

결손금처리계산서
XX년 X월 X일부터 20XX년 X월 X일까지

(주)XX상사

	제 기(당기)		제 기 (전기)	
	금액		금액	
Ⅰ. 처리전결손금		000		
1. 전기이월결손금	000			
2. 회계변경의 누적 효과	000			
3. 전기오류수정손익	000			
4. 중간배당액	000			
5. 당기순손실	000			
Ⅱ. 결손금처리액		000		
1. 임의적립금이입액	000			
2. 기타법정적립금이입액	000			
3. 이익준비금이입액	000			
4. 자본잉여금이입액	000			
Ⅲ. 차기이월결손금		000		

1. 다음 이익처분에 관한 연결된 분개를 하시오.

(1) 자본금 ₩50,000,000인 (주)한공은 제1기말 결산 결과 당기순이익 ₩10,000,000을 계상하다.

(2) 주주총회의 결의에 따라 위의 처분된 이익잉여금을 다음과 같이 처분하다.

<처분내역>
이익준비금(상법 규정 최소한도액), 기업합리화적립금 ₩2,000,000, 감채적립금 ₩500,000, 사업확장적립금 ₩1,000,000, 배당금(연 10% 전액 금전배당) 잔액은 차기로 이월한다.

(3) (주)한공은 제2기 결산 결과 당기순이익 ₩3,000,000을 계상하다.

	차변과목	금액	대변과목	금액
(1)				
(2)				
(3)				

2. 다음 결손금 처리에 관한 연결된 분개하시오.

(1) (주)부산은 제1기말 결산 결과 당기순손실 ₩6,000,000을 계상하다.

(2) 주주총회의 결의 의하여 다음과 같이 결손금을 처리하다.

별도적립금 ₩1,300,000, 결손보전적립금 ₩1,500,000, 이익준비금 ₩2,700,000 잔액은 차기로 이월하다.

(3) (주)부산은 제2기말 결산 결과 당기순손실 ₩1,000,000을 계상하다.

	차변과목	금액	대변과목	금액
(1)				
(2)				
(3)				

3. 다음 결산손익에 관한 거래를 분개하시오.

(1) 결산 결과 당기순이익 ₩1,000,000을 계상하다. 단, 전기이월이익잉여금 잔액 ₩400,000 이 있다.

(2) 결산 결과 당기순이익 ₩1,000,000을 계상하다. 단, 전기이월결손금 잔액 ₩200,000이 있다.

(3) 결산 결과 당기순이익 ₩1,000,000을 계상하다. 단, 전기이월결손금 잔액 ₩1,600,000이 있다.

(4) 결산 결과 당기순손실 ₩600,000을 계상하다. 단, 전기이월결손금 잔액 ₩200,000이 있다.

(5) 결산 결과 당기순손실 ₩600,000을 계상하다. 단, 전기이월이익잉여금 잔액 ₩400,000이 있다.

(6) 결산 결과 당기순손실 ₩600,000을 계상하다. 단, 전기이월이익잉여금 잔액 ₩1,600,000 이 있다.

	차변과목	금액	대변과목	금액
(1)				
(2)				
(3)				
(4)				
(5)				
(6)				

4. 다음 적극적 적립금에 관한 거래를 분개하시오.

(1) 사채 액면 ₩1,000,000을 액면가액으로 상환하고 대금은 수표 발행하여 지급하다. 단, 감채적립금 ₩1,000,000이 있다.

(2) 신축 중인 건물 ₩10,000,000이 완공되어 인수하고 공사 잔금 ₩6,000,000을 현금으로 지급하다. 단, 사업확장적립금 ₩10,000,000이 있다.

	차변과목	금액	대변과목	금액
(1)				
(2)				

5. 다음 소극적 적립금에 관한 거래를 분개하시오.

(1) 결산 결과 당기순이익이 소액이므로 배당평균적립금 ₩2,000,000을 처분전이익잉여금에 대체하다.

(2) 취득원가 ₩8,000,000, 감가상각누계액 ₩2,000,000이 있는 영업용 건물이 화재로 소실되어 결손보전적립급으로 보전하다.

(3) 사원이 퇴사하게 되어 퇴직금 ₩3,000,000을 현금으로 지급하다. 단, 퇴직급여적립금 ₩5,000,000있다.

	차변과목	금액	대변과목	금액
(1)				
(2)				
(3)				

6. (주)영희의 다음 자료에 대하여 이익잉여금처분계산서를 작성하시오.

처분전이익잉여금
  전기이월이익잉여금 ₩1,200,000
  중간배당액 ₩600,000
  당기순이익 ₩3,000,000
임의적립금이입액
  배당평균적립금 ₩500,000
이익잉여금 처분액
  이익준비금(상법 규정 최저 한도액)
  기업합리화적립금 ₩1,200,000
  현금배당금 ₩1,500,000
  감채적립금 ₩1,000,000

이익잉여금처분계산서

	당기		전기	
Ⅰ 처분전이익잉여금				
1. 전기이월이익잉여금				
2. 중간배당금				
3. 당기순이익				
Ⅱ 임의적립금이입액				
1. 배당평균적립금				
합계				
Ⅲ 이익잉여금처분액				
1. 이익준비금				
2. 기업합리화적립금				
3. 배당금				
4. 감채적립금				
Ⅳ 차기기월이익잉여금				

7. 영우(주)의 제5기의 다음 자료에 의하여 결손금처리계산서를 작성하시오.

처리전이월결손금
  전기이월결손금　₩200,000
  당기순손실　₩1,200,000
결손금 처리액
  배당평균적립금 이입액　₩300,000
  사업확장적립금 이입액　₩250,000
  재무구조개선적립금이입액　₩450,000
  이익준비금 이입액　₩200,000
  주식발행초과금 이입액　₩150,000

결손금처리계산서

	당기		전기	
Ⅰ 처리전결손금				
1. 전기이월결손금				
2. 당기순손실				
Ⅱ 결손금처리액				
1. 배당평균적립금이입액				
2. 사업확장적립금이입액				
3. 재무구조개선적립금이입액				
4. 이익준비금이입액				
5. 주식발행초과금이입액				
Ⅲ 차기이월결손금				

Answer 1

	차변과목	금액	대변과목	금액
(1)	손익	10,000,000	처분전이익잉여금	10,000,000
(2)	처분전이익잉여금	10,000,000	이익준비금 기업합리화적립금 감채적립금 사업확장적립금 미지급배당금 이월이익잉여금	500,000 2,000,000 500,000 1,000,000 5,000,000 1,000,000
(3)	이월이익잉여금 손익	1,000,000 3,000,000	처분전이익잉여금	4,000,000

Answer 2

	차변과목	금액	대변과목	금액
(1)	처리전결손금	6,000,000	손익	6,000,000
(2)	별도적립금 결손보전적립금 이익준비금 이월결손금	1,300,000 1,500,000 2,700,000 500,000	처리전결손금	6,000,000
(3)	처리전결손금	1,500,000	이월결손금 손익	500,000 1,000,000

Answer 3

	차변과목	금액	대변과목	금액
(1)	이월이익잉여금 손익	400,000 1,000,000	처분전이익잉여금	1,400,000
(2)	손익	1,000,000	이월결손금 처분전이익잉여금	200,000 800,000
(3)	손익 처리전결손금	1,000,000 600,000	이월결손금	1,600,000
(4)	처리전결손금	800,000	이월결손금 손익	200,000 600,000
(5)	이월이익잉여금 처리전결손금	400,000 200,000	손익	600,000
(6)	이월이익잉여금	1,600,000	손익 처분전이익잉여금	600,000 1,000,000

Answer 4

	차변과목	금액	대변과목	금액
(1)	사채 감채적립금	1,000,000 1,000,000	당좌예금 별도적립금	1,000,000 1,000,000
(2)	건물 사업확장적립금	10,000,000 10,000,000	건설중인자산 현금 별도적립금	4,000,000 6,000,000 10,000,000

Answer 5

	차변과목	금액	대변과목	금액
(1)	배당평균적립금	2,000,000	처분전이익잉여금	2,000,000
(2)	감가상각누계액 결손보전적립금	2,000,000 6,000,000	건물	8,000,000
(3)	퇴직급여적립금	3,000,000	현금	3,000,000

Answer 6

이익잉여금처분계산서

	당기		전기	
Ⅰ 처분전이익잉여금		3,800,000		
1. 전기이월이익잉여금	1,200,000			
2. 중간배당금	600,000			
3. 당기순이익	3,000,000			
Ⅱ 임의적립금이입액		500,000		
1. 배당평균적립금	500,000			
합계		4,300,000		
Ⅲ 이익잉여금처분액		3,850,000		
1. 이익준비금	150,000			
2. 기업합리화적립금	1,200,000			
3. 배당금	1,500,000			
4. 감채적립금	1,000,000			
Ⅳ 차기기월이익잉여금		450,000		

결손금처리계산서

	당기		전기	
Ⅰ 처리전결손금		1,400,000		
1. 전기이월결손금	200,000			
2. 당기순손실	1,200,000			
Ⅱ 결손금처리액		1,350,000		
1. 배당평균적립금이입액	300,000			
2. 사업확장적립금이입액	250,000			
3. 재무구조개선적립금이입액	450,000			
4. 이익준비금이입액	200,000			
5. 주식발행초과금이입액	150,000			
Ⅲ 차기이월결손금		50,000		

1. 이익잉여금에 관한 설명 중 틀린 것은?

① 강제적 성격을 갖는 법정적립금을 이익준비금이라 한다.

② 이익잉여금이란 기업의 영업 활동 결과로 발생한 잉여금을 말한다.

③ 임의적립금은 적극적 적립금과 소극적 적립금으로 두 가지가 있다.

④ 자본금의 1/2이 될 때까지 매 결산 마다 현금에 의한 배당의 1/10 이상을 적립하는 것을 이익잉여금이라 한다.

2. 다음 설명 중 틀린 것은?

① 이익준비금은 상법 규정에 의하여 자본금의 1/2에 달할 때까지 매 결산기 금전에 의한 이익 배당액의 1/10 이상의 금액을 사내에 유보하는 것이다.

② 임의적립금은 기업의 운영 목적상 필요한 자금을 마련하기 위하여 회사의 정관 또는 주주총회의 의결에 따라 설정하는 적립금이다.

③ 기업합리화적립금은 법인세법에 의하여 기업의 결손에 대비한 자금 마련을 위하여 설정하는 적립금이다.

④ 재무구조개선적립금은 상장법인 재무관리규정에 의하여 유형자산처분이익이 상당액에 달할 때에 일정액 이상을 적립함으로써 배당을 자제하고자 하는 적립금이다.

3. 다음의 설명으로 맞는 것은?

> 상법 규정에 따라 자본금의 2분의 1에 달할 때까지 매 결산기마다 금전에 의한 배당의 10분의 1이상을 적립하여야 하며, 결손보전과 자본전입 이외에는 처분할 수 없다.

① 이익준비금   ② 이익잉여금

③ 자본준비금   ④ 자본잉여금

4. 다음의 적립금 중 법정적립금이라고도 하며 강제성이 가장 강한 것은?

① 임의적립금   ② 이익준비금

③ 재무구조개선적립금   ④ 기업합리화적립금

5. 다음 중 목적이 달성되면 별도적립금에 대체해야 하는 적극적 적립금은?

① 감채적립금   ② 결손보전적립금

③ 배당평균적립금   ④ 퇴직급여적립금

6. 다음 중 적극적 적립금에 해당되지 않는 것은?

① 별도적립금   ② 신축적립금

③ 감채적립금   ④ 사업확장적립금

7. 다음 중 목적이 달성되면 소멸되는 소극적 적립금에 속하지 않는 것은?

① 결손보전적립금   ② 기업합리화적립금

③ 퇴직급여적립금   ④ 배당평균적립금

8. 이익준비금을 처분 또는 사용할 수 있는 범위를 바르게 설명한 것은?

① 결손보전에만 처분한다.   ② 자본전입에만 처분한다.

③ 이사회의 결의에 따라 사용한다.   ④ 결손보전과 자본전입에 모두 적용된다.

9. 이익준비금에 관한 설명 중 틀린 것은?

① 결손전보와 자본전입 이외에는 처분할 수 없다.

② 상법상 규정된 것으로 법정적립금이라고도 한다.

③ 자본금의 10분의 1이 될 때까지 매결산기마다 적립하여야 한다.

④ 당기순이익이 많이 발생할수록 이익준비금으로 적립되는 것이 많아진다.

10. 다음 항목 중 이익잉여금처분계산서의 가장 아래에 표시되는 과목은?

① 처분전이익잉여금   ② 임의적립금이입액

③ 배당금   ④ 이익준비금

11. 다음 중 정관의 규정 또는 주주총회의 결의로 적립되는 적립금만으로 구성된 것은?

> 1. 이익준비금 2. 사업확장적립금 3. 감채적립금, 4. 기업합리화적립금 5. 배당평균적립금
> 6. 결손보전적립금 7. 재무구조개선적립금

① 1 - 3 - 4 - 7   ② 2 - 3 - 4 - 7   ③ 1 - 3 - 6 - 7   ④ 2 - 3 - 5 - 6

12. 주식할인발행차금상각은 다음 중 어디에 해당하는가?

① 잔액시산표   ② 포괄손익계산서

③ 재무상태표   ④ 이익영여금처분항목

13. 다음 중 주식할인발행차금이나 배당건설이자상각이 표시되는 재무제표는?

① 포괄손익계산서   ② 재무상태표

③ 이익잉여금처분계산서   ④ 결손금처리계산서

14. 서로 관계 깊은 것끼리 연결한 것이다. 옳은 것은?

① 이익준비금 - 이익잉여금 - 법정적립금

② 감채적립금 - 임의적립금 - 소극적적립금

③ 사업확장적립금 - 자본잉여금 - 적극적적립금

④ 주식발행초과금 - 자본잉여금 - 적극적적립금

15. 기업회계기준에서 결손금 처리를 위한 자기자본의 처분 순서로 올바르게 나열한 것은?

① 자본잉여금이입액 → 결손보전적립금 → 기타법정적립금이입액 → 이익준비금이입액

② 결손보전적립금 → 기타법정적립금이입액 → 이익준비금이입액 → 자본잉여금이입액

③ 기타법정적립금이입액 → 이익준비금이입액 → 자본준비금이입액 → 결손보전적립금

④ 이익준비금이입액 → 자본준비금이입액 → 결손보전적립금 → 기타법정적립금이입액

16. 다음은 결손금의 처리와 관련된 항목들이다. 결손금의 처리 순서를 바르게 나열한 것은?

> 1. 임의적립금이입액   2. 자본잉여금이입액   3. 이익준비금이입액   4. 기타법정적립금이입액

① 1 → 2 → 3 → 4   ② 1 → 4 → 3 → 2

③ 2 → 3 → 4 → 1   ④ 1 → 4 → 2 → 3

17. 결손금의 처리항목 중 마지막으로 이입되는 잉여금은?

① 재무구조개선적립금   ② 감채적립금

③ 이익준비금   ④ 주식발행초과금

18. 다음 중 자본조정항목이 아닌 것은?

① 배당건설이자   ② 자기주식처분이익

③ 주식할인발행차금   ④ 매도가능증권평가이익

19. (주)한국은 3년 전에 창업한 이후에 계속해서 손실이 발생하고 있다. 반면에 (주)서울은 5년 전에 창업한 이후에 계속해서 이익이 발생하고 있다. 이러한 경우, (주)한국은 (주)서울과는 다른 재무제표를 작성해야 한다. (주)한국이 (주)서울과는 달리 작성해야 하는 재무제표는?

① 재무상태표   ② 포괄손익계산서

③ 현금흐름표   ④ 결손금처리계산서

20. 자본조정에 관한 다음 설명 중 잘못된 것은?

① 자본조정 항목에는 주식할인발행차금, 자기주식, 매도가능증권평가손실 등이 포함되어 있다.

② 해외사업환산대는 해외지점의 자산·부채 평가에 따른 외화환산손실로 자본조정의 차감항목이다.

③ 배당건설이자는 개업 후 연 6% 이상 이익을 배당할 경우 그 6%를 초과하는 금액 이상을 상각하여야 한다.

④ 주식할인발행차금은 주식발행일로부터 5년 이내의 기간에 매기 균등액으로 상각한다.

21. 자본금이 ₩20,000,000인 회사가 현금 배당과 주식 배당을 각각 10% 실시하는 경우, 이 회사가 적립하여야 할 이익준비금의 최소한도액은 얼마인가?

① ₩2,000,000   ② ₩700,000

③ ₩400,000   ④ ₩200,000

22. 다음 자료에 의하여 (주)동산의 법정 최소한의 이익준비금을 계산하면 얼마인가?

발행주식 5,000주 액면 @₩5,000 배당금: 연 10%(현금 배당 60%, 주식 배당 40%) 결산 연 1회,

① ₩150,000   ② ₩250,000

③ ₩1,500,000   ④ ₩2,500,000

23. 결산한 결과 당기순손실 ₩2,000,000을 계상하였다. 전기이월이익잉여금 잔액이 ₩3,000,000 있었다면 결산 처리할 계정과목과 금액으로 맞는 것은?

① 처리전결손금 ₩1,000,000   ② 처분전이익잉여금 ₩1,000,000

③ 처리전결손금 ₩5,000,000   ④ 처분전이익잉여금 ₩5,000,000

24. 자본금 ₩50,000,000인 (주)성남의 다음 자료에 의하여 연 1회 결산 시 이익준비금과 배당금을 계산하면 각각 얼마인가?

> 전기이월이익잉여금 ₩2,000,000, 당기순손실 ₩500,000, 이익준비금(상법상 최소 한도액),
> 배당금 연 10%(전액 현금 배당)

① 이익준비금 　　₩20,000, 배당금 　₩250,000
② 이익준비금 　　₩250,000, 배당금 　　₩25,000
③ 이익준비금 ₩5,000,000, 배당금 　₩500,000
④ 이익준비금 　　₩500,000, 배당금₩5,000,000

25. 다음 자료에 의하여 이익잉여금의 합계액을 계산하면 얼마인가?

> 이익준비금 ₩5,000, 자본잉여금 ₩8,000, 감채적립금 ₩4,000, 주식발행초과금 ₩3,500,
> 기업합리화적립금 ₩2,000, 감자차익 ₩6,500

① ₩10,000　　　　　　　　　　　② ₩11,000
③ ₩14,500　　　　　　　　　　　④ ₩16,500

26. 12월 31일에 작성한 수정전 시산표상의 이익잉여금은 ₩31,000(대변)이고, 배당금 ₩3,600(차변)이었다. 당기의 수익과 비용은 다음과 같다. 모든 계정을 마감한 후 이익잉여금계정의 잔액은 얼마인가?

> 지급임차료 ₩5,400, 용역매출 ₩38,200, 급여 ₩19,600, 소모품비 ₩1,500, 감가상각비 ₩2,600

① ₩18,500　　　　　　　　　　　② ₩27,400
③ ₩36,500　　　　　　　　　　　④ ₩39,900

27. 다음 자료에 의하여 당기 말 처분전이익잉여금을 구하면 얼마인가?

> 전기이월이익잉여금 ₩100,000, 당기순이익 ₩60,000, 이익준비금 적립액 ₩10,000,
> 배당금(다음 기초에 지급) ₩20,000

① ₩100,000　　　　　　　　　　② ₩130,000
③ ₩120,000　　　　　　　　　　④ ₩160,000

28. (주)상진의 제20기(2XX1년 01월 01일 2XX1년 12월 31일)의 당기순이익은 ₩375,000, 전기이월이익
잉여금은 ₩495,000이었으며 다음의 사항이 결정하였다. 제20기 이익잉여금처분계산서에
나타날 차기이월이익잉여금은 얼마인가?

> 현금 배당 ₩120,000, 주식 배당 ₩50,000, 이익준비금 ₩80,000, 주식할인발행차금 ₩20,000,
> 사업확장적립금 ₩40,000, 퇴직급여충당금 ₩10,000

① ₩610,000   ② ₩570,000

③ ₩540,000   ④ ₩550,000

29. (주)상주의 이익잉여금에 대한 다음 자료를 이용하여 기업회계기준에 의한 차기이월이익
잉여금을 계산하면 얼마인가?

> 전기이월이익잉여금 ₩150,000, 당기순이익 ₩20,000, 임의적립금이입액 ₩10,000,
> 이익준비금 ₩50,000, 기업합리화적립금 ₩30,000, 현금 배당 ₩20,000, 배당평균적립금 ₩10,000

① ₩60,000   ② ₩70,000

③ ₩80,000   ④ ₩90,000

30. 결산일 현재 시산표에 요약된 다음 자료를 이용하여 자본 총액을 계산하면 얼마인가?

> 우선주자본금 ₩3,000,000, 보통주자본금 ₩2,000,000, 주식할인발행차금 ₩700,000,
> 주식발행초과금 ₩900,000

① ₩6,600,000   ② ₩5,900,000

③ ₩5,200,000   ④ ₩2,900,000

31. 결산 기말 시산표의 요약된 다음 자료에 의하여 재무상태표에 표시할 자본 총액은 얼마인가?

> 보통주자본금 ₩3,000,000, 주식할인발행차금 ₩200,000, 감자차익 ₩150,000,
> 채무면제이익 ₩500,000, 주식발행초과금 ₩350,000, 기타자본잉여금 ₩500,000

① ₩3,300,000   ② ₩3,500,000

③ ₩3,800,000   ④ ₩4,300,000

32. 영업용 건물을 신축하고 공사비 ₩50,000,000을 수표 발행하여 지급하다. 단, 사업확장 적립금 ₩60,000,000있다. 맞는 분개는?

① (차) 건　　　　물　50,000,000　(대) 당 좌 예 금　50,000,000
② (차) 건　　　　물　60,000,000　(대) 당 좌 예 금　60,000,000
③ (차) 건　　　　물　60,000,000　(대) 당 좌 예 금　60,000,000
　　　사업확장적립금　60,000,000　　　별도적립금　60,000,000
④ (차) 건　　　　물　50,000,000　(대) 당 좌 예 금　50,000,000
　　　사업확장적립금　60,000,000　　　별도적립금　60,000,000

33. 사채액면 ₩5,000,000을 수표 발행하여 상환하다. 감채적립금 잔액 ₩5,000,000있을 때 맞는 분개는?

① (차) 사　　　　채　5,000,000　(대) 당 좌 예 금　5,000,000
　　　감채적립금　5,000,000　　　별도적립금　5,000,000
② (차) 감채적립금　5,000,000　(대) 별도적립금　5,000,000
③ (차) 사　　　　채　5,000,000　(대) 당 좌 예 금　5,000,000
④ (차) 사　　　　채　5,000,000　(대) 감채적립금　5,000,000

34. 사원 김영희가 퇴직하게 되어 퇴직금 ₩13,000,000을 수표 발행하여 지급하다. 단, 퇴직급 여적립금 ₩50,000,000있다. 맞는 분개는?

① (차) 퇴　직　금　13,000,000　(대) 당 좌 예 금 13,000,000
　　　퇴직급여적립금　5,000,000　　　별도적립금　5,000,000
② (차) 퇴　직　금　13,000,000　(대) 당 좌 예 금 13,000,000
　　　퇴직급여적립금　50,000,000　　　별도적립금 50,000,000
③ (차) 퇴　직　금　13,000,000　(대) 당 좌 예 금 13,000,000
④ (차) 퇴직급여적립금　13,000,000　(대) 당 좌 예 금 13,000,000

35. (주)한강은 결산 결과 당기순이익 ₩500,000을 계상하다. 이월결손금 ₩300,000 있을 때 맞는 분개는?

① (차) 손　　　　　익　500,000　　(대) 이 월 결 손 금　300,000
　　　　　　　　　　　　　　　　　　　처 리 전 결 손 금　200,000

② (차) 이 월 결 손 금　300,000　　(대) 손　　　　　익　500,000
　　　　처 리 전 결 손 금　200,000

③ (차) 이월이익잉여금　200,000　　(대) 손　　　　　익　500,000
　　　　이 월 결 손 금　300,000

④ (차) 손　　　　　익　500,000　　(대) 이 월 결 손 금　300,000
　　　　　　　　　　　　　　　　　　　처분전이익잉여금　200,000

36. (주)영진은 당기순이익 ₩1,000,000을 계상하다. 단 이월결손금 ₩600,000 있을 때 맞는 분개는?

① (차) 손　　　　익　　600,000　　(대) 이 월 결 손 금　1,000,000
　　　　처리전결손금　　400,000

② (차) 손　　　　익　1,000,000　　(대) 이 월 결 손 금　600,000
　　　　　　　　　　　　　　　　　　　처분전이익잉여금　400,000

③ (차) 이 월 결 손 금　600,000　　(대) 처분전이익잉여금　1,000,000
　　　　손　　　　익　　400,000

④ (차) 손　　　　익　1,500,000　　(대) 처 리 전 결 손 금　1,900,000
　　　　이 월 결 손 금　400,000

37. 이월이익잉여금 ₩500,000이 있는 (주)강원은 결산 결과 당기순이익 ₩3,000,000이 발생하였다. 맞는 분개는?

① (차) 손　　　　익 3,000,000　　(대) 자　　본　　금 3,000,000

② (차) 자　　본　　금 3,000,000　　(대) 손　　　　익 3,000,000

③ (차) 손　　　　익 3,000,000　　(대) 처분전이익잉여금　3,500,000
　　　　이월이익잉여금　500,000

④ (차) 이월이익잉여금 3,500,000　　(대) 처분전이익잉여금 3,500,000

38. 결산한 결과 순손실 ₩500,000이 계상되다. 단, 수정후 전기이월이익잉여금 ₩50,000이 있다. 옳은 분개는?

① (차) 처리전결손금 500,000　(대) 손　　　　　익 550,000
　　　이월이익잉여금　50,000

② (차) 손　　　　　익 500,000　(대) 처리전결손금 450,000
　　　　　　　　　　　　　　　　이월이익잉여금　50,000

③ (차) 처리전결손금 450,000　(대) 손　　　　　익 500,000
　　　이월이익잉여금　50,000

④ (차) 손　　　　　익 550,000　(대) 처리전결손금 500,000
　　　　　　　　　　　　　　　　이월이익잉여금　50,000

39. 이익잉여금 ₩2,000,000과 자본잉여금 ₩3,000,000을 자본에 전입하기로 하고, 신주 1,000주(액면 @₩5,000)를 평가 발행하여 주주에게 무상으로 교부하다. 이를 바르게 분개한 것은?

① (차) 이익잉여금　2,000,000　(대) 자　본　금　5,000,000
　　　자본잉여금　3,000,000

② (차) 자　본　금　5,000,000　(대) 이익잉여금　2,000,000
　　　　　　　　　　　　　　　　자본잉여금　3,000,000

③ (차) 자본잉여금　3,000,000　(대) 자본준비금　3,000,000
　　　이익잉여금　2,000,000　　　이익준비금　2,000,000

④ (차) 잉　여　금　5,000,000　(대) 이익잉여금　2,000,000
　　　　　　　　　　　　　　　　자본잉여금　3,000,000

🔍 정답

1. ④ 2. ③ 3. ① 4. ② 5. ① 6. ① 7. ② 8. ④ 9. ③ 10. ③ 11. ④ 12. ④ 13. ③ 14. ①
15. ② 16. ② 17. ④ 18. ② 19. ④ 20. ② 21. ④ 22. ① 23. ② 24. ④ 25. ② 26. ③ 27. ②
28. ④ 29. ② 30. ③ 31. ③ 32. ④ 33. ① 34. ④ 35. ④ 36. ② 37. ③ 38. ③ 39. ①

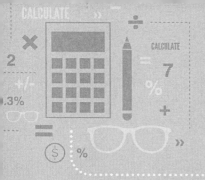

기타 기업의 자본 및 손익

합명회사

합명회사는 2인 이상의 무한책임사원으로 구성된 회사로 출자금은 각 사원별로 자본금 계정을 세워서 처리한다.

차변	현금 XXX	대변	갑 자본금 XXX 을 자본금 XXX

합자회사

합자회사는 1인 이상의 무한책임사원과 유한책임사원으로 구성된 회사로, 출자금은 각 사원별로 무한책임사원과 유한책임사원을 구분하여 자본금계정을 세워서 처리한다.

차변	현금 XXX	대변	무한책임 갑 자본금 XXX 유한책임 을 자본금 XXX

합명회사, 합자회사의 순손익의 처분은 주식회사의 회계 처리에 준한다.

유한회사

유한회사는 2인 이상 50인 이하의 유한책임사원으로 구성되며, 순손익의 처분은 주식회사의 회계 처리에 따라 1좌의 금액은 @₩100 이상으로 균일하게 해야 한다.

조합기업

조합기업은 민법에 따라 2인 이상이 조합계약을 맺고 자산, 노무, 신용을 출자하여 공동사업을 하는 기업으로 출자금은 각 조합원마다 자본금계정을 설정하여 처리한다.

사원의 입사

합명회사나 합자회사가 영업 성적이 양호하여 새로운 사원이 입사하는 경우, 가입금 또는 영업권을 평가하여 기존 사원의 자본금에 가산하여 다음과 같이 회계 처리한다.

① 신규 사원의 입사 시점으로 자산을 실제 금액으로 표기하도록 다시 평가한다.

차변	손익 XXX	대변	매 출 채 권 XXX 단기매매증권 XXX 건물, 비품 등 XXX

② 자산 평가 결과 발생한 손실은 기존 사원의 자본금에 비례하여 각 사원의 자본금에서 차감한다.

차변	A 자본금 XXX B 자본금 XXX	대변	손익 XXX

③ 신규 사원은 자산의 출자금 외에 가입금 또는 영업권을 평가하여 납입하고, 기존 사원의 자본금에 비례하여 가산시킨다.

차변	현금 XXX (영업권)	대변	C 자본금 XXX A 자본금 XXX B 자본금 XXX

사원의 퇴사

합명회사나 합자회사의 사원이 퇴사하는 경우 임시 결산을 하여, 퇴사 사원이 찾아가야 할 금액을 계산하여야 하는데 이를 지분이라 하며, 지분은 퇴사 사원의 자본금은 물론 퇴사일까지의 적립금·당기순이익·영업권 등의 배분액을 계산하여 환급한다.

차변	C 자본금 XXX 적 립 금 XXX 손　　익 XXX 영 업 권 XXX	대변	현금 XXX

☞ 퇴사 사원의 지분 = 퇴사 사원의 자본금 + (적립금 + 당기순이익 + 영업권) $* \dfrac{\text{퇴사 사원의 자본금}}{\text{총자본금}}$

1. 다음 기타 회사 회계 차이에 관한 분개를 하시오.

(1) 갑 사원은 현금 ₩700,000, 건물 ₩3,000,000을, 을 사원은 현금 ₩300,000, 비품 ₩700,000 을 출석하여 합명회사를 설립하다.

(2) 갑 사원은 현금 ₩1,000,000, 건물 ₩4,000,000을, 을 사원은 현금 ₩600,000, 비품 ₩ ₩2,000,000을 출자하여 합자회사를 설립하다.(단, 갑 사원은 무한책임사원이고, 을 사원은 유한책임사원이다.)

(3) 자본금 ₩10,000,000 영진 유한회사를 설립하고, 현금 ₩2,000,000, 상품 ₩3,000,000, 건물 ₩5,000,000을 출자하다.

(4) 합명회사인 동해상사는 제1기 결산한 결과 당기순이익 ₩3,000,000을 계상하다.

(5) 동해상사는 이익처분을 다음과 같이 결의하다.

결의안: 사업확장적립금 ₩1,200,000, 갑 사원 배당금 ₩800,000, 을 사원 배당금 ₩600,000, 잔액은 차기로 이월한다.

	차변과목	금액	대변과목	금액
(1)				
(2)				
(3)				
(4)				
(5)				

2. 다음 자료에 의하여 병 사원 입사 시 분개와 입사 후 재무상태표를 작성하시오. (단, 병 사원으로부터 출자금 ₩1,500,000과 가입금 ₩200,000을 현금으로 받다.) 가입금과 평가손익은 출자액에 비례하여 배분한다.

재무상태표

자산	금액	부채, 자본	금액
현금및현금성자산	1,200,000	매입채무	500,000
단기매매증권	600,000	갑 자본금	2,000,000
매출채권	1,500,000	을 자본금	3,000,000
상　품	1,200,000		
건　물	1,000,000		
	5,500,000		5,500,000

자산 평가자료
1. 매출채권 중 ₩120,000이 회수 불능하다.
2. 단기매매증권을 ₩570,000으로 평가하다.
3. 건물에 대하여 10% 감가상각하다. (직접법)

	차변과목	금액	대변과목	금액
(1) 입사 시 분개				
(2) 자산 평가 시 분개				
(3) 손익 분담 시 분개				

병 사원 입사 후 재무상태표

자산	금액	부채, 자본	금액
현금및현금성자산		매입채무	
단기매매증권		갑 자본금	
매출채권		을 자본금	
상 품		병 자본금	
건 물			

3. 다음과 같은 재무 상태를 가진 갑, 을, 병 합명회사에서 병이 탈퇴하여 병의 자본을 출자액에 비례하여 계산한 후 현금으로 지급하였다. 병 퇴사 시 영업권 ₩1,200,000을 평가하였다. 병 퇴사 시 분개와 퇴사 후의 재무상태표를 작성하시오.

재무상태표

자산	금액	부채, 자본	금액
현금및현금성자산	4,000,000	매입채무	900,000
매출채권	1,500,000	갑 자본금	1,000,000
상 품	800,000	을 자본금	2,000,000
건 물	1,000,000	병 자본금	3,000,000
		적 립 금	900,000
		(당기순이익 ₩300,000)	
	7,800,000		7,800,000

	차변과목	금액	대변과목	금액
(1) 퇴사 시 분개				

병 사원 퇴사 후 재무상태표

자산	금액	부채, 자본	금액
현금및현금성자산		매입채무	
매출채권		갑 자본금	
상 품		을 자본금	
건 물		적 립 금	
영업권		(당기순이익₩200,000)	

Answer 1

	차변과목	금액	대변과목	금액
(1)	현금	1,000,000	갑 자본금	3,700,000
	비품	700,000	을 자본금	1,000,000
	건물	3,000,000		
(2)	현금	1,600,000	무한책임 갑 자본금	5,000,000
	비품	2,000,000	유한책임 을 자본금	2,600,000
	건물	4,000,000		
(3)	현금	2,000,000	자본금	10,000,000
	매입	3,000,000		
	건물	5,000,000		
(4)	손익	3,000,000	처분전이익잉여금	3,000,000
(5)	처분전이익잉여금	3,000,000	사업확장적립금	1,200,000
			갑 사원 미지급배당금	800,000
			을 사원 미지급배당금	600,000
			이월이익잉여금	400,000

Answer 2

	차변과목	금액	대변과목	금액
(1) 입사 시 분개				
	현금	1,700,000	병 자본금	1,500,000
			갑 자본금	80,000
			을 자본금	120,000
(2) 자산 평가 시 분개				
	손익	250,000	매출채권	120,000
			단기매매증권	30,000
			건물	100,000
(3) 손익 분담 시 분개				
	갑 자본금	100,000	손익	250,000
	을 자본금	150,000		

병 사원 입사 후 재무상태표

자산	금액	부채, 자본	금액
현금및현금성자산	2,900,000	매입채무	500,000
단기매매증권	570,000	갑 자본금	1,980,000
매출채권	1,380,000	을 자본금	2,970,000
상 품	1,200,000	병 자본금	1,500,000
건 물	900,000		
	6,950,000		6,950,000

Answer 3

차변과목	금액	대변과목	금액
(1) 퇴사 시 분개			
병 자본금	3,000,000		
적립금	300,000	현금	4,050,000
손익	150,000		
영업권	600,000		

병 사원 퇴사 후 재무상태표

자산	금액	부채·자본	금액
현금및현금성자산	450,000	매입채무	900,000
매출채권	1,500,000	갑 자본금	1,000,000
상 품	800,000	을 자본금	2,000,000
건 물	1,000,000	적 립 금	450,000
영 업 권	600,000	(당기순이익₩200,000)	
	4,350,000		4,350,000

1. 다음 중 2인 이상의 무한책임사원으로만 구성된 회사는?
    ① 주식회사   ② 합명회사   ③ 합자회사   ④ 유한회사

2. 다음 중 유한책임사원과 무한책임사원으로 구성된 회사는?
    ① 조합   ② 유한회사   ③ 합자회사   ④ 합명회사

3. 영월합명회사는 갑이 ₩5,000,000, 을이 ₩3,000,000을 출자하였다. 병이 신규 입사를 희망하여 출자금 ₩2,000,000과 가입금 ₩300,000을 현금으로 납입 받은 경우 가입금의 회계 처리 방법으로 맞는 것은?
    ① 가입금 전액을 을 자본금으로 처리한다.
    ② 갑과 을이 동일하게 분배하여 각각의 자본금에 가산한다.
    ③ 갑과 을이 동일하게 분배하여 각각의 자본금에서 차감한다.
    ④ 갑과 을이 출자하여 비례하여 분배한 후 각각의 자본금에 가산한다.

4. 갑, 을, 병 합명회사에서 병 사원이 퇴사하게 되었다. 병 사원 퇴사 시 병 사원의 몫을 현금으로 지급하였다. 다음 중 병 사원의 자본으로 계산해야 할 사항이 아닌 것은?
    ① 적립금   ② 당기순이익   ③ 가입금   ④ 병 자본금

5. 갑 자본금 ₩3,000,000, 을 자본금 ₩2,000,000을 출자하여 설립한 합명회사에 병 사원이 신규 입사하게 되어 출자금 ₩1,000,000과 가입금 ₩500,000을 현금으로 납입 받았다. 가입금의 분배 금액으로 맞는 것은?
    ① 갑 ₩300,000 을 ₩200,000   ② 갑 ₩600,000 을 ₩400,000
    ③ 갑 ₩200,000 을 ₩300,000   ④ 갑 ₩400,000 을 ₩60,000

6. 갑 자본금 ₩1,000,000, 을 자본금 ₩2,000,000인 우리 합명회사에 병이 신규로 가입하게 되어 출자금 ₩3,000,000과 가입금 ₩600,000을 현금으로 납입 받았다. 병 입사 후 재무상태표에 표시되는 갑, 을, 병의 자본금으로 맞는 것은?
    ① 갑 자본금 ₩2,500,000   ② 을 자본금 ₩2,400,000
    ③ 병 자본금 ₩2,300,000   ④ 자본금 ₩6,000,000

7. 갑 자본금 ₩1,000,000, 을 자본금 ₩2,000,000, 병 자본금 ₩3,000,000을 출자한 A 합명회사에서 병이 탈퇴하게 되어 병의 자본을 현금으로 지급하였다. 병 사원에게 지급해야 할 환급액은 얼마인가? (단, 병 사원 퇴사 시 영업권을 ₩120,000 평가하였으며, 적립금 ₩240,000과 당기순이익은 ₩180,000이었다.)

① ₩3,080,000　　② ₩3,180,000　　③ ₩3,220,000　　④ ₩3,270,000

다음과 같은 재무 상태를 가진 합명회사에 병이 입사하게 되어 출자금 ₩3,000,000과 가입금 ₩600,000을 현금으로 납입 받고 자산을 아래와 같이 평가하였다. 가입금과 자산평가손익은 갑과 을의 출자액에 비례하여 가감하기로 하다. 물음에 답하시오.

재무상태표

자산	금액	부채·자본	금액
현금및현금성자산	1,200,000	매입채무	1,200,000
매출채권	1,000,000	단기차입금	1,500,000
상　품	2,000,000	갑 자본금	1,000,000
건　물	1,500,000	을 자본금	2,000,000
	5,700,000		5,700,000

자산 평가 자료
1. 회수 불능인 매출채권 ₩50,000을 대손 처리하다.
2. 건물에 대하여 10% 직접법으로 감가상각하다.

8. 병의 납입한 금액을 분개할 때의 계정과목 금액이 틀린 것은?

① 현금 ₩3,600,000　　　　　　② 갑 자본금 ₩200,000

③ 을 자본금 ₩400,000　　　　　④ 병 자본금 ₩3,600,000

9. 다음 중 손익 분담에 따른 분개로 맞는 것은?

① (차) 손　　　익　600,000　(대) 갑 자본금　200,000
　　　　　　　　　　　　　　　　을 자본금　400,000

② (차) 갑 자본금　200,000　(대) 손　　　익　600,000
　　　을 자본금　400,000

③ (차) 갑 자본금　70,000　(대) 손　　　익　210,000
　　　을 자본금　140,000

④ (차) 손　　　익　210,000　(대) 갑 자본금　70,000
　　　　　　　　　　　　　　　　을 자본금　140,000

10. 병 사원 가입 후 재무상태표상의 표시할 을 자본금을 얼마인가?

① ₩2,000,000　　② ₩2,200,000　　③ ₩2,260,000　　④ ₩2,340,000

11. 병 사원 가입 후 재무상태표의 차변 합계금액은 얼마인가?

① ₩5,700,000　　② ₩9,090,000　　③ ₩9,300,000　　④ ₩10,100,000

다음과 같은 재무 상태를 가진 갑, 을, 병 합명회사에서 병이 퇴사하게 되어 영업권을 ₩480,000 로 평가하고 병의 몫을 출자액에 비례하여 현금으로 지급하였다.

재무상태표

자산	금액	부채,자본	금액
제자산	8,000,000	제 부 채	1,280,000
		갑 자본금	3,000,000
		을 자본금	2,000,000
		병 자본금	1,000,000
		적 립 금	720,000
		(당기순이익 ₩120,000)	
	8,000,000		8,000,000

12. 병 사원 퇴사 시 지급해야 할 병 사원의 지분은 얼마인가?

① ₩1,000,000　　② ₩1,080,000　　③ ₩1,120,000　　④ ₩1,200,000

13. 병 사원 퇴사시 분개로 맞는 것은?

① (차) 현　　　금　1,200,000　　(대) 영 업 권　　480,000
　　　　　　　　　　　　　　　　　　　　　적 립 금　　720,000

② (차) 병 자본금　1,000,000　　(대) 현　　　금　1,120,000
　　　적 립 금　　120,000

③ (차) 영 업 권　　 80,000　　(대) 현　　　금　1,200,000
　　　적 립 금　　100,000
　　　손　　　익　　 20,000
　　　병 자본금　1,000,000

④ (차) 현　　　금　1,100,000　　(대) 영 업 권　　 80,000
　　　　　　　　　　　　　　　　　　　　　적 립 금　　 20,000
　　　　　　　　　　　　　　　　　　　　　병 자본금　1,000,000

14. 병 사원 퇴사 후 재무상태표에 기입될 영업권을 얼마인가?

① ₩80,000　　　② ₩180,000　　　③ ₩240,000　　　④ ₩480,000

15. 퇴사 후의 재무상태표를 작성할 때 자본 총액은?

① ₩8,000,000　　② ₩6,880,000　　③ ₩6,720,000　　④ ₩6,800,000

16. 다음 설명 중 틀린 것은?

① 갑, 을, 병 합명회사에서 병이 퇴사를 결정하였다면 병 사원의 자본금 전액을 반환해야 한다.

② 갑, 을, 병 합명회사에 병 사원이 퇴사한다면 병 자본금 전액과 영업권, 적립금, 당기순이익 중 병 사원의 자본에 비례하여 지급한다.

③ 갑, 을, 병 합명회사에 정 사원이 신규로 입사하면, 출자금과 가입금을 받으며, 출자금은 정 사원의 자본금으로 처리하여, 가입금을 갑, 을, 병 사원의 자본에 비례하여 분배한다.

④ 갑, 을, 병 합명회사에 정 사원이 신규로 입사함으로서 평가한 영업권 ₩500,000을 평가하였다면, 갑, 을, 병 사원의 자본에 비례하여 분배하여, 재무상태표에는 영업권을 정의 지분에 해당하는 만큼만 표시한다.

17. 갑과 을이 각각 현금 ₩20,000,000과 건물 ₩50,000,000을 출자하여 롯데(유한회사)를 설립하였다. 출자금의 분개 처리로 맞는 것은?

① (차) 현금 30,000,000　　(대) 자 본 금 30,000,000

② (차) 현금 30,000,000　　(대) 갑 자본금 30,000,000
　　　건물 50,000,000　　　　　을 자본금 50,000,000

③ (차) 현금 30,000,000　　(대) 자 본 금 80,000,000
　　　건물 50,000,000

④ (차) 현금 30,000,000　　(대) 갑 개 인 30,000,000
　　　건물 50,000,000　　　　　을 개 인 50,000,000

 정답

1. ②　2. ③　3. ④　4. ③　5. ①　6. ②　7. ④　8. ④　9. ③　10. ③　11. ②　12. ④　13. ③　14. ①
15. ②　16. ④　17. ③

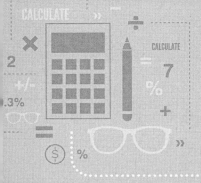

기업의 세무

세금

국가 또는 지방자치단체가 수입을 위하여 개인 또는 기업으로부터 법률에 의해 강제 징수하는 금전 또는 재화를 세금이라 한다. 세금은 과세 주체에 따라 국세의 지방세로 구분하고, 징수 방법에 따라 직접세와 간접세로 구분한다.

개인기업의 세무

(1) 기업주체에 부과된 소득세를 현금으로 납부한 경우

차변	인출금 XXX	대변	현금 XXX

(2) 급여 등을 지급하여 소득세를 원천징수한 경우

차변	급여 XXX	대변	소득세예수금 XXX

(3) 재산세, 자동차세, 사업소세, 도시계획세, 공동시설세 등을 현금으로 납부한 경우

차변	세금과공과 XXX	대변	현금 XXX

(4) 상공회의소 회비, 조합비, 협회비 등을 현금으로 납부한 경우

차변	세금과공과 XXX	대변	현금 XXX

(5) 건설 등을 취득하여 취득세, 등록세 등을 현금으로 납부한 경우

차변	건물, 토지 등 XXX	대변	현금 XXX

부가가치세

(1) 부가가치세

모든 재화나 용역의 매매과정에서 발생하는 부가가치(이익)에 대하여 부과되는 세금으로 최종적으로 소비하는 소비자에게 부담시키는 간접세이다. 부가가치세는 매출세액에서 매입세액을 차감하여 계산한다.

(2) 부가가치세의 계산

① 매입세액(부가가치세대급금) = 매입액 * 세율(10%)

② 매출세액(부가가치세예수금) = 매출액 * 세율(10%)

③ 납부할 세액 = 매출세액 - 매입세액

> **1. 부가가치세대급금**
>
> 상품의 매입 시 공급자에게 부가가치세를 지급하는 것을 말한다. 이 부가가치세는 최종소비자가 부담할 것을 대신 지급한 것이기 때문에 자산계정으로 처리한다.
>
> **2. 부가가치세예수금**
>
> 상품의 매출 시 매출금액에 대하여 부가가치세를 국가를 대신하여 받아 일시 보관하고 있는 것이므로 부채계정으로 처리한다.

(3) 부가가치세의 회계 처리

① 상품을 매입하고 부가가치세를 현금으로 납부한 경우

차변	매 입 XXX 부가가치세대급금 XXX	대변	현금 XXX

② 상품을 매출하고 부가가치세를 현금으로 받은 경우

차변	현금 XXX	대변	매 출 XXX 부가가치세예수금 XXX

③ 부가가치세를 정리하고 현금으로 납부한 경우

차변	부가가치세예수금 XXX	대변	부가가치세대급금 XXX 현 금 XXX

④ 결산 시 부가가치세를 정리한 경우

차변	부가가치세예수금 XXX	대변	부가가치세대급금 XXX

(4) 부가가치세의 신고와 납부

부가가치세는 1년에 2번(6개월마다) 확정신고 납부를 하고, 다시 동 기간으로 나누어 예정신고 납부를 한다.

구분	제1기		제2기	
	과세대상기간	신고·납부기한	과세대상기간	신고·납부기한
예정신고	01. 01~03. 31	04. 25	07. 01~09. 30	10. 25
확정신고	04. 01~06. 30	07. 25	10. 01~12. 31	01. 25

법인기업의 세무

(1) 법인세비용

법인기업의 소득에 대하여 부과되는 세금으로 법인세, 소득할주민세, 법인세 특별부가세, 농어촌특별세 등 직접세는 모두 포함한다.

(2) 법인세의 회계 처리
① 법인세를 현금으로 중간예납한 경우

차변	법인세비용 XXX	대변	현금 XXX

② 결산 시 법인세 비용을 추산한 경우

차변	법인세비용 XXX	대변	미지급법인세 XXX

③ 법인세 확정신고를 하고 현금으로 납부한 경우

차변	미지급법인세 XXX	대변	현금 XXX

④ 법인세를 현금으로 추가납부(가산세 포함)한 경우

차변	법인세추납액 XXX	대변	현금 XXX

⑤ 법인세를 현금으로 환급(이자 포함)받은 경우

차변	현금 XXX	대변	법인세환급액 XXX 이 자 수 익 XXX

1. **다음 세무에 관한 거래를 분개하시오.**

(1) 영업용 건물 ₩10,000,000을 구입하고 취득세 ₩500,000과 함께 수표 발행하여 지급하다.

(2) 영업용 토지에 대한 재산세 ₩200,000과 자동차세 ₩50,000을 현금으로 지급하다.

(3) 개인기업인 상동상사는 사업소득세 ₩100,000을 관한 세무서에 현금으로 납부하다.

(4) 종업원 급여에서 원천징수한 소득세 ₩20,000을 관한 세무서에 현금으로 납부하다.

	차변과목	금액	대변과목	금액
(1)				
(2)				
(3)				
(4)				

2. **다음 부가가치세에 관한 거래를 분개하시오.**

(1) 인천상사에서 상품 ₩500,000을 매입하고 대금은 부가가치세 10%와 함께 현금으로 지급하다.

(2) 부천상사에 상품 ₩700,000을 매출하고 대금은 부가가치세와 함께 현금으로 받다.

(3) 부가가치세 확정 신고를 하고 위 매입세액 ₩50,000과 매출세액 ₩70,000에 대한 차액을 세무서에 현금으로 납부하다.

(4) 기말 결산 시 부가가치세대급금계정 ₩200,000과 부가가치세예수금계정 ₩300,000을 정리하다.

(5) 부가가치세 확정신고를 하고 매입세액 ₩300,000과 매출세액 ₩400,000을 정리하고, 차액 ₩100,000을 관할 세무서에 현금으로 지급하다.

(6) 기말 결산 시 다음과 같은 부가가치세계정을 정리하다.

```
        부가가치세대급금                        부가가치세예수금
   200,000 |                                          | 250,000
```

	차변과목	금액	대변과목	금액
(1)				
(2)				
(3)				
(4)				
(5)				
(6)				

3. 다음 법인세에 관한 거래를 분개하시오.

(1) (주)영진은 금년도 법인세에 대한 중간예납신고를 하고 중간예납에 ₩600,000을 현금으로 납부하다.

(2) (주)영진은 결산 결과 당기에 납부할 법인세 ₩1,000,000을 추산하다.

(3) (주)영진은 법인세 확정신고를 하고 위의 미지급분을 관한 세무서에 현금으로 납부하다.

(4) 전년도 법인세 과세 납부액 ₩200,000과 가산금 ₩20,000을 현금으로 납부하다.

(5) 전년도 과오 납부한 법인세 ₩300,000을 이자 ₩10,000과 함께 현금으로 환급받다.

	차변과목	금액	대변과목	금액
(1)				
(2)				
(3)				
(4)				
(5)				

Answer 1

	차변과목	금액	대변과목	금액
(1)	건물	10,500,000	당좌예금	10,500,000
(2)	세금과공과	250,000	현금	250,000
(3)	인출금	100,000	현금	100,000
(4)	소득세예수금	20,000	현금	20,000

Answer 2

	차변과목	금액	대변과목	금액
(1)	매입 부가가치세대급금	500,000 50,000	현금	550,000
(2)	현금	770,000	매출 부가가치세예수금	700,000 70,000
(3)	부가가치세예수금	70,000	부가가치세대급금 현금	50,000 20,000
(4)	부가가치세예수금	200,000	부가가치세대급금	200,000
(5)	부가가치세예수금	400,000	부가가치세대급금 현금	300,000 100,000
(6)	부가가치세예수금	200,000	부가가치세대급금	200,000

Answer 3

	차변과목	금액	대변과목	금액
(1)	법인세비용	600,000	현금	600,000
(2)	법인세비용	400,000	미지급법인세	400,000
(3)	미지급법인세	400,000	현금	400,000
(4)	법인세추납액	220,000	현금	220,000
(5)	현금	310,000	법인세환급액 이자수익	300,000 10,000

1. 다음의 세금에 관한 설명 중 틀린 것은?

① 부가가치세 확정신고 시에는 매출세액에서 매입세액을 차감한 잔액이 납부할 세액이다.

② 법인세를 납부할 때는 법인세 예상액에서 중간예납액을 차감한 잔액이 납부할 세액이다.

③ 상품을 매입하고 지급되는 부가가치세는 부가가치세대급금계정의 차변에 기입하고, 상품을 매출하고 받는 부가가치세는 부가가치세예수금계정의 대변에 기입한다.

④ 재무상태표 작성 시 부가가치세는 세금과공과계정에 합산하며, 법인세는 법인세비용계정으로 기입한다.

2. 다음 설명 중 잘못된 것은?

① 법인세에 부과된 소득할 주민세는 법인세비용으로 계상한다.

② 상품을 외상매입하고 부가가치세 부분은 현금으로 지급한 경우 분개할 때는 매입, 부가가치세대급금, 외상매입금, 현금계정이 사용된다.

③ 결산일의 법인세 추산액이 ₩500,000이고, 중간예납세액이 ₩300,000이면 결산일에는 ₩200,000을 미지급법인세로 계상한다. (주민세는 없다고 가정)

④ 기업주에게 부과된 소득세를 그 기업이 대납한 경우에는 세금과공과로 회계 처리한다.

3. 유형자산에 대한 취득세, 등록세 등의 회계 처리로 맞는 것은?

① 취득원가에 포함한다. ② 세금과공과로 처리한다.

③ 취득세로 처리한다. ④ 기타 비용으로 처리한다.

4. 재산세, 자동차세, 사업소세 등의 회계 처리로 맞는 것은?

① 취득원가에 포함한다. ② 세금과공과로 처리한다.

③ 인출금으로 처리한다. ④ 법인세에 포함한다.

5. 개인기업의 종합소득세의 회계 처리로 맞는 것은?

① 소득세로 처리한다. ② 세금과공과로 처리한다.

③ 인출금으로 처리한다. ④ 법인세로 처리한다.

6. 종업원 급여에서 원천징수한 소득세의 회계 처리로 맞는 것은?

① 소득세 ② 세금과공과

③ 소득세예수금 ④ 법인세비용

7. (주)대한은 종업원에 대한 급여 ₩70,000을 지급하면서 갑종근로소득세 ₩20,000을 원천징수하고 잔액을 현금으로 지급하였다. 이 거래에 대한 분개가 (주)대한의 재무 상태에 미치는 영향 중 옳은 것은?

① 자산 감소, 부채 감소　　　　　　② 자산 감소, 부채 증가

③ 자산 증가, 부채 감소　　　　　　④ 자산 증가, 부채 증가

8. (주)삼성에서 상품 ₩500,000을 외상으로 매입하고, 부가가치세 10%를 현금으로 지급하였다면, 부가가치세를 회계 처리할 계정과목은?

① 세금과공과　　　　　　　　　　② 법인세비용

③ 부가가치세예수금　　　　　　　④ 부가가치세대급금

9. (주)한성상사에 상품 ₩700,000을 매출하고, 대금은 부가가치세 10%와 함께 현금으로 받았다면, 부가가치세를 회계 처리할 계정과목은?

① 세금과공과　　② 매입세액　　③ 부가가치세예수금　　④ 부가가치세대급금

10. 다음 중 부가가치세의 납부할 세액을 계산하는 식으로 맞는 것은?

① 매출가액 - 매입가액 = 납부할 부가가치세액

② 매출세액 - 매입세액 = 납부할 부가가치세액

③ 판매가액 - 매입세액 = 납부할 부가가치세액

④ 판매가액 - 구매세액 - 납부할 부가가치세액

11. 상품 ₩1,000,000(VAT 별도)를 매입하고, 대금은 부가가치세와 함께 30일 후 선일자수표를 발행하여 지급한 거래를 분개할 때 기입되지 않는 계정과목은?

① 매입　　　② 부가가치세대급금　　　③ 지급어음　　　④ 부가가치세예수금

12. 다음 계정에 의하여 7월 25일 제1기 부가가치세 확정신고 시 납부세액은 얼마인가?

부가가치세대급금		부가가치세예수금	
4/2　1,000,000			5/4　1,300,000
7/1　　700,000			7/20　900,000

① ₩300,000　　　② ₩1,200,000　　　③ ₩600,000　　　④ ₩1,500,000

13. 디지털상점에서 상품 ₩300,000을 외상으로 매입하고, 부가가치세 10%를 현금으로 지급하였다. 맞는 분개는?

① (차) 매   입 300,000   (대) 외상매입금 300,000
　　 부가가치세대급금   30,000   현   금   30,000

② (차) 매   입 300,000   (대) 외상매입금 330,000
　　 부가가치세대급금   30,000

③ (차) 매   입 300,000   (대) 현   금 330,000
　　 부가가치세대급금   30,000

④ (차) 매   입 300,000   (대) 미 지 급 금 300,000
　　 부가가치세대급금   30,000   현   금   30,000

14. 관악상점에 상품 ₩500,000을 외상매출하고, 부가가치세를 현금으로 받았다. 다음 중 맞는 분개는?

① (차) 외상매출금 500,000   (대) 매   출 550,000
　　 현   금   50,000

② (차) 외상매출금 550,000   (대) 매   출 500,000
　　　　　　　　　　　　　　　　 부가가치세예수금   50,000

③ (차) 외상매출금 550,000   (대) 매   출 500,000
　　 현   금   50,000   부가가치세대급금   50,000

④ (차) 외상매출금 500,000   (대) 매   출 500,000
　　 현   금   50,000   부가가치세예수금   50,000

15. 전남상점은 7월 25일 제1기 부가가치세 확정신고를 하고 부가가치세를 현금으로 납부하였다. 부가가치세 관련 계정이 다음과 같을 때 7월 25일 부가가치세 납부와 관련된 분개로 적절한 것은? 단, 예정신고를 하지 않았다고 가정한다.

부가가치세대급금			부가가치세예수금	
3/10	30,000		2/20	40,000
6/10	20,000		4/13	50,000
7/03	10,000			

① (차) 부가가치세예수금 90,000 (대) 부가가치세대급금 60,000
　　　　　　　　　　　　　　　　　 현   금 30,000

② (차) 부가가치세예수금 90,000 (대) 부가가치세대급금 50,000
현   금 40,000

③ (차) 세 금 과 공 과 30,000 (대) 현   금 30,000

④ (차) 세 금 과 공 과 40,000 (대) 현   금 40,000

16. 다음 거래의 분개로 옳은 것은?

> 12월 31일 결산 시 부가가치세대급금 ₩550,000과 부가가치세예수금 ₩600,000을 정리하다.

① (차) 부가가치세예수금 600,000 (대) 부가가치세대급금 600,000

② (차) 부가가치세예수금 550,000 (대) 부가가치세대급금 550,000

③ (차) 부가가치세대급금 550,000 (대) 부가가치세예수금 550,000

④ (차) 부가가치세대급금 600,000 (대) 부가가치세예수금 600,000

17. (주)정수는 매출처로부터 받은 부가가치세 ₩120,000과 매입처에 지급한 부가가치세 ₩70,000의 차이 ₩50,000를 세무서에 납부하였다. 바르게 분개한 것은?

① (차) 부 가 가 치 세   50,000 (대) 현   금 50,000

② (차) 부 가 가 치 세   120,000 (대) 현   금 50,000
매   입 70,000

③ (차) 부가가치세예수금   50,000 (대) 현   금 50,000

④ (차) 부가가치세예수금   120,000 (대) 현   금 50,000
부가가치세대급금 70,000

18. 다음 중 법인기업의 사업소득에 대한 처리 계정과목은?

① 인출금   ② 세금과공과   ③ 소득세예수금   ④ 법인세비용

19. 다음 법인세를 회계 처리할 내용 중 틀린 것은?

① 법인세를 납부하면 법인세비용계정 차변에 기입한다.

② 법인세 중간예납액은 법인기업의 확정법인세액이다.

③ 전년도 법인세납부액에 대한 가산금을 납부하면 법인세추납액으로 처리하여 영업외비용이다.

④ 전년도 과오납부액을 환급받으면 법인세환급액으로 처리하여 영업외수익이다.

20. 다음 중 법인세에 부과된 소득할주민세를 처리할 계정과목으로 알맞은 것은?

① 법인세비용　　　　　　　　　② 세금과공과

③ 주민세　　　　　　　　　　　④ 소득세예수금

21. 다음 거래에 대한 분개를 하였을 때 대변에 회계 처리할 계정과목은?

기말 결산 시 법인세 ₩100,000를 추산하다.

① 세금과공과　　　　　　　　　② 법인세비용

③ 미지급법인세　　　　　　　　④ 법인세추납액

22. (주)정우는 결산 잔액시산표 차변에 법인세비용이 ₩300,000이었고, 결산 정리 사항 수정 시 법인세 ₩500,000을 추산하였다. 맞는 분개는?

① (차) 법 인 세 비 용 500,000　(대) 미지급법인세 500,000

② (차) 미지급법인세 300,000　(대) 법 인 세 비 용 300,000

③ (차) 법 인 세 비 용 200,000　(대) 미지급법인세 200,000

④ (차) 법 인 세 비 용 300,000　(대) 미지급법인세 300,000

 정답

1. ④　2. ④　3. ①　4. ②　5. ③　6. ③　7. ②　8. ④　9. ③　10. ②　11. ④　12. ①　13. ①　14. ④
15. ②　16. ②　17. ④　18. ④　19. ②　20. ①　21. ③　22. ③

Part 4

전달

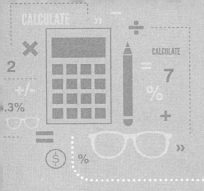

결산

회계 기말에 기업의 재무 상태와 경영 성과를 정확하게 파악하기 위하여 모든 장부를 마감하는 절차를 결산이라 한다.

결산의 절차

결산의 절차에는 결산 예비 절차, 결산 본절차, 결산 보고서 작성 절차로 나눈다.

(1) 결산 예비절차
결산 예비 절차에는 시산표작성, 결산 정리 사항과 재고조사표작성, 정산표작성 등이 있다.

(2) 결산 본절차
결산 본절차에는 총계정원장의 마감과 분개장 및 기타 장부의 마감이 있다.

(3) 결산 보고서 작성 절차
재무제표를 작성한다.

시산표

(1) 시산표의 뜻

분개장에서 총계정원장에의 전기가 정확하게 되었는가를 대차평균의원리에 의하여 확인하기 위하여 작성되는 계정 집계표를 시산표라 한다.

(2) 시산표의 종류

시산표는 작성하는 방법에 따라 합계시산표, 잔액시산표, 합계잔액시산표의 3가지가 있다.

① 합계시산표: 총계정원장 각 계정의 차변 합계액과 대변 합계액을 기입하여 작성하는 시산표

② 잔액시산표: 총계정원장 각 계정의 차·대변 금액을 비교하여 잔액이 남는 쪽에 기입하여 작성하는 시산표

> 시산표등식 ⇒ 기말자산 + 총비용 = 기말부채 + 기말자본 + 총수익

③ 합계잔액시산표: 합계시산표와 잔액시산표를 합한 시산표

(3) 시산표에서 발견할 수 있는 오류

① 대·차 어느 한쪽의 전기를 누락한 경우

② 총계정원장에 금액을 잘못 전기한 경우

③ 대·차 어느 한쪽에 이중으로 기장한 경우

④ 대·차 어느 한쪽만 누락한 경우

(4) 시산표에서 발견할 수 없는 경우

① 분개가 틀린 경우

③ 거래 전체를 누락한 경우

③ 총계정원장에의 전기가 누락된 경우

④ 총계정원장에의 전기가 이중으로 기장된 경우

⑤ 총계정원장에의 전기가 대·차 반대로 기장된 경우

⑥ 계정과목을 잘못 전기한 경우

(1) 총계정원장의 마감

① 손익계정을 설정하여 대변에 수익계정을 대체한다.

차변	수익계정 XXX	대변	손익 XXX

② 손익계정 차변에 비용계정을 대체한다.

차변	손익 XXX	대변	비용계정 XXX

③ 당기순손익을 계산하여 처분전이익잉여금 또는 처리전결손금계정에 대체한다.

ㄱ) 순이익인 경우

차변	손익 XXX	대변	처분전이익잉역금 XXX

ㄴ) 순손실인 경우

차변	처리전결손금 XXX	대변	손익 XXX

④ 재무상태표계정(자산, 부채, 자본 계정)을 마감한다.

ㄱ) 영미식 결산법: 잔액이 있는 반대 변에 차기이월로 기입하여 마감하고, 반대 변에 전기이월로 기입한다.

ㄴ) 대륙식 결산법: 대체 분개를 하여 자산계정은 잔액계정 차변에, 부채와 자본은 잔액계정 대변에 대체하고 마감한다.

ㄷ) 영미식 결산법의 경우 마감의 정확성을 확인하기 위하여 이월시산표를 작성한다.

(2) 분개장과 기타 장부를 마감한다.

1. 다음 중 결산 보고서 작성 절차에 속하지 않는 것은?

① 재무상태표 작성   ② 포괄손익계산서 작성

③ 이월시산표 작성   ④ 자본변동표 작성

2. 다음은 결산 순서를 나타낸 것이다. 올바른 것은?

> 1. 시산표 작성   2. 정산표 작성   3. 재무제표 작성   4. 원장 및 기타 장부작성   5. 재고조사표 작성

① 2-3-4-5-1   ② 2-5-4-3-1

③ 1-5-2-4-3   ④ 1-2-5-4-3

3. 다음 중 결산정리 사항에 해당하지 않는 것은?

① 무형자산의 상각   ② 선급금의 정의

③ 감가상각비 계상   ④ 단기매매증권의 평가

4. 다음은 합계잔액시산표의 일부이다. A와 B에 들어갈 금액으로 알맞은 것은?

잔액	합계	계정과목	합계	잔액
540	A	현금	1,480	
	1,100	외상매입금	1,850	B

① ₩2,020, ₩2,950   ② ₩940, ₩750

③ ₩940, ₩2,950   ④ ₩2,020, ₩750

5. 상품을 외상매입하고 분개장에서 원장으로 전기하면서 상품계정의 차변과 외상매입금계정의 차변에 동일한 금액을 전기하였다. 다른 거래의 전기는 모두 옳게 되었으며, 자산계정의 잔액은 차변에 부채계정의 잔액은 대변에 남았다고 가정하면 잔액시산표를 작성했을 때 나타나는 오류는 다음 중 어느 것인가?

① 부채가 과대계상   ② 부채가 과소계상

③ 자산이 과대계상   ④ 자산이 과소계상

6. 다음 중 시산표에서 발견할 수 있는 오류는?

① 두 개의 오류가 우연히 상계되었을 때

② 차변에 전기할 것을 대변에 전기하였을 때

③ 차변 과목과 대변 과목을 반대로 전기하였을 때

④ 하나의 분개를 두 번 전기하였을 때

7. 다음 중 시산표에서 발견할 수 없는 오류는?

① 차변·대변 중 어느 한쪽만 전기한 경우

② 차변·대변 중 어느 한쪽이 누락된 경우

③ 다른 계정의 같은 변에 전기한 경우

④ 차변·대변 중 어느 한쪽의 금액을 많이 기장한 경우

8. 결산 시 잔액 시산표의 차변과 대변 금액이 일치하지 않았을 때 원인을 발견하기 위해 가장 먼저 해야 할 일은?

① 정산표를 검토한다.

② 분개장에서 원장의 전기가 올바른지 확인한다.

③ 원장에서 시산표의 전기가 올바른지 확인한다.

④ 원장의 합계액 또는 잔액에 대한 계산을 검토한다.

9. 다음 등식의 산식이 옳지 않은 것은?

① 재무상태표 등식: 자산 = 부채 + 자본

② 자본 등식: 자산 총액 - 부채 총액 = 자본 총액

③ 시산표 등식: 기말자산 + 총비용 = 기말부채 + 기말자본 + 총수익

④ 포괄손익계산서 등식: 비용총액 + 순이익 = 수익총액 또는 비용총액 = 수익총액 + 순손실

10. 다음 중 시산표에 대한 설명으로 적합하지 않은 것은?

① 차변에는 자산과 비용이, 대변에는 부채, 자본, 수익이 기록된다.

② 차변총계와 대변총계가 일치하는지를 확인하여 회계 기록의 오류를 검증한다.

③ 재무제표의 작성을 용이하게 한다.

④ 차변총계와 대변총계가 일치하면 적어도 시산표의 작성대상이 된 분개장의 기록을 정확한 것으로 판단할 수 있다.

11. 다음의 설명 중 틀린 것은?

① 당기에 발생한 수익 중 다음 기에 속하는 금액을 선수수익이라 하며 수익의 이연에 속한다.

② 당기에 발생한 수익이나 아직 회수하지 못한 수익을 미수수익이라 하며 수익의 예상에 속한다.

③ 당기에 속하는 비용이나 아직 지급되지 못한 비용을 미지급비용이라 하며, 비용의 예상에 속한다.

④ 이연계정이든 예상계정이든 수익이나 비용이 실제로 발생한 것이 아니므로 당기순이익에는 아무런 변화가 없다.

12. 결산 기말에 미수수익을 정리하지 않았을 때 미치는 영향은?

① 자산이 증가한다.

② 부채가 감소한다.

③ 당기순이익이 과소계상된다.

④ 당기순이익이 과대계상된다.

13. 결산 기말에 선급비용을 정리하지 않았을 때 미치는 영향은?

① 부채가 증가된다.

② 자산이 증가한다.

③ 당기순이익이 과소계상된다.

④ 당기순이익이 과대계상된다.

14. 다음 중 역분개(재수정분개, 재대체분개: reversing entry)의 대상이 되는 수정분개는 어느 것인가?

① 매출채권의 대손상각비를 계상한 경우

② 미지급이자의 발생에 대한 계상한 경우

③ 배당건설이자를 상각한 경우

④ 유형자산의 감가상각비를 계상한 경우

15. 건강보험료 중 기간 경과로 인하여 소멸된 부분에 대한 수정 분개를 누락한 경우 그 영향을 올바르게 설명한 것은?

① 순이익, 자산, 자본이 모두 과대계상된다.

② 순이익, 자산, 자본이 모두 과소계상된다.

③ 순이익은 과소계상되고, 자산과 자본은 과대계상된다.

④ 순이익은 과대계상되고, 자산과 자본은 과소계상된다.

16. 다음 중 거래의 결합 관계를 바르게 나타낸 것은?

결산 기말에 임대료 ₩200,000의 선수분을 계상하다.

① (차) 자산의 증가 (대) 부채의 증가

② (차) 자본의 감소 (대) 부채의 증가

③ (차) 자산의 증가 (대) 수익의 발생

④ (차) 비용의 발생 (대) 부채의 증가

17. 다음 중 "비용의 발생과 부채의 증가"에 해당하는 거래는?

① 집세 미수분을 계상하다.

② 집세 미지급분을 계상하다.

③ 보험료 미경과액을 계상하다.

④ 이자 선수분을 계상하다.

18. 다음 중 "자산의 증가와 수익의 발생"에 속하는 거래는?

① 상품을 외상매입하다.

② 선급 이자비용을 계상하다.

③ 임대료 미수분을 계상하다.

④ 건물을 현금으로 구입하다.

19. 다음 중 손익의 이연과 관련되는 것은?

① 미수임대료　　　　　　　② 미지급임차료

③ 미수이자　　　　　　　　④ 선급보험료

20. 회사의 회계 담당자가 결산 시 미수이자 ₩3,000을 인식해야 할 것을 다음과 같이 잘못 분개하였다. 이러한 오류가 당기순이익에 어떤 영향을 미치겠는가?

> (차) 이자비용 3,000   (대) 미지급이자 3,000

① ₩3,000 과소계상   ② ₩3,000 과대계상
③ ₩6,000 과소계상   ④ ₩6,000 과대계상

21. 결산 시 회계 담당자의 실수로 집세 미수액 ₩3,000을 ₩30,000으로 잘못 기장하였다. 맞는 것은?

① 당기순이익 ₩27,000 과대계상   ② 당기순이익 ₩27,000 과소계상
③ 당기순이익 ₩30,000 과대계상   ④ 당기순이익 ₩30,000 과소계상

22. 영진상사의 12월 31일 수정 후 시산표에 선수임대료가 ₩2,400,000 있었다. 12월 1일에 집세 6개월분을 현금으로 미리 받았다면 1개월분의 집세는 얼마인가?

① ₩400,000   ② ₩480,000
③ ₩200,000   ④ ₩100,000

23. 5월 1일 1년분 이자 ₩360,000을 현금으로 지급하였다. 12월 31일 결산일 현재 포괄손익계산서에 기입할 이자비용은 얼마인가?

① ₩30,000   ② ₩120,000   ③ ₩240,000   ④ ₩360,000

24. 당기에 이자비용으로 ₩50,000을 현금 지급하였으며, 당기의 포괄손익계산서에는 이자비용으로 ₩45,000을 보고하고 있다. 기초나 기말에 선급비용은 없으며, 기말에 미지급이자 ₩4,000이 있다. 당기 초의 미지급이자는 얼마였었는가?

① ₩0   ② ₩9,000   ③ ₩1,000   ④ ₩94,000

25. 한강회사의 선수임대료의 기초 잔액은 ₩600이었으며, 기말 현재 작성된 당기의 포괄손익계산서의 임대료는 ₩48,000이며, 재무상태표상의 선수임대료는 ₩1,100이다. 한강회사가 당기에 임차인으로부터 받은 임대료의 현금 수취액은 얼마인가?

① ₩49,700   ② ₩49,100   ③ ₩48,500   ④ ₩47,400

26. 동해상사의 결산 결과 순이익이 ₩300,000 발생하였으나, 회계감사 결과 다음과 같은 오류가 있음을 발견하였다. 동해상사의 정확한 당기순이익은 얼마인가?

임대료 ₩50,000 과소계상,　　　　　기말상품재고액 ₩25,000 과소계상 단기매매증권평가이익 ₩15,000 과대계상,　무형자산상각비 ₩30,000 과소계상

① ₩180,000　　　② ₩300,000　　　③ ₩285,000　　　④ ₩330,000

27. 해금상사는 결산 시 당기순이익 ₩350,000이 산출되었으나, 다음과 같은 누적사항을 발견하였다. 이를 반영한 후의 당기순이익은 얼마인가?

당기에 설정할 퇴직금에 ₩30,000 계상 누락,　유형자산상각비 ₩20,000 계상 누락 단기매매증권평가손실 ₩15,000 계상 누락,　　이자 미지급액 ₩12,000 계상 누락

① ₩427,000　　　② ₩273,000　　　③ ₩280,000　　　④ ₩253,000

28. (주)제주는 결산 시 당기순이익을 ₩500,000으로 산출하였으나 공인회계사의 감사 결과 다음과 같은 오류가 있음이 밝혀졌다. (주)제주의 정확한 당기순이익은 얼마인가?

기말상품재고액 ₩30,000 과소계상,　영업권상각비 ₩10,000 과소계상 이자수익 ₩20,000 과소계상,　　　　매도가능증권평가이익 ₩40,000 과소계상

① ₩580,000　　　② ₩540,000　　　③ ₩480,000　　　④ ₩520,000

29. (주)부산은 7월 초에 1년분 임대료 ₩1,200,000을 받고 다음과 같이 분개하였다. 12월 말 결산 시 이와 관련하여 필요한 분개는 다음 중 어느 것인가?

(차) 현금 1,200,000　　(대) 선수임대료 1,200,000

① (차) 선수임대료　600,000　(대) 현　금　600,000
② (차) 선수임대료 1,200,000　(대) 임대료 1,200,000
③ (차) 임　대　료　600,000　(대) 현　금　600,000
④ (차) 선수임대료　600,000　(대) 임대료　600,000

30. (주)태양이 결산일인 12월 31일에 행한 다음과 같은 기말 결산 분개 중 옳은 것은?

① 차입금에 대한 이자 ₩90,000을 지급하지 못하였다.

(차) 이자비용 90,000　　(대) 미수이자 90,000

② 7월 1일 비용 처리한 건물에 대한 화재보험료 1년분 ₩500,000 중 미경과분을 계상하다.

(차) 선급비용 250,000　　(대) 보험료 250,000

③ 대여금에 대한 이자 ₩50,000을 아직 받지 못하였다.

(차) 미지급비용 50,000　　(대) 이자수익 50,000

④ 사무실 임차료 중 ₩100,000을 아직 지급하지 못하였다.

(차) 미지급비용 100,000　　(대) 임차료 100,000

 정답

1. ③　2. ③　3. ②　4. ④　5. ②　6. ②　7. ③　8. ③　9. ③　10. ④　11. ④　12. ③　13. ③　14. ②　15. ①　16. ②
17. ②　18. ③　19. ④　20. ③　21. ①　22. ②　23. ③　24. ②　25. ③　26. ④　27. ②　28. ②　29. ④　30. ②

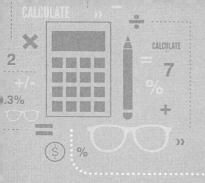

재무제표

재무제표의 의의

　재무제표란 기업의 주주·채권자·경영자·거래처·정부 등 여러 이해관계자들에게 영업 활동에 대한 회계 정보를 제공하기 위해 작성하는 일정한 양식의 보고서를 말한다.

재무제표의 종류

재무제표는 재무상태표, 포괄손익계산서, 자본변동표, 현금흐름표, 주석이 있다.

재무제표의 형식 및 작성

1. 재무제표는 당해 회계연도분과 직전 회계 연도분을 비교하는 형식으로 작성하여야 한다.
2. 재무제표는 양식은 보고서를 원칙으로 하여 표준식 또는 요약식으로 작성한다. 다만 재무상태표는 계정식으로 작성할 수 있다.
3. 잉여금명세서, 제조원가명세서, 기타 필요한 명세서는 부속명세서를 작성하여야 한다.
4. 재무제표에는 이를 이용하는 자에게 충분한 회계 정보를 제공하도록 중요한 회계 방침 등 필요한 사항에 대하여는 주기 및 주석을 하여야 한다.

기업회계기준의 일반 원칙

(1) **신뢰성의 원칙**: 회계 처리 및 보고는 신뢰할 수 있도록 객관적인 자료와 증거에 의해서 공정하게 처리하여야 한다는 원칙

(2) **명료성의 원칙**: 재무제표의 양식 및 과목과 회계 용어는 이해하기 쉽도록 간단, 명료하게 표시하여야 한다는 원칙

(3) **충분성의 원칙**: 중요한 회계 방침과 회계 처리 기준, 과목 및 금액에 관하여는 그 내용을 재무제표상에 충분히 표시하여야 한다는 원칙

(4) **계속성의 원칙**: 회계 처리에 관한 기준 및 추정은 기간별 비교가 가능하도록 매기 계속하여 적응하고 정당한 사유 없이 이를 변경하여서는 안 된다는 원칙

(5) **중요성의 원칙**: 회계 처리의 재무제표 작성에서 과목과 금액은 그 중요성에 따라 실용적인 방법에 의해서 결정되어야 한다는 원칙

(6) **안전성의 원칙**: 회계 처리 과정에서 2개 이상의 선택 가능한 방법이 있는 경우에는 재무적 기초를 견고히 하는 관점에 따라 처리하여야 한다는 원칙

(7) **실질우선의 원칙**: 회계 처리는 거래의 실질과 경제적 사실을 반영할 수 있어야 한다는 원칙

1. 다음의 (　　) 안에 알맞은 것은?

> 기업의 1회계 기간 동안의 경영 성과와 재무 상태를 명백히 밝히기 위하여 결산을 정하고 그
> 결과를 이해관계자들에게 널리 알리기 위한 보고서를 (　　　　)라 한다.

① 현금흐름표　　　② 재무제표　　　③ 재무상태표　　　④ 포괄손익계산서

2. 다음의 재무제표에 관한 설명 중 틀린 것은?

① 포괄손익계산서란 일정 기간의 경영 성과를 알아보기 위한 보고서를 말한다.

② 재무상태표란 일정 시점의 재무 상태를 파악하기 위한 보고서를 말한다.

③ 기업의 재무 상태와 경영 성과를 파악하는 데 필요한 정보를 제공하는 것을 현금흐름표라
　한다.

④ 재무제표에는 포괄손익계산서, 재무상태표, 현금흐름표, 자본변동표 등이 있다.

3. 전산을 이용하여 재무제표를 작성할 경우 얻을 수 있는 효익으로 틀린 것은?

① 특정 회계 정보에 빠르고 쉽게 접근할 수 있다.

② 입력 자료가 정확하지 않아도 제대로 된 재무 정보를 생성할 수 있다.

③ 데이터베이스를 사용하여 편리하고 다양한 재무 분석을 할 수 있다.

④ 언제든지 원하는 시점에 재무제표를 쉽고 빠르게 작성하여 열람할 수 있다.

4. 다음 중 재무제표에 해당하는 것은?

① 포괄손익계산서　　　　　　　　② 정산표

③ 상품재고장　　　　　　　　　　④ 재고조사표

5. 현행 기업회계기준에서 정한 재무제표에 속하지 않는 것은?

① 재무상태표　　　　　　　　　　② 현금흐름표

③ 잔액시산표　　　　　　　　　　④ 자본변동표

6. 기업회계기준의 일반 원칙 중 간단·명료하게 작성하는 일반원칙은?

① 안전성의 원칙　　　　　　　　② 명료성의 원칙

③ 신뢰성의 원칙　　　　　　　　④ 중요성의 원칙

7. 다음 중 주식할인발행차금을 표시해야 할 재무제표는?

① 포괄손익계산서   ② 재무상태표

③ 자본변동표   ④ 현금흐름표

8. 다음 중 기업회계기준의 일반 원칙이 아닌 것은?

① 총액주의의 원칙   ② 신뢰성의 원칙

③ 계속성의 원칙   ④ 명료성의 원칙

9. 회계 처리에 관한 기준과 추정은 기간별 비교가 가능하도록 매기에 적용하고 정당한 사유가 없이는 이를 변경할 수 없다는 기업회계기준의 일반원칙은?

① 명료성의 원칙   ② 계속성의 원칙

③ 신뢰성의 원칙   ④ 중요성의 원칙

10. 다음 중 주석 표시는 기업회계기준의 일반 원칙 중 어디에 속하는가?

① 계속성의 원칙   ② 충분성의 원칙

③ 명료성의 원칙   ④ 신뢰성의 원칙

11. 금액이 작은 사무용 또는 청소용 소모품은 자산으로 계산하거나 구입한 기간의 비용으로 기입할 수 있다. 소모품을 구입한 기간에 소모품비라는 비용으로 기록하는 회계 처리의 근거는 무엇인가?

① 발생주의   ② 보수주의

③ 수익비용대응   ④ 중요성

12. 상호상사는 재고자산 평가방법을 후입선출법에서 선입선출법으로 정당한 사유 없이 변경하였다. 다음 중 어떤 원칙을 위반한 것인가?

① 계속성의 원칙   ② 명료성의 원칙

③ 신뢰성의 원칙   ④ 중요성의 원칙

정답

1. ② 2. ③ 3. ② 4. ① 5. ③ 6. ② 7. ③ 8. ① 9. ② 10. ② 11. ④ 12. ①

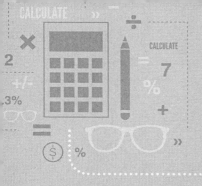

재무상태표

재무상태표의 의의

재무상태표란 <u>일정 시점에 있어서 기업의 재무 상태를 표시하는 보고서</u>로 기업회계기준에서는 "재무상태표는 기업의 재무 상태를 명확히 보고하기 위하여 재무상태표일 현재의 모든 자산·부채 및 자본을 작성하게 표시하여야 한다."고 규정하고 있다.

재무상태표와 작성 기준

(1) 구분표시의 원칙

재무상태표는 자산·부채 및 자본으로 구분하고, 자산은 유동자산 및 비유동자산으로, 부채는 유동부채 및 비유동부채로, 자본은 자본금 자본잉여금, 자본조정, 이익잉여금, 기타포괄손익으로 각각 구분한다.

(2) 총액주의의 원칙

자산·부채 및 자본은 총액에 의하여 기재함을 원칙으로 하고, 자산의 항목과 부채 또는 자본의 항목과 상계함으로써 그 전부 또는 일부를 재무상태표에서 제외하여서는 안 된다.

(3) 1년 구분의 원칙(유동과 비유동 분류기준)

자산과 부채는 1년 기준으로 하여 유동자산 또는 비유동자산, 유동부채 또는 비유동부채로 구분하는 것을 원칙으로 한다.

(4) 유동성 배열의 원칙

재무상태표에 기재하는 자산과 부채의 항목 배열은 유동성 배열법에 의함을 원칙으로 한다.

(5) 잉여금 구분의 원칙

자본거래에서 발생한 자본잉여금과 손익거래에서 발생한 이익잉여금은 혼동하여 표시하여서는 안 된다.

(6) 미결산계정, 비망계정 사용금지의 원칙

가지급금 또는 가수금 등의 미결산항목은 그 내용을 나타내는 적절한 과목으로 표시하고, 대조계정 등의 미방계정은 재무상태표의 자산 또는 부채 항목으로 표시하여서는 안 된다.

재무상태표

제 0기   20XX년   XX년   XX일   현재
제 0기   20XX년   XX월   XX일   현재

회사명: (단위: 원)

과 목	제 0(당)기		제0(전)기	
	금 액		금 액	
자산				
Ⅰ.유동자산				
(1)당좌자산				
현금				
보통예금				
미수수익				
미수금				
선급금				
선급비용				
가지급금				
선납세금				
(2)재고자산				
Ⅱ.비유동자산				
(1)투자자산				
(2)유형자산				
감가상각누계액				
국고보조금				
(3)무형자산				
(4)기타비유동자산				
지급보증금				
자산총계				
부채				
Ⅰ.유동부채				
외상매입금				
지급어음				
미지급금				
예수금				
부가세예수금				
단기차입금				
미지급비용				
Ⅱ.비유동부채				
장기차입금				
부채총계				
자본				
Ⅰ.자본금				
자본금				
Ⅱ.자본잉여금				
감자차익				
Ⅲ.자본조정				
Ⅳ.기타포괄손익누계액				
Ⅴ.결손금				
미처리결손금				
(당기순손실)				
당기: 원				
전기: 원				
자본총계				
부채및자본총계				

1. 다음의 ( ) 안에 들어갈 내용으로 맞는 것은?

> 일정 시점의 재무 상태에 관한 정보를 제공해 주는 재무보고서를 ( )라 한다.

① 잔액시산표　　② 정산표　　　③ 포괄손익계산서　　④ 재무상태표

2. 유유상회의 회계 담당자가 결산 시 이자 미지급분 ₩4,000을 다음과 같이 분개하였다면 기말 결산 시 당기순이익에 어떤 영향을 미치겠는가?

> (차) 미수이자 4,000　(대) 이자수익 4,000

① ₩4,000 과대계상　　　　　② ₩4,000 과소계상
③ ₩8,000 과대계상　　　　　④ ₩8,000 과소계상

3. 기업회계기준에 의한 재무상태표의 작성은?
① 반드시 계정식으로 작성하여야 한다.
② 반드시 보고식으로 작성하여야 한다.
③ 계정식 또는 보고식으로 작성하여야 한다.
④ 계정식과 보고식 두 가지로 작성하여야 한다.

4. 다음 중 재무상태표의 작성 기준이 아닌 것은?
① 발생주의　　② 1년 구분　　③ 총액주의　　④ 잉여금의 구분

5. 기업회계기준에 의한 자산 항목과 배열 순서로 알맞은 것은?
① 당좌자산, 재고자산, 유형자산, 무형자산, 투자자산, 기타비유동자산
② 당좌자산, 재고자산, 투자자산, 유형자산, 무형자산, 기타비유동자산
③ 재고자산, 당좌자산, 투자자산, 기타비유동자산, 무형자산, 유형자산
④ 재고자산, 당좌자산, 기타비유동자산, 투자자산, 유형자산, 무형자산

6. 다음 중 재무상태표상 같은 그룹에 속하지 않는 계정은?
① 임차보증금　　　　　　　② 산업재산권
③ 비업무용부동산　　　　　④ 매도가능증권

7. 다음 중 비유동자산으로만 이루어진 것은?

① 투자자산, 유동자산, 무형자산, 재고자산

② 유형자산, 유동자산, 무형자산, 재고자산

③ 투자자산, 유형자산, 무형자산, 기타비유동자산

④ 투자자산, 재고자산, 유형자산, 유동자산

8. 다음 중 무형자산에 속하지 않는 것은?

① 보증금   ② 광업권

③ 산업재산권   ④ 영업권

9. 재무상태표에 기입되는 자산의 항목 배열은?

① 중요한 금액부터 기입한다.

② 적은 금액부터 차례로 기입한다.

③ 유동성이 빠른 것부터 기입한다.

④ 기업의 순이익을 많이 가져오는 자산부터 기입한다.

10. 대손충당금을 재무상태표에 표시하는 방법으로 알맞은 것은?

① 재무상태표 대변에 기입한다.

② 재무상태표 대변 유동부채 다음에 개입한다.

③ 재무상태표 차변 매출채권 다음에 차감 형식으로 기입한다.

④ 재무상태표 차변 유형자산 다음에 차감 형식으로 기입한다.

11. 재무상태표 대변에 기입되는 자본항목 배열로 맞는 것은?

① 자본금, 기타포괄손익누계액, 자본조정, 잉여금, 적립금

② 자본금, 잉여금, 기타포괄손익누계액, 이익잉여금, 자본조정,

③ 자본금, 자본조정, 자본잉여금, 기타포괄손익누계액, 이익잉여금

④ 자본금, 자본잉여금, 자본조정, 이익잉여금, 기타포괄손익누계액

12. 다음 중 재무제표의 계정과목으로 연결이 잘못된 것은 어느 것인가?

① 보증금 - 무형자산   ② 저장품 - 재고자산

③ 이연법인세대 - 비유동부채   ④ 상품 - 재고자산

13. 유동부채에 속하는 계정과목이 아닌 것은?

① 사채

② 선수수익

③ 예수금

④ 선수금

14. 비유동부채 계정으로만 이루어진 것은?

① 장기차입금, 사채, 보증금

② 장기차입금, 사채, 장기금융상품

③ 장기차입금, 퇴직급여충당금, 사채

④ 장기차이금, 퇴직급여충당금, 재평가적립금

15. 재무상태표계정 차변에 속하는 계정과목으로 잘못된 것은?

① 개발비

② 예수금

③ 미수수익

④ 선급비용

16. 산업재산권에 속하는 것이 아닌 것은?

① 특허권

② 상표권

③ 창업권

④ 의장권

17. 다음 중 재무상태표에 관한 설명으로 틀린 것은?

① 재무상태표 등식이라 함은 "자산 = 부채 + 자본"을 말한다.

② 재무상태표를 요약식으로 작성할 수는 없다.

③ 기업회계기준에 의하면 재무상태표는 계정식과 보고식을 모두 사용할 수 있다.

④ 재무상태표는 정보이용자의 이해를 높이기 위하여 비교식으로 작성하도록 기업회계기준에서 규정하고 있다.

 정답

1. ④ 2. ③ 3. ③ 4. ① 5. ② 6. ② 7. ③ 8. ① 9. ③ 10. ③ 11. ④ 12. ① 13. ① 14. ③
15. ② 16. ③ 17. ②

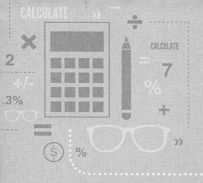

포괄손익계산서

포괄손익계산서의 의의

포괄손익계산서란 <u>일정 기간에 있어서 기업의 경영 성과를 나타내는 보고서</u>로 기업회계기준에서는 "포괄손익계산서는 기업의 경영 성과를 명확히 보고하기 위하여 그 회계기간에 속하는 모든 수익과 이에 대응하는 비용을 적정하게 표시하여야 한다"고 규정하고 있다.

포괄손익계산서의 작성 기준

(1) 발생주의 및 실현주의
모든 수익과 비용은 그것이 발생한 기간에 정당하게 배분되도록 처리하여야 한다. 다만, 수익은 실현시기를 기준으로 계상하고 미실현수익은 당기의 포괄손익계산서에 산입하지 아니함을 원칙으로 한다.

(2) 수익·비용 대응의 원칙
수익과 비용은 그 발생 원천에 따라 명확하게 분류하고 각 수익항목과 이에 관련되는 비용항목을 대응 표시하여야 한다.

(3) 총액주의

수익과 비용은 총액에 의하여 기재함을 원칙으로 하고 수익항목과 비용항목을 직접 상계함으로써 그 전부 또는 일부를 포괄손익계산서에서 제외하여서는 아니된다.

(4) 구분계산

포괄손익계산서는 매출총손익, 영업손익, 경상손익, 법인세비용차감전순손익과 당기순손익으로 구분 표시하여야 한다.

포괄손익계산서의 양식

포괄손익계산서의 양식에는 계정식과 보고식이 있으나 기업회계기준에서는 보고식으로 작성하는 것을 원칙으로 하며, 표준식와 요약식으로 작성할 수 있다.

(1) 매출액 - 매출원가 = 매출총이익

(2) 매출총이익 - 판매비와 관리비 = 영업이익

(3) 영업이익 + 영업외수익 - 영업외비용 = 법인세비용차감전순이익

(4) 법인세차감전순이익 - 법인세비용 = 당기순이익

손 익 계 산 서

회사명 _____   (단위: 원)

과 목	제×(당)기 20××년 ×월 ×일부터 20××년 ×월 ×일까지		제×(전)기 20××년 ×월 ×일부터 20××년 ×월 ×일까지	
	금 액		금 액	
(1) 매출액				
(2) 매출원가				
기초제품제고액				
당기제품제조원가				
기말제품제고액				
(3) 매출총이익				
(4) 판매비와관리비				
급여				
퇴직급여				
복리후생비				
임차료				
접대비				
감가상각비				
무형자산상각비				
세금과공과				
광고선전비				
연구비				
경상개발비				
여비교통비				
보험료				
교육훈련비				
수수료비용				
대손상각비				
(5) 영업이익				
(6) 영업외수익				
이자수익				
외환차익				
수수료수익				
잡이익				
(7) 영업외비용				
이자비용				
지급수수료				
기타의대손상각비				
외환차손				
잡손실				
(8) 법인세비용차감전순이익				
(9) 법인세비용				
(10) 당기순이익				

다음의 비용계정과 수익계정의 자료에 의하여 보고서 포괄손익계산서를 작성하시오.

기초상품재고액 ₩30,000, 당기매입액 ₩530,000, 수수료수익 ₩15,000, 재해손실 ₩7,500,
기말상품재고액 ₩50,000, 여비교통비 ₩25,000, 법인세비용 ₩15,000, 보험차익 ₩6,000,
무형자산상각비 ₩8,000, 대손상각비 ₩7,000, 감가상각비 ₩12,000, 이자비용 ₩30,000,
단기매매증권평가손실 ₩5,000, 단기매매증권처분이익 ₩5,000, 채무면제이익 ₩12,000,
급여 ₩80,000, 잡손실 ₩3,000, 임대료 ₩45,000, 당기 매출액 ₩880,000

Answer 1

손익계산서

과 목	금 액	
매출액		880,000
매출원가		510,000
1. 기초상품재고액	30,000	
2. 매입액	530,000	
3. 기말상품재고액	50,000	
매출총이익		370,000
판매비와관리비		132,000
1. 급여	80,000	
2. 여비교통비	25,000	
3. 감가상각비	12,000	
4. 대손상각비	7,000	
5. 무형자산상각비	8,000	
영업이익		238,000
영업외수익		83,500
1. 임대료	45,000	
2. 수수료수익	15,000	
3. 단기매매증권처분이익	5,500	
4. 채무면제이익	12,000	
5. 보험차익	6,000	
영업외비용		45,500
1. 이자비용	30,000	
2. 단기매매증권평가손실	5,000	
3. 잡손실	3,000	
4. 재해손실	7,500	
법인세차감전순이익		276,000
법인세비용		15,000
당기순이익		261,000

1. 다음은 회계 시스템에 의해 산출되는 재무보고서에 관한 설명이다. (   ) 안에 들어갈
단어로 옳은 것은?

> 일정 기간 기업의 경영 성과를 파악하기 위한 정보를 제공해 주는 보고서를 (   )라 한다.

① 재무상태표　　　　　　　　　　② 포괄손익계산서
③ 현금흐름표　　　　　　　　　　④ 자본변동표

2. 기업회계기준에 의한 포괄손익계산서의 작성은?
① 반드시 보고식으로 작성하여야 한다.
② 반드시 계정식으로 작성하여야 한다.
③ 계정식 또는 보고식으로 작성하여야 한다.
④ 계정식과 보고식 중 택일하여 작성하여야 한다.

3. 다음 중 포괄손익계산서의 작성 기준이 아닌 것은?
① 총액주의　　　　　　　　　　　② 발생주의
③ 유동성배열　　　　　　　　　　④ 구분계산

4. 포괄손익계산서의 구분 배열 순서로 옳은 것은?
① 매출총손익, 당기순손익, 영업손익, 법인세비용차감전순손익
② 매출총손익, 영업손익, 법인세비용차감전순손익, 당기순손익
③ 매출총손익, 법인세비용차감전순손익, 영업손익, 당기순손익
④ 매출총손익, 영업손익, 법인세비용차감전순손익, 당기순손익

5. 다음 중 판매비와관리비에 속하는 것은?
① 여비교통비　　　② 기부금　　　③ 잡손실　　　④ 대손충당금환입

6. 다음 계정 중 판매비와관리비에 속하는 것만으로 서열된 것은?

> 1. 임대료　2. 급여　3. 이자비용　4. 복리후생비　5. 세금과공과　6. 기부금
> 7. 감가상각비　8. 퇴직급여충당금

① 1, 3, 7, 8　　　② 2, 3, 4, 7　　　③ 2, 4, 5, 7　　　④ 2, 5, 7, 8

7. 영업외비용계정에 속하지 않은 계정과목은?

① 기부금   ② 잡손실

③ 감가상각비   ④ 단기매매증권평가손실

8. 영업외수익계정에 속하지 않는 계정과목은?

① 임대료   ② 매출액

③ 대손충당금환입   ④ 유형자산처분이익

9. 다음 중 기업회계기준에서 정한 포괄손익계산서에 기입되지 않는 항목은 어느 것인가?

① 매출원가   ② 대손상각비

③ 단기매매증권평가이익   ④ 선수이자

10. 매출총이익을 계산하는 식으로 옳은 것은?

① 총매출액 - 총매입액 = 매출총이익

② 순매출액 - 순매입액 = 매출총이익

③ 순매출액 - 매출원가 = 매출총이익

④ 총매출액 - 매출원가 = 매출총이익

11. 영업이익을 계산하는 식으로 옳은 것은?

① 매출총이익 - 판매비와관리비 = 영업이익

② 매출총이익 + 판매비와관리비 = 영업이익

③ 영업외이익 - 판매비와관리비 = 영업이익

④ 매출총이익 + 영업외수익 - 영업외비용 = 영업이익

12. 법인세차감전순이익 계산 방법으로 옳은 것은?

① 영업이익 + 영업외수익 + 영업외비용 = 법인세차감전순이익

② 영업이익 + 영업외수익 - 영업외비용 = 법인세차감전순이익

③ 영업이익 - 영업외수익 + 영업외비용 = 법인세차감전순이익

④ 영업이익 + 영업외수익 - 판매비와관리비 = 법인세차감전순이익

13. 다음 계산식 중 옳지 않은 것은?

① 총매출액 - 순매출액 = 매출총이익

② 매출총이익 - 판매비와관리비 = 영업이익

③ 매출총이익 + 영업외수익 - 영업외비용 = 법인세차감전순이익

④ 법인세비용차감전순이익 - 법인세비용 = 당기순이익

14. 다음 자료에 의하여 판매비와관리비를 계산하면 얼마인가?

> 급여 ₩20,000, 광고선전비 ₩20,000, 잡손실 ₩30,000, 수수료수익 ₩80,000,
> 감가상각비 ₩25,000, 잡비 ₩15,000

① ₩65,000　　　　② ₩85,000　　　　③ ₩100,000　　　　④ ₩110,000

15. 다음 자료에 의하여 영업이익을 계산하면 얼마인가?

> 잡비 ₩20,000, 급여 ₩60,000, 이자비용 ₩30,000, 보관료 ₩35,000, 임차료 ₩40,000,
> 임대료 ₩50,000, 잡이익 ₩80,000, 매출총이익 ₩320,000, 잡손실 ₩25,000

① ₩170,000　　　　② ₩185,000　　　　③ ₩425,000　　　　④ ₩450,000

16. 다음 자료에 의하여 법인세차감전순이익을 계산하면 얼마인가?

> 영업이익 ₩350,000, 이자수익 ₩60,000, 무형자산상각비 ₩50,000, 임차료 ₩120,000,
> 단기매매증권평가손실 ₩30,000,   잡비 ₩50,000

① ₩500,000　　　　② ₩330,000　　　　③ ₩390,000　　　　④ ₩310,000

17. 영업외수익 금액이 영업외비용 금액보다 작다면 어떤 결과가 나타나는가?

① 영업이익이 적어진다.

② 법인세차감전순이익에서 아무 변화가 없다.

③ 경상이익이 영업이익보다 많아진다.

④ 법인세차감전순이익이 영업이익보다 적어진다.

18. 다음 중 법인세차감전순이익 계산에 적당하지 않은 계정과목은?

① 법인세비용　　　② 대손상각비　　　③ 채무면제이익　　　④ 유형자산처분이익

19. 12월 31일 작성된 수정전 시산표상의 이익잉여금은 ₩31,000(대변)이고, 배당금은 ₩3,600(차변)이었다. 당기의 수익과 비용은 다음과 같다. 모든 계정을 마감한 후 이익잉여금계정의 잔액은 얼마인가?

> 임차료 ₩5,400, 용역매출 ₩38,200, 급여 ₩19,800, 소모품비 ₩1,500, 감가상각비 ₩2,600

① ₩18,500　　　　② ₩27,400　　　　③ ₩36,300　　　　④ ₩39,900

20. 다음 중 기업회계기준상 포괄손익계산서계정인 것은?
① 개발비　　　　　　　　　② 사채할인발행차금
③ 매도가능증권평가손실　　④ 매도가능증권감액손실

21. 다음 중 영업손익 계산에 해당되지 않는 계정과목은?
① 급여　　　　　　　　　② 감가상각비
③ 임대료　　　　　　　　④ 세금과공과

22. 다음 중 포괄손익계산서의 각 배열 순서가 바르게 된 것은?
① 당기순손익 - 매출총이익 - 영업손익 - 법인세차감전손익
② 매출총이익 - 영업손익 - 법인세차감전손익 - 당기순손익
③ 법인세차감전손익 - 매출총이익 - 영업손익 - 당기순손익
④ 영업손익 - 매출총이익 - 당기순손익 - 법인세차감전손익

23. 다음 중 기업회계기준상 포괄손익계산서 작성 기준이 아닌 것은?
① 발생주의 원칙　　　　　② 수익·비용 대응의 원칙
③ 총액표시의 원칙　　　　④ 유동성 배열의 원칙

24. 다음 중에서 포괄손익계산서에 표시되는 정보가 아닌 것은?
① 포괄손익계산서가 나타내는 보고 실체의 명칭
② 회계 기간 동안 실체가 납부한 법인세
③ 포괄손익계산서가 작성된 회계 기간
④ 주당순이익과 주당경상이익

25. 다음 중 계정과목의 분류가 기업회계기준에 따라 바르게 연결된 것은?

① 재해손실 - 판매비와관리비 ② 운반비 - 영업외비용

③ 접대비 - 판매비와관리비 ④ 퇴직급여 - 영업외비용

 정답

1. ② 2. ① 3. ③ 4. ④ 5. ① 6. ③ 7. ③ 8. ② 9. ④ 10. ② 11. ① 12. ② 13. ③ 14. ①
15. ② 16. ② 17. ④ 18. ① 19. ③ 20. ④ 21. ③ 22. ② 23. ④ 24. ③ 25. ③

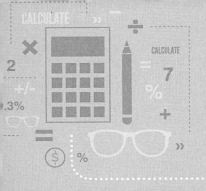

현금흐름표

현금흐름표의 의의

현금흐름표란 <u>일정 기간 동안 기업의 현금 유입과 유출을 영업 활동·투자 활동·재무 활동으로 구분하여 나타내는 재무제표</u>로 현금 및 현금성자산을 현금으로 간주하여 현금이 어떻게 조달되어 어디로 사용되었는가를 나타내어 주는 표이다.

(1) 현금흐름표의 작성 목적

① 미래 현금 흐름 창출에 관한 기업 능력의 평가를 위해

② 채무상환, 배당금 지급 및 외부자금의 조달에 관한 기업의 능력 평가를 위해

③ 당기순이익과 이에 관련된 순현금 흐름의 차이에 대한 원인의 평가를 위해

④ 현금 및 비현금 투자 활동과 재무 활동이 기업의 재무 상태에 미치는 영향을 평가하기 위해

(2) 현금흐름표의 유용성

현금흐름표는 재무상태표의 포괄손익계산서에서 얻기 어려운 다음과 같은 질문에 답변하여 준다.

① 회계 기간 동안 기업이 어떠한 경로로 현금 조달과 현금 투자 활동을 수행하였는가?

② 기업의 자산 구성이 회계 기간 동안 변동한 원인이 무엇인가?

③ 기업의 당기순이익은 많이 계상되었는데 현금 배당을 하지 못한 이유는?

④ 부채 상환을 위하여 사용된 현금의 출처는?

현금 흐름표의 양식은 다음과 같이 간단하게 설정할 수 있다.

현금흐름표

20XX년 월 일부터 20XX년 월 일 까지

회사명: (단위: 원)

Ⅰ. 영업 활동으로 인한 현금 흐름		000
1. 당기순이익	000	
2. 현금의 유출이 없는 비용 등의 가산	000	
3. 현금의 유입이 없는 수익 등의 차감	000	
4. 영업 활동으로 인한 자산, 부채의 변동	000	
Ⅱ. 투자 활동으로 인한 현금 흐름		000
1. 투자 활동으로 인한 현금 유입액	000	
2. 투자 활동으로 인한 현금 유출액	000	
Ⅲ. 재무 활동으로 인한 현금 흐름		000
1. 재무 활동으로 인한 현금 유입액	000	
2. 재무 활동으로 인한 현금 유출액	000	
Ⅳ. 현금의 증가		000
Ⅴ. 기초의 현금		000
Ⅵ. 기말의 현금		000

현금흐름표에 표시되는 "현금"이란 현금 및 현금성자산이다.

현금이란 통화의 통화대용증권, 보통예금, 당좌예금을 포함하여 현금성자산이란 큰 거래비용 없이 현금으로 전환이 용이하고 이자율 변동에 따른 가치변동이 심하지 않은 단기매매증권 및 단기금융상품을 의미한다.

현금 흐름상 "현금" = 현금 + 현금성자산

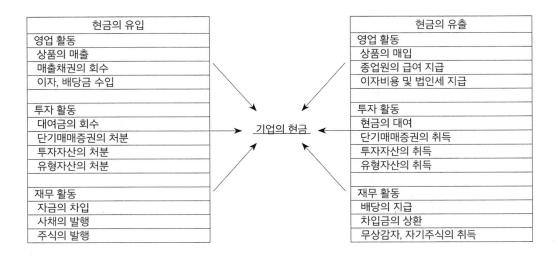

현금의 유입		현금의 유출
영업 활동		영업 활동
상품의 매출		상품의 매입
매출채권의 회수		종업원의 급여 지급
이자, 배당금 수입		이자비용 및 법인세 지급
투자 활동		투자 활동
대여금의 회수	기업의 현금	현금의 대여
단기매매증권의 처분		단기매매증권의 취득
투자자산의 처분		투자자산의 취득
유형자산의 처분		유형자산의 취득
재무 활동		재무 활동
자금의 차입		배당의 지급
사채의 발행		차입금의 상환
주식의 발행		무상감자, 자기주식의 취득

현금흐름표의 양식

기업회계기준에서는 현금의 유입과 유출의 내용에 대하여는 기중의 증가나 감소를 상계하지 않고 각각 총액을 기재하도록 규정하고 있으며, 직접법과 간접법에 따라 현금흐름표를 작성할 수 있다.

(1) 직접법

포괄손익계산서법이라고도 하며, 현금을 수반하여 발생한 수익 또는 비용 항목을 총액으로 표시하되, 현금 유입액은 원천별로 현금의 유출액은 용도별로 분류하여 표시한다.

(2) 간접법

조정법이라고도 하며, 이 방법은 당기순이익(당기순손실)에 현금의 유출이 없는 비용 등을 가산하고, 현금의 유입이 없는 수익 등을 차감하여 표시한다.

> 현금흐름표는 간접법으로 작성하게 되어 있다.

1. 다음 중 현금흐름표와 가장 가까운 것은?

　① 기업의 재무 상태를 보고한다.

　② 기업의 경영 성과를 보고한다.

　③ 현금(현금성자산)의 증가와 감소하는 내역의 변화를 보고한다.

　④ 기업의 1회계 동안의 수익활동을 보고한다.

2. 다음 설명 중 틀린 것은?

　① 현금흐름표는 재무제표에 속한다.

　② 기업의 경영 성과가 좋으면 현금의 상태가 좋아진다.

　③ 기업의 경영 성과가 나쁘면 현금의 상태가 나빠진다.

　④ 현금흐름표는 현금이 변화하는 내용을 보고함으로 경영 성과와 현금의 상태는 아무런
　　변화가 없다.

3. 다음 중 현금흐름표의 작성시 필요한 기업 활동이 아닌 것은?

　① 손익 활동　　　② 영업 활동　　　③ 투자 활동　　　④ 재무 활동

4. 현금흐름표 작성시 상품의 매입과 매출에 따른 활동을 의미하는 것은?

　① 투자 활동　　　② 영업 활동　　　③ 판매 활동　　④ 재무 활동

5. 유형자산의 취득은 다음 중 어느 활동에 속하는가?

　① 재무 활동　　　② 영업 활동　　　③ 투자 활동　　　④ 구매 활동

6. 현금흐름표 작성 활동 중 재무 활동에 속하는 것은?

　① 판매관리비의 지급　　　　　　② 무형자산의 취득

　③ 현금의 대여　　　　　　　　　④ 사채의 발행

7. 현금흐름표 작성시 현금의 유출에 속하는 것은?

　① 상품을 판매하다.

　② 단기매매증권을 취득하다.

　③ 주식을 발행하다.

　④ 이자를 회수하다.

8. 현금흐름표 작성시 현금의 유입에 속하는 것은?

① 비용의 지급　　　　　　　　② 현금의 대여

③ 사채의 발행　　　　　　　　④ 무형자산의 취득

9. 다음 중 현금흐름표 작성시 필요한 자료가 아닌 것은?

① 비교재무상태표　　　　　　　② 포괄손익계산서

③ 시산표　　　　　　　　　　　④ 이익잉여금처분계산서

10. 다음 현금흐름표 항목 중 투자 활동으로 인한 현금 유입에 해당하는 것은?

1. 이자수익	2. 대여금 회수	3. 단기 차입
4. 단기매매증권의 취득	5. 단기금융상품의 취득	6. 배당금 수익
6. 배당금 수익	7. 비유동자산의 처분	8. 어음 사채 발행

① 1, 6　　　　　② 2, 7　　　　　③ 3, 8　　　　　④ 4, 5

11. 간접법에 의하여 현금흐름표를 작성하고자 한다. 영업 활동으로 인한 현금 흐름을 개선할 때 당기순이익에 차감하여야 하는 항목은 어느 것인가?

① 이자수익　　　　　　　　　② 퇴직급여

③ 단기매매증권평가이익　　　　④ 무형자산상각비

12. 다음 중 현금흐름표에 대한 설명으로 잘못된 것은?

① 사채의 발행이나 주식의 발행으로 인한 현금 유입액은 액면가액으로 기재한다.

② 배당금수익은 영업 활동으로 인한 현금 유입액으로 보고한다.

③ 현금의 원천과 사용을 영업 활동, 투자 활동, 재무 활동으로 세분하여 나타낸다.

④ 영업 활동으로 인한 현금 흐름은 직접법 또는 간접법으로 표시한다.

13. 다음 중에서 영업 활동으로 인한 현금 흐름을 간접법으로 개선할 때 고려되지 않는 항목은?

① 매출채권 증가

② 유형자산처분이익

③ 사채할인발행차금의 상각

④ 미지급배당금의 증가

14. (주)하나의 회계 담당자는 간접법에 의해 현금흐름표를 작성하고자 한다. 다음 중 현금흐름표를 작성할 때, 성격이 다른 것으로 분류되는 것은?

① 감가상각비   ② 퇴직급여

③ 단기차입금의 상환   ④ 사채상환이익

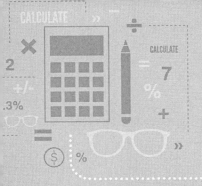

배당과 주당순이익

배당금의 의의

배당금이란 회사가 영업 활동을 수행하여 획득한 이익을 주주의 소유지분에 비례하여 주주들에게 보상의 의미로 지급하는 금액을 말한다. 따라서 정상적인 배당은 항상 이익 잉여금 한도 내에서 지급하여야 하며 납입자본에서 지급하여서는 안 된다.

이익잉여금에서 지급되는 배당금 회사의 자본을 유지하면서 주주들에게 이익 일부를 되돌려주는 것이므로 투자에 대한 보상이 된다.

배당의 종류

(1) 현금 배당

가장 일반적인 배당으로 배당실시에서 회계상 중요한 의미를 갖는 시점은 배당선언일, 배당기준일, 배당지급일이다.

① 배당선언일

주주총회에서 배당이 결의된 날로서, 이날 이후에 배당지급의무가 발생하기 때문에 배당 관련 부채를 기재하여야 한다.

차변	이월이익잉여금 XXX	대변	미지급배당금 XXX

② 배당기준일(결산일)

배당을 받을 권리가 있는 주주를 확정 짓는 날이다. 그러므로 배당기준일에 주주명부에 기록된 주주에 한하여 배당금이 지급되며, 이후 주식을 취득한 주주는 배당락이 된 상태이므로 배당을 받을 수 없다.

③ 배당지급일: 지급일 회사가 실제로 배당금을 지급하는 날

차변	미지급배당금 XXX	대변	현금 XXX

예) 다음 거래를 분개하시오.

주식회사 삼성은 2XX1년 12월 31일 현재 액면 @₩5,000인 보통주 1,000주에 대하여 주당 액면가의 12%에 해당하는 금액을 배당금으로 지급하기로 2XX2년 03월 02일 주주총회에서 배당을 선언하다.

배당기준일(12월 31일)

(차) 이월이익잉여금 600,000   (대) 미지급배당금 600,000

배당선언일(03월 02일)

분개 없음

배당지급일

2XX2년 04월 10일 현금 배당을 실시하다.

(차) 미지급배당금 600,000   (대) 현금 600,000

(2) 주식 배당

주식 배당이란 회사가 이익잉여금을 자본에 전입함으로써 신주를 발행하고 이 주식을 주주에게 무상으로 교부하는 형태의 배당을 말한다.

이는 이익잉여금의 자본금으로 대체되므로 이익잉여금을 영구 자본화할 수 있으며 회사의 현금이나 운전 자본은 감소하지 않고 자본 역시 변함이 없다.

① 배당기준일

차변	이월이익잉여금 XXX	대변	미교부주식배당금 XXX

② 배당지급일

차변	미교부주식배당금 XXX	대변	자본금 XXX

다음 거래를 분개하시오.

주식회사 삼성은 2XX1년 12월 31일 현재 액면 @₩6,000인 보통주 6,000주에 대하여 보통주 10주당 1주의 비율로 2XX2년 03월 02일 주주총회에서 주식 배당을 선언하다.

배당기준일(12월 31일)
　(차) 이월이익잉여금 600,000　(대) 미교부주식배당금 600,000

배당선언일(03월 02일 주주총회시)
　분개 없음

배당지급일
2XX2년 04월 10일 주식 배당을 실시하다.
　(차) 미교부주식배당금 600,000　(대) 자본금 600,000

주당순이익이란 보통주의 1주에 귀속되는 당기순이익을 의미하는 것으로서 보통주에게 귀속될 당기순이익을 사외에 유통되고 있는 보통주식수로 나누어 계산한다.

기업회계기준에서는 1주당 경상이익 및 1주당 당기순이익을 포괄손익계산서 하단의 당기순이익에 추가하고, 그 산출근거를 주석으로 기재하도록 요구한다.

주당순이익 = 보통주 당기순이익 / 유통 보통주식수

주당순이익은 주식의 수익 가치를 나타내는 지표로서 자본 규모가 서로 다른 기업간의 영업 성과를 비교 가능하게 하여 준다.

예를 들어 ㈜동해의 당기순이익이 ₩10,000,000이고 유통 보통주식수가 40,000주라면 주당순이익은 ₩10,000,000 / 40,000주 = @₩250이 된다.

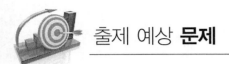

1. 다음 자료에 의할 경우 주당순이익은 얼마인가?

> 당기순이익 ₩100,000, 보통주 배당금 ₩20,000,   보통주 발행 주식 총 수 5,000주

① ₩16 ② ₩18 ③ ₩20 ④ ₩22

2. 다음은 (주)한국의 재무상태표의 일부이다. (주)한국의 당기순이익이 ₩50,000이고, 결산일의 1주당 주가가 ₩600일 때, 주당 순이익은 얼마인가?

재무상태표

보통주 자본금　　100,000
(1,000주 액면가액 ₩100)
주식발행초과금　　20,000

① ₩0.5 ② ₩0.6 ③ ₩12 ④ ₩50

3. (주)영진은 주주총회에서 보통주 1,000주에 대하여 주당 ₩100의 현금 배당을 결의하다. 이 거래에 대한 설명으로 적합한 것은?
① 자산총액: ₩100,000감소, 부채총액 : ₩100,000 증가
② 자본총액: ₩100,000증가, 부채총액 : ₩100,000 증가
③ 자본총액: ₩100,000감소, 부채총액 : ₩100,000 증가
④ 자산총액: ₩100,000증가, 자본총액 : ₩100,000 증가

 정답

1. ③ **2.** ④ **3.** ③

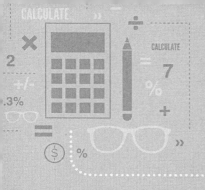

재무 비율

(1) 재무제표(Financial Statements F/S)

재무제표는 기업의 정보이용자에게 재무 정보를 제공하기 위하여 작성하는 회계보고서로서 재무 상태의 정보를 제공하는 재무상태표, 경영 성과의 정보를 제공하는 포괄손익계산서, 현금흐름에 대한 정보를 제공하는 현금흐름표 등이 있다.

(2) 재무 분석(Financial Analysis)

재무 분석이란 재무 의사결정에 필요한 자료와 정보를 작성하기 위하여 과거와 현재의 재무 상태에 대하여 분석하는 것을 의미한다.

(3) 재무 비율(Financial Ratio)

재무상태표, 포괄손익계산서, 현금흐름표를 직접 분석하여 의사결정에 필요한 정보를 쉽게 파악할 수 있는 수단이 필요한데 이를 위해 고안된 것을 재무 비율이라 한다.

(4) 재무 분석지표

재무 비율 분석을 하기 위해서는 가장 먼저 재무제표를 구하는 것이다. 경영자가 아닌 외부인이 기업의 재무 정보를 얻는다는 것은 쉽지 않지만, 금융감독원의 재무 정보제공 사이트(http://dart.fss.or.kr)에 접속하면 재무 비율 분석의 기본 자료인 재무제표와 기업의 사업보고서 등의 자료를 얻을 수 있다.

또한 증권회사, 신용평가기관, 경제연구소 등에서도 기업의 재무 정보를 얻을 수 있다.

(5) 표준 비율(Standard Ratio)

재무 비율을 이용하여 기업의 재무 상태와 경영 성과를 평가할 때 재무 비율 그 자체로는 우량한 비율이나 불량한 비율로 비교, 평가하기가 힘들다. 이때, 기준이 되는 재무 비율을 표준 비율이라 한다.

(6) 재무 비율의 분류

재무 비율은 학자나 분석 기관에 따라 분류기준에 약간의 차이가 있으나 유동성 비율, 레버리지 비율, 활동성 비율, 수익성 비율로 분류한다.

① 유동성 비율(Liquidity Ratios)

유동 비율은 단기간(1년 이내)에 현금화시킬 수 있는 유동자산과 1년 이내에 갚아야 할 유동부채 간의 비율을 말하며, 유동 비율과 당좌 비율이 있다.

ㄱ) 유동 비율(Cument Ratio)

유동 비율은 재무상태표의 유동자산 유동부채로 나눈 비율(%)로서 기업의 단기채무(유동부채)의 지급능력을 측정하는 재무 비율이다.

$$\text{유동 비율(\%)} = \frac{\text{유동 자산}}{\text{유동 부채}} \times 100$$

ㄴ) 당좌 비율(Quick Ratio)

당좌 비율은 산성시험 비율(Acid-test Ratio)이라고도 하며, 유동자산에서 재고자산을 차감한 당좌자산을 유동부채로 나눈 비율이다. 이는 단기채무의 지급능력을 엄격하게 측정한 유동 비율보다 유동성을 더 강조한 비율이며, 유동 비율의 보조 비율로 사용된다.

$$\text{당좌 비율(\%)} = \frac{\text{유동 자산} - \text{재고 자산}}{\text{유동 부채}} \times 100 = \frac{\text{당좌 자산}}{\text{유동부채}} \times 100$$

② 레버리지 비율(Leverage Ratio)

레버리지 비율은 자기자본과 타인자본을 비교하는 비율이며, 부채의 비율이 높을수록 재무에 대한 원리금 상환 능력이 낮아진다. 유동성 비율은 단기채권자의 재무 위험을 측정하는 반면에 레버리지 비율은 장기채권자의 재무위험을 측정하는 경우가 많다.

ㄱ) 부채 비율(Debt Ratio Debt to equity Ratio)

부채 비율은 기업의 총부채를 자기자본으로 나눈 비율이다. 부채 비율은 자본구성의 안전도와 타인자본의 의존도, 채무의 보충 정도를 알 수 있기 때문에 주주, 채권자가 많이 선호하는 비율이다.

$$\text{부채 비율(\%)} = \frac{\text{총부채(타인자본)}}{\text{자기자본}} \times 100$$

ㄴ) 비유동 비율

비유동 비율은 비유동자산을 자기자본으로 나눈 비율이며, 비유동 비율은 자기자본이 비유동자산에 어느 정도 투자되고 있는가를 나타낸다. 일반적으로 비유동 비율이 100% 이하면 양호한 것으로 판단한다.

$$\text{비유동 비율(\%)} = \frac{\text{비유동자산}}{\text{자기자본}} \times 100$$

ㄷ) 이자 보상 비율(Tines Interest Earned, Interest Coverage Ratio)

이자 보상 비율은 영업이익(Gross Income) 또는 이자 및 법인세비용차감전순이익(Earnings Before Interest and Taxes EBIT)을 이자비용으로 나눈 비율이다. 이자 보상 비율은 영업이익으로 이자비용의 몇 배나 지급할 수 있는가를 측정하는 비율이다.

$$\text{이자 보상 비율(배)} = \frac{\text{영업이익}}{\text{이자비용}} \times \frac{\text{이자 및 법인세비용차감전순이익}(EBIT)}{\text{이자비용}}$$

ㄹ) 자기자본 비율(Stockholders Equity to Total Assets)

자기자본 비율은 총자본에서 자기자본이 차지하는 비중을 나타내는 비율이며, 자본 구조비율에서 가장 대표적인 것은 부채 비율과 자기자본 비율이다.

$$자기자본\ 비율(\%) = \frac{자기자본}{총자본} \times 100$$

③ 활동성 비율(Activity Ratio)

활동성 비율은 효율성 비율(Efficiency Ratios)이라고도 하며, 기업은 수익의 원천이 매출액이기 때문에 자산 가치는 매출액을 기준으로 측정된다. 활동성 비율은 매출액을 자산항목으로 나눈 회전율을 의미한다.

$$회전율(회) = \frac{매출액}{자산항목}$$

ㄱ) 매출채권 회전율과 평균 회수 기간

매출채권 회전율(Receivables Turnover)은 매출액을 매출채권(외상매출금 + 받을어음)으로 나눈 회전수로 매출채권의 1년간의 매출액으로 회전되는 속도를 측정하는 데 이용된다.

$$매출채권\ 회전율(회) = \frac{매출액}{매출채권}$$

$$1일\ 평균\ 매출액 = \frac{매출액}{365}$$

$$평균\ 회수\ 기간(일) = \frac{매출채권}{1일\ 평균\ 매출액}$$

ㄴ) 재고자산 회전율(Inventory Turnover)

재고자산 회전율은 매출액을 재고자산(상품, 원재료, 제공품, 제품)으로 나눈 비율이며, 1년 동안 재고자산이 매출액(현금 또는 매출채권)으로 몇 번이나 전환 되었는가에 대한 횟수를 의미한다.

$$\text{재고자산 회전율(회)} = \frac{\text{매출액}}{\text{재고자산}}$$

ㄷ) 유형자산 회전율(Tangible Assets Turnover)

유형자산 회전율은 매출액을 유형자산으로 나눈 비율이며, 유형자산의 장부 가치와 매출액의 관계를 나타낸다.

$$\text{유형자산 회전율(회)} = \frac{\text{매출액}}{\text{유형자산}}$$

ㄹ) 총자산 회전율(Total Assets Turnover)

총자산 회전율은 총자본 회전율이라고도 하며, 매출액을 총자산으로 나눈 비율이며, 기업이 보유하고 있는 총자산의 효율적 이용도를 측정하는 지표이다.

$$\text{총자산 회전율(회)} = \frac{\text{매출액}}{\text{총자산}}$$

④ 수익성 비율(Profitability Ratios)

수익성 비율은 기업의 경영 활동 결과로 발생한 경영 성과를 측정하는 비율이다. 수익성 비율은 기업이 주주, 경영자, 채권자로부터 조달한 자본을 얼마나 효율적으로 이용하였는가를 나타내며, 이해관계자들의 의사결정에 중요한 정보가 된다.

ㄱ) 매출액 순 이익율(Net Profit to Ratio)

매출액 순 이익율은 당기순이익을 매출액으로 나눈 비율이며, 당기순이익이 매출액에서 몇 %나 차지하는가를 나타낸다. 매출액 순 이익율은 기업의 경영 성과를 나타내는 것이며, 매출액 순 이익율이 높을수록 기업이 양호하다는 것을 의미한다.

$$\text{매출액 순 이익율(\%)} = \frac{\text{당기순이익}}{\text{매출액}} \times 100$$

ㄴ) 자기자본 순 이익율(Return of Equity)

자기자본 순 이익율은 당기순이익을 자기자본으로 나눈 비율이며, 자기자본의 성과를 나타내는 비율이다.

$$자기자본 \ 순 \ 이익율(\%) = \frac{당기순이익}{자기자본} \times 100$$

ㄷ) 총자산 순 이익율(Return of Asset)

총자산 순 이익율은 당기순이익을 총자산으로 나눈 비율이며, 총자산이 수익 창출에 얼마나 효율적으로 이용되었는가를 측정하는 비율이다.

$$총자산 \ 순 \ 이익율(\%) = \frac{당기순이익}{총자산}$$

⑤ 생산성 비율(Productivity Ratios)

생산성 비율은 기업 활동의 성과의 효율을 측정하여 개별생산 기여도와 성과 배분의 효율성 여부를 평가하는 비율이다. 즉 생산성이란, 산출량을 생산요소의 투입량으로 나눈 비율이다.

$$생산성 = \frac{산출량}{생산요소의 \ 투입량}$$

ㄱ) 부가가치율(Value Added Ratio)

부가가치율은 기업이 일정 기간 창출한 부가가치를 매출액으로 나눈 비율이다.

$$부가가치율(\%) = \frac{부가가치}{매출액} \times 100$$

ㄴ) 노동생산량(Productivity of Labor)

노동생산량은 노동력의 단위당 성과를 나타내는 자료로 1인당 종업원의 부가가치를 말한다.

$$노동생산량 = \frac{부가가치}{종업원\ 수}$$

ㄷ) 자본생산량(Productivity of Capital)

자본생산량은 총자본투자율이라고도 하며, 부가가치를 총자본으로 나눈 비율이다. 1년 동안 창출한 부가가치를 총자본에 어느 정도 비중에 해당하는가를 나타낸다.

$$총자본투자\ 효율(자본생산성(\%)) = \frac{부가가치}{총자본} \times 100$$

⑥ 시장가치 비율(Market Value Ratios)

시장가치 비율은 시장가치와 장래성의 주기와 주당당기순이익 등의 관계를 분석하는 비율이다.

ㄱ) 주가수익 비율(Price-earnings Ratio: PER)

주당수익 비율은 주가를 주당순이익으로 나눈 비율이다.

$$주가수익\ 비율 \times \frac{주가}{주당순이익}$$

ㄴ) 주가 순자산 비율(Price Book Value Ratio: PBR)

주가 순자산 비율은 주가를 주당순자산으로 나눈 비율이다.

$$주가\ 순자산\ 비율 \times \frac{주가}{주당순자산}$$

ㄷ) 배당수익율(Dividend Ratio)

배당수익률은 주당배당액(보통주)을 주가로 나눈 비율이다.

$$배당수익률 = \frac{주당배당금}{주가} \times 100$$

ㄹ) 토빈의 Q비율

토빈의 Q비율은 기업이 보유하고 있는 자산의 시장가치를 그 자산에 대한 대체원가(Replacement Cost)로 나눈 비율이다.

$$Q\,비율 = \frac{자산의\ 시장가치}{자산의\ 대체원가}$$

1. 다음 자료에 의하여 재무 비율을 계산하시오.

구분	금액	구분	금액
유동자산	290,000	유동부채	220,000
당좌자산	250,000	비유동부채	210,000
재고자산	40,000	부채총계	430,000
비유동자산	415,000	자본금	30,000
투자자산	64,000	자본잉여금	37,000
유형자산	350,000	이익잉여금	208,000
무형자산	1,000	자본총계	275,000
자산총계	705,000	부채와 자본총계	705,000

(1) 유동성 비율에 의한 유동 비율을 계산하면?

(2) 유동성 비율에 의한 당좌 비율을 계산하면?

(3) 레버리지 비율(자본구조 비율)에 의한 부채 비율을 계산하면?

(4) 레버리지 비율(자본구조 비율)에 의한 비유동 비율을 계산하면?

(5) 레버리지 비율(자본구조 비율)에 의한 자기자본 비율을 계산하면?

2. 다음 자료에 의하여 재무 비율을 계산하시오.

> 매출액 ₩534,000, 당기순이익 ₩26,000, 매출원가 ₩208,000, 재고자산 ₩41,000,
> 유형자산 ₩343,000, 총자산 ₩705,000, 총자본 ₩275,000

(1) 효율성 비율에 의한 매출채권 회전율을 계산하면?

(2) 효율성 비율에 의한 재고자산 회전율을 계산하면?

(3) 효율성 비율에 의한 유형자산 회전율을 계산하면?

(4) 효율성 비율에 의한 총자산 회전율을 계산하면?

(5) 수익성 비율에 의한 총자산 순 수익율을 계산하면?

(6) 수익성 비율에 의한 자기자본 순 수익율을 계산하면?

(7) 수익성 비율에 의한 매출액 순 이익율을 계산하면?

Answer 1

1. (1) 290,000÷220,000×100=131.82%
   (2) 250,000÷220,000×100=113.64%
   (3) 430,000÷275,000×100=156.36%
   (4) 415,000÷275,000×100=150.91%
   (5) 275,000÷705,000×100= 39.01%

2. (1) 534,000÷208,000=2.57회
   (2) 534,000÷41,000=13.02회
   (3) 534,000÷343,000=1.56회
   (4) 534,000÷705,000=0.76회
   (5) 26,000÷705,000×100=3.69%
   (6) 26,000÷275,000×100=9.45%
   (7) 26,000÷534,000×100=4.87%

1. 다음 중 기업의 현금흐름에 대한 정보를 제공하는 회계보고서는?

① 시산표 　　　　　② 재무상태표 　　　③ 포괄손익계산서 　　④ 현금흐름표

2. 다음 중 회계보고서에 속하지 않는 것은?

① 시산표 　　　　　② 재무상태표 　　　③ 포괄손익계산서 　　④ 현금흐름표

3. 다음의 회계 분석에 관한 설명 중 거리가 먼 것은?

① 재무 분석은 재무 상태와 경영 성과를 파악하기 위함이다.

② 재무 분석은 기업과 관련된 의사결정에 필요한 정보를 제공하기 위함이다.

③ 재무 분석은 재무제표의 자료를 이용한다.

④ 재무 분석은 좁은 의미에서 재무 비율이라고도 한다.

4. 다음은 재무 정보이용자의 이용자가 주목적으로 하는 분석을 연결한 것이다. 틀린 것은?

① 채권자 - 신용 분석 　　　　　　② 투자자 - 외부 경영 분석

③ 세무관서(정부) - 재무 분석 　　　④ 경영자 - 내부 경영 분석

5. 다음 중 단기채무의 지급능력을 측정하는 재무 비율로서 가장 적당한 것은?

① 효율성 비율 　　　② 수익성 비율 　　　③ 유동성 비율 　　　④ 자본구조 비율

6. 매출액을 자산총액으로 나눈 비율은?

① 유동성 비율 　　　② 자본구조 비율 　　③ 수익성 비율 　　　④ 효율성 비율

7. 다음 중 기업 경영 활동의 결과를 집약하여 경영 성과를 측정하는 재무 비율은?

① 유동성 비율 　　　② 수익성 비율 　　　③ 자본구조 비율 　　④ 효율성 비율

 정답

1. ④ **2.** ① **3.** ① **4.** ② **5.** ③ **6.** ④ **7.** ②